全国船舶工业职业教育教学指导委员会"十三五"重点规划教材

U0659250

船舶电工工艺与制作

主编　许　琪　王　蓉

哈尔滨工程大学出版社
Harbin Engineering University Press

内容简介

本书是按照高等职业教育船舶技术类电气自动化技术(船舶电气方向)专业的课程教学大纲要求编写的。本书主要内容分为九个项目,包括船舶用电安全,船舶电气基础认知,船舶电工常用仪表与基本测量,船用电缆敷设方法与设备引入,船用电缆切割与接线工艺,船用电气设备安装与工艺,船用电气设备接地,电气设备系泊试验,船用电机维护与日常管理。

本教材在内容上涵盖了船舶轮机员或电机员必须掌握的基本知识和内容,是从事船舶电气设备检测、管理与维护行业人员必备的理论基础书,也可作为船员考证培训,船厂职工自学,以及其他形式职业教育的参考用书。

本书可作为船舶电气专业学生的教材,也可供船舶企业工程技术人员参考。

图书在版编目(CIP)数据

船舶电工工艺与制作 / 许琪,王蓉主编. — 哈尔滨:
哈尔滨工程大学出版社,2020.11(2023.10 重印)
ISBN 978 – 7 – 5661 – 2735 – 8

Ⅰ. ①船⋯ Ⅱ. ①许⋯ ②王⋯ Ⅲ. ①船用电气设备
– 电工技术 – 教材 Ⅳ. ①U665

中国版本图书馆 CIP 数据核字(2020)第 201272 号

选题策划　薛　力
责任编辑　张　昕
封面设计　李海波

出版发行　哈尔滨工程大学出版社
社　　址　哈尔滨市南岗区南通大街 145 号
邮政编码　150001
发行电话　0451 – 82519328
传　　真　0451 – 82519699
经　　销　新华书店
印　　刷　哈尔滨午阳印刷有限公司
开　　本　787 mm × 1 092 mm　1/16
印　　张　12
字　　数　304 千字
版　　次　2020 年 11 月第 1 版
印　　次　2023 年 10 月第 2 次印刷
定　　价　32.00 元
http://www.hrbeupress.com
E-mail:heupress@ hrbeu.edu.cn

船舶行指委"十三五"规划教材编委会

前　言

　　本书是根据全国船舶工业职业教育教学指导委员会专业教学标准编写,是高职船舶电气工程应用型专业教材。笔者在编写过程中,根据船舶制造行业各工种岗位的稀缺情况,结合地区特色教学资源的优势,与船舶企业联合确定本教材的教学内容,并制定课程教学目标。

　　本书以船舶电气专业必备的理论为基础,突出实用、实践,以培养工程实践能力为重点,本着实用性、实时性、易读性、多层面性的原则,对原理、规范、工艺、检验等方面的内容进行了精心的设计和编写,使其不仅适合船舶电气专业学生使用,同时也适合船舶企业工程技术人员参考及培训使用。

　　本书主要阐述了船舶电气设备安装、调试、试验等方面的工艺要求和工艺方法,是在严格执行国际电工委员会及中国船舶标准化技术委员会关于船舶建造方面的有关规定或规范的前提下组织编写的。

　　本书内容包括九个项目,由许琪、王蓉担任主编,蒋治国、李洪涛担任副主编。其中,项目一、项目三由青岛港湾职业技术学院李洪涛编写;项目二、项目四由无锡交通高等职业技术学校蒋治国编写;项目五、项目六、项目七由九江职业技术学院许琪编写;项目八由九江职业技术学院许琪、王蓉共同编写;项目九由九江职工技术学院王蓉编写。

本书在编写过程中得到了九江职工技术学院船舶电气实训室张怡典教授、黄问贵教授及其他教师的大力帮助，九江仪表厂朱庆强工程师为本书绘制了大量的插图，在此表示诚挚的谢意。由于编者水平有限，书中难免会存在一些不足之处，诚挚希望广大读者批评指正。

编　者
2019 年 4 月

目　　录

项目一　船舶用电安全

【知识点】
1. 安全用电知识、触电方式及预防方法、人身安全常识。
2. 电气消防常识。
3. 触电急救常识。
【技能点】
1. 能够掌握人身安全用电常识,熟悉触电事故发生的方式及预防方法。
2. 能够熟悉电气火灾发生的原因,掌握必要的消防知识。
3. 能够掌握触电现场急救的要领。

任务一　触电及其预防

[任务描述]

电气工作人员缺乏安全用电常识、对电气设备的使用管理不当及安全技术措施采用不规范,是发生触电事故的主观原因。设备绝缘损坏、电线磨损破皮、老化,以及大风、雷雨等环境因素,是发生触电事故的客观原因。为保证个人人身安全和设备安全,船舶电气人员必须掌握电气作业的人身安全用电知识、触电方式及预防方法。

[任务知识]

一、电对人体的伤害

当电流流过人体时对人体内部造成的生理机能的伤害,称为人身触电事故。电流对人体伤害的严重程度一般与通过人体电流强度的大小、时间、部位、频率和触电者的身体状况有关。流过人体的电流强度越大,危害越大;电流通过人体脑部和心脏时最为危险;工频电流危害要大于直流电流。

当通过人体的电流达到 50 mA 以上时有生命危险。一般情况下,30 mA 以下的电流通常在短时间内不会造成生命危险,我们将其称为安全电流。为确定安全条件,往往不采用安全电流,而是采用安全电压来进行估算:一般情况下,也就是干燥而触电危险性较小的环境下,安全电压规定为 36 V;对于潮湿而触电危险性较大的环境,安全电压规定为 12 V,这样,触电时通过人体的电流可被限制在较小范围内,可在一定程度上保障人身安全。

触电事故对人体造成的直接伤害主要有电击和电伤两种。电击是指电流通过人体细胞、骨骼、内脏器官、神经系统等造成的伤害。触电死亡大部分是由电击造成的。人体触及带电的导线、漏电设备的外壳或其他带电体,以及由于雷击或电容放电,都可能导致电击。电伤一般是指由于电流的热效应、化学效应和机械效应对人体外部造成的局部伤害,如电弧伤、电灼伤等。此外,人身触电事故经常对人体造成二次伤害。二次伤害是指因为触电引起的高空坠落,以及电气着火、爆炸等对人体造成的伤害。

二、触电方式

触电分为低压触电和高压触电两种方式。低压触电主要有单相触电、两相触电和接触触电三种形式。高压触电主要有高压跨步触电和高压电弧触电两种方式。

1. 单相触电

单相触电指单个相线之间的触电。当人体直接碰触带电设备三相电中的一相时,电流通过人体流入大地,这种触电现象称为单相触电。注意,人们自认为与大地绝缘但实际与地相通的两种形式:人站在绝缘物体上,却用手扶墙或其他接地导体或站在地上的人扶他;人站在木桌、木椅上,而木桌、木椅却因潮湿等原因转化为导体。

2. 两相触电

两相触电指两个相线之间的触电。人体同时接触带电设备或线路中两根不同的相线,即一只手接触一根火线,另一只手接触另一根火线,电流从人体通过,造成触电。

3. 接触触电

由于设备使用时间过长,线路绝缘老化或设备带电部分碰壳等原因,造成设备外壳带电,人站在设备附近,手触及外壳,在人体的手与脚之间形成一个电位差,其电位差超过人体允许安全电压时,人即触电,称接触触电。

4. 高压跨步触电

当带电设备发生某相接地时,接地电流流入大地。在距接地点不同的地表面呈现不同电位,距接地点越近,电位越高。当人的两脚同时踩在地面带有不同电位的两点时,就会产生跨步电压,当这一电压超过人体允许的安全电压时,人就会触电。

5. 高压电弧触电

高压电弧触电是指人靠近高压线(高压带电体),因为高压作用于空气中,将空气击穿使空气带电,如果人靠近就有可能触电身亡。因为高压击穿空气时形成一道类似电弧的光弧,所以这种触电叫作高压电弧触电。

三、触电预防

船舶在选用、安装和维护电气设备时,在符合环境技术条件的前提下,才能保证船舶电气安全,避免发生船舶电气设备烧毁和火灾。那么在船舶电气设备的日常使用和管理中应如何避免人身触电伤害呢?

1. 具有安全用电意识

用电最基本原则:请勿接触低压带电体,请勿靠近高压带电体。对从事电气操作的人员来说,首先要具有一定的电气专业技能资格,其次必须树立"安全第一、预防为主"的思想,定期接受安全教育,不断增强安全意识,牢固掌握电气基本安全知识及安全操作规程。

2. 制定触电安全防护措施

触电安全防护措施包括预防触电措施、安全保护措施。船舶预防触电措施的内容主要有:

①经常检查、维护电气设备的绝缘和壳体的安全接地,以消除触电隐患。

②禁止带电检修设备,特殊情况下进行带电操作时,须使用绝缘合格的工具和护具。

③必须按照操作规程及正确的操作方法对电气设备进行操作。

④非安全电压便携式电气设备及其电缆、插头等的绝缘容易损坏,安全接地芯线容易

折断而不易觉察,使用前必须仔细检查。

⑤若电气设备发生火灾时,不能直接用消防水龙灭火,以避免触电。对于电气设备火灾最好用惰性气体灭火器灭火,既避免触电或产生有毒气体,又对电气设备无腐蚀作用。

⑥动力配电盘、配电箱(柜)、开关及变压器等各电气设备附近,不准堆放各种易燃、易爆、潮湿或其他影响操作的物品。

习 题

1. 电流对人体伤害的严重程度一般与什么有关系?
2. 人身触电方式有哪些?
3. 在船舶电气设备的日常使用和管理中,应如何避免人身触电伤害呢?

任务二 电 气 防 火

[任务描述]

船上用电过程中,如果发生电气火灾,就会对人身和船舶造成极大的危害。资料统计表明,30%的船舶火灾是由电气隐患引起的。船舶电气设备的线路老化、短路、接地,触头接触发热,电气接线柱松动等,都容易引发火灾。电气设备的绝缘强度下降,环境条件变化超过规定限度,蓄电池室的氢气浓度上升,都会增加火灾发生的概率。船舶上储物空间小,油桶在搬运中也容易发生火灾。所以在船舶电气设备的日常使用和管理中,电气防火至关重要。

[任务知识]

一旦发生火灾,电气从业人员要掌握必要的消防知识,以便在发生火灾时能正确使用灭火器材,指导和组织人员迅速灭火。

①在扑灭电气火灾的过程中,应注意防止触电,注意防止充油设备爆炸。

②如火灾现场尚未停电,应迅速切断电源,如拉闸、断线等。断线时应错开不同相线的位置,分别断切。

③不能用泡沫灭火器带电灭火,带电灭火应采用干粉、二氧化碳、1211 等灭火器材。

④人及所持灭火器材与带电体之间应保持安全距离。如 10 kV 不得小于 0.4 m,用水枪带电灭火时,宜采用喷雾水枪,喷嘴要接地。

⑤要及时切断电源和空气流通,关闭着火现场的门、舷窗、天窗、通风筒、空气流通管等,并运用消防器材或消防水灭火,在火源完全熄灭后才能打开门窗通风。

⑥要隔离易燃可燃物,将其搬离火源位置,如有必要可以抛扔下海。

⑦火灾发生时的船舶操纵要先停船或调整航向,使得下风一侧是着火位置,保持航速与风速接近,阻止火势蔓延。

总之,对电气火灾要贯彻"预防为主"的原则,防患于未然。一旦火灾发生不要惊慌失措,要迅速报警,使用合理的灭火器材,奋力扑救。

习　题

1. 船舶发生电气火灾的原因有哪些?
2. 一旦发生电气火灾,应该如何正确地应急处理?

任务三　触电急救

[任务描述]

在用电过程中,万一有人触电,应采取有效措施,使其尽快脱离电源,争取时间进行急救。统计表明,人触电后 1 min 进行救治,90% 可以救活;触电后 6 min 进行救治,仅有 10%救活的可能性;触电超过 10 min,救活的可能性就很小;如果触电后 12 min 开始救治,救活的可能性微乎其微。因此,使触电者迅速脱离电源是触电急救的重要环节。

[任务知识]

当发现有人触电时,最重要的是保持冷静,争取时间,一方面通知医务人员(拨打120),另一方面立即组织现场急救。

首先,立即切断电源,切断电源要根据具体情况和条件采取不同的方法。

①如急救者离电源开关较近,应迅速拉下开关或拔出插头,以切断电源。

②如急救者距离电源开关较远,则用干燥的木棒、竹竿等绝缘物将电源移掉;若附近没有开关、插座等,则可以用带绝缘手柄的钢丝钳从有支撑物的一端剪断电线。

③如果触电者在高空发生触电事故,还要考虑切断电源后触电者不要摔伤。

其次,初步判断一下触电者的受伤情况:

①对于神志清醒、触电程度较轻者,应给予关心和安慰让其充分休息,尽量少移动;对于昏迷不醒,但仍有呼吸和脉搏者,应马上急救并就近送往医院。

②对于有心跳,但无呼吸者,应立刻采用"口对口人工呼吸法"进行抢救。

③对于有呼吸,但无心跳者,应立刻采用"人工心脏挤压法"进行抢救。

④对于呼吸和心跳均无的严重触电者,应立刻采用"口对口人工呼吸法"和"人工心脏挤压法"进行抢救。

一、口对口(对鼻)人工呼吸法

这种急救方法的操作要领如下。

①使触电者仰卧,解开衣领、围巾、紧身衣服等,检查触电者口腔有无杂物、假牙,舌根是否下陷。在保持呼吸畅通的情况下进行急救。如图 1-1 所示。

②将触电者头部尽量后仰,鼻孔朝上,颈部伸直。救护人员一只手捏紧触电者的鼻孔,另一只手掰开触电者的嘴巴。如图 1-2 所示。

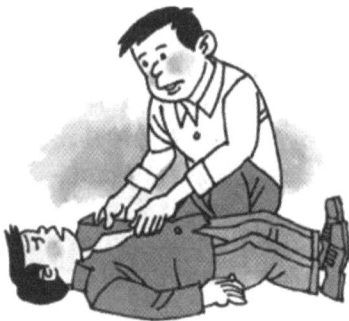

图 1-1　使触电者仰卧,解开衣领等

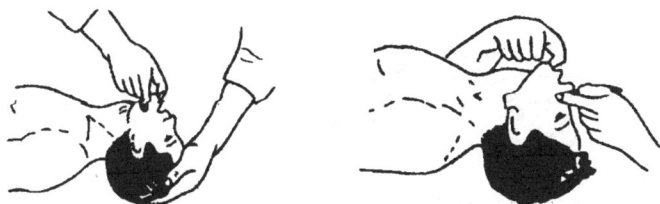

图1-2 头部后仰,捏鼻、掰嘴

③用按在前额的一只手的拇指与食指捏住触电者鼻子(以防漏气),另一只手扳住下巴使触电者的口张开。深吸一口气,用嘴唇包住触电者张开的嘴,吹气(约60 mL),先吹两口,观察气道是否畅通,有无漏气。

④每次吹气持续1~1.5 s,同时仔细观察触电者胸部有无起伏。一次吹气完毕,应立即与触电者脱离并松开鼻子,使鼻孔通气(约3 s),并观察触电者胸部向下恢复时,是否有气流从口腔排出,如此反复进行,每分钟约12次。如图1-3所示。

(a)贴紧吹气　　　　　(b)放松换气

图1-3 人工呼吸法

⑤如果伤员牙关紧闭,下颌骨骨折及嘴唇外伤,难以采用口对口吹气时,应用口对鼻人工呼吸法,方法同上。

二、人工心脏挤压法

①确定挤压部位,用中指和食指沿肋骨向中间移滑,在两侧肋骨交点处寻找胸骨下切迹(心口窝上),切迹上方两指处为挤压点。

②施救者跪骑在触电者身上,两手重叠,手指交叉,用掌根垂直平稳挤压,深度为3~5 cm,频率为每分钟80~100次。

③放松时手不要离开挤压点,以免错位,放松要充分松弛,使血液回流畅通。如图1-4所示。

（a）急救者跪跨位置　　　　　　　　（b）手掌压胸位置

（c）挤压方法示意　　　　　　　　（d）放松方法示意

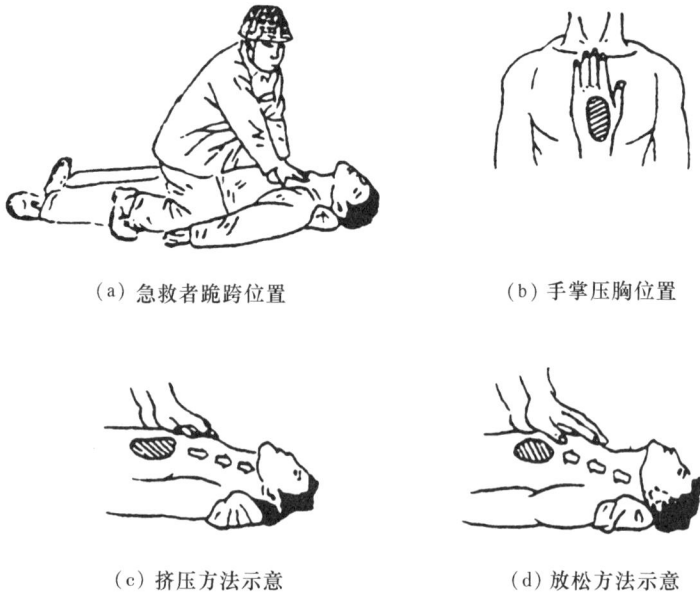

图 1-4　人工心脏挤压法

三、人工呼吸法和心脏挤压法

如单人抢救时,每吹气 2 次挤压 15 次;若双人抢救时,每吹气 1 次挤压 5 次,一人吹气,一人挤压,吹气应在胸外挤压的松弛时间内完成,如此反复交错进行。

习　　题

1. 使触电者摆脱电源的方法有哪些?
2. 简述人工呼吸法的操作要领。
3. 简述人工心脏挤压法的操作要领。

[任务技能]

技能训练　人工呼吸法与人工心脏挤压法急救训练

一、人工呼吸法急救

触电者无呼吸,但有心跳,要采用人工呼吸法救治,其操作要领如下。

①使触电者仰卧,头部倾向一边,掰开嘴巴,清除口中血块和呕吐物等,使呼吸道通畅,然后使其头部尽量后仰,鼻孔朝上,下颌尖部与前胸大致保持在一条水平线上,救护人员在触电者头部一侧,掐住触电者的鼻孔,使其嘴巴张开,准备接受吹气。

②救护人员深呼吸后,紧贴触电者的口向内吹气,时长约 2 s,并观察伤者的胸部是否膨

胀,以确定吹气效果并判断适度与否。

③救护人员吹气完毕换气时,口应立即离开触电者的嘴巴,并放松掐紧的鼻子,让其自行呼气,时长约 3 s。

④按①~③反复进行,每分钟吹气 12 次。

二、人工心脏挤压法急救

触电者心脏停止跳动但呼吸未停,应当进行人工心脏挤压法急救。

①触电者仰卧在比较坚实的地面或木板上,姿势同人工呼吸法。

②救护人员跪在触电者腰部一侧或骑在其身上,两手相叠,手掌根部放在心窝稍高一点的地方,即两乳头之间略下一点,胸骨下 1/3 处。

③手掌根用力向下挤压,压陷 3~4 cm,压出心脏的血液。

④随后迅速放松,让伤者胸廓自动复原,使血液充满心脏。

⑤按照③~④反复进行,每分钟挤压 60 次为宜。

三、人工呼吸法和人工心脏挤压法急救

触电者心跳和呼吸均停止,则采用人工呼吸法和人工心脏挤压法交替进行。

每口对口吹气 2~3 次,再进行心脏挤压 10~15 次,照此反复进行。

项目二　船舶电气基础认知

【知识点】

1. 船舶电工工艺基本概念。

2. 船舶电气设备工作特点和基本要求。

3. 掌握船舶常用导电材料、绝缘材料、磁性材料。

【技能点】

1. 能够简要说明船舶电气建造工艺流程。

2. 能够认识常用船舶电气设备及特点。

3. 能够区别船用电工材料与普通材料。

任务一　船舶电气建造工艺

［任务描述］

船舶电气建造的内容与船体建造的各工艺阶段是密不可分的,在船体的不同工艺阶段,电气建造有其固有的特点和内容。

［任务知识］

一、电气建造工艺概述

船舶电气系统共分为三大部分:船舶电站、船舶电力网和电气负载。其主要任务是通过采用先进的工艺手段及合理的生产组织,在确保船舶电气建造质量的前提下,尽量节约原材料、降低成本、提高生产效率并缩短生产周期。

船舶电气建造是一个综合性的过程,其工艺复杂、劳动量大,为了便于组织生产、编制计划,必须将船舶电气建造工程分成若干个计划统计单位,即电气工艺阶段。

电气工艺阶段是指在船舶电气建造的生产周期中,按合理的工艺程序,在一定时间内所应完成的部分造船工程。由于船舶建造的特点,电气安装的大量工作要在船体建造较完善的情况下才能全面开展。电缆及电气设备安装后,应避免火种接近并要防止其受到机械损伤,所以电气安装工作必须安排在较后的阶段,并要求在较短的时间内完成大量的工作。为了迅速、有效地完成这项工作,必须合理地划分电气工艺阶段。

电气工艺阶段划分的实质就是要把所有的船舶电气建造工作穿插安排到船体建造的各个工艺阶段中,使各专业、各工种间能相互协调一致,以达到按期、按质完成造船任务的目的。一般应在船舶施工设计阶段进行电气工艺阶段的具体划分,要考虑与船舶建造的工艺路线和总进程相适应。

船舶电气建造是一项较为复杂的系统工程,它具有设备繁多、线路复杂、空间狭小、施工周期短、交叉作业及工作条件较恶劣,而对建造质量的要求又极为严格的特点。如何合理地安排生产流程和生产计划,以实现船舶电气建造工作的高质量和高效率,显得极为重要。

二、船体各工艺阶段的电气建造内容

船舶电气建造的内容与船体建造的各工艺阶段是密不可分的,在船体的不同工艺阶段,其电气建造的特点和内容是不同的。

1. 船体准备阶段

船体准备阶段是电气建造的工艺准备及生产准备阶段。在该阶段,要确定电气施工的工作量、工时定额;组织电气放样、完善材料清单;进行非标件、特殊材料及仪器仪表的加工与配套;技术培训、安全教育等。

2. 船体备料加工阶段

船体备料加工阶段是车间内场加工制作与配套阶段。在该阶段,施工人员要熟悉图纸资料、施工要点;进行全船所用电气材料、电缆紧固件、设备工装的自制加工;全船所用电气材料、设备等的配套;部分设备内场的模拟调试;确定缺料清单。

3. 船体分段建造阶段

在该阶段,要结束自制工件、工装、设备的加工并入库;完成电气设备的工艺配套;开始电缆紧固件与大型电气设备的初步安装,电缆工艺备料与拉敷,以及分段设备的安装与接线。

4. 船体分段合龙阶段

在该阶段,要进行主干电缆的工艺备料与拉敷紧固;完成局部电缆的补遗、校对与紧固;进行设备的安装与电缆引入设备的接线。

5. 舾装阶段

在该阶段,要结束全船电缆的拉敷、查对、紧固及全船电气设备的安装与接线、密封件的密封;完成导航设备、测深仪、计程仪等特种设备的安装;完成系泊试验前的准备,包括试验方案的制订及工装的准备等。

6. 系泊试验阶段

在该阶段,要完成全船机电设备安装收尾,全船电气设备的报验与清洁检查;完成船舶电站的调试,发电屏与配电屏之间汇流条的分离;配电屏接岸电并准备系泊试验。依据试验大纲,对强、弱电设备分别进行调试并报验结果;完成航行试验准备工作。

7. 航行试验阶段

在该阶段,要明确航行试验大纲的项目指标,提出配合工作项目,并申报上级主管机关批准;进行备品备件、图纸资料及生活供应品的准备;提交各种设备和装置的效用试验报告及其参数指标;依据试验大纲的要求,完成在特定海域及海情下对电气设备的各项效用及指标的考查。

8. 交船阶段

在该阶段,要解决航行中出现的问题,并完善设计施工图纸;编制完工文件并进行设备的维护保养;向船主进行技术交底并申明注意事项;移交设备与备品备件及各种图纸资料。在指定限期内向船主移交完工文件;确定缓装电气设备的安装计划;编制本产品的建造总结、审定后归档。

三、船舶电气建造工艺原则

船舶电气建造工艺原则可根据船舶的不同类别、船体及电装车间的生产能力来确定,经常采用的几种工艺原则如下所述。

1. 按合龙顺序安装工艺

特征:在某段船体合龙完毕并经火工校正后,即进行各阶段的电气安装工作,将跨区的主干电缆卷绕挂起,按合龙顺序向前推进。

优点:开工较早,能缩短船舶电气建造的周期,节省人力。

缺点:电气施工周期较长,与其他工种交叉作业,电缆及一些设备易受损伤。

应用:船体建造能力不强、大合龙时间较长而又要求缩短造船周期的大、中型船舶。

2. 全面平行安装工艺

特征:在船体大合龙完毕并经火工校正后,将全船按工艺分区,各小组按区实施同步平行作业;各小组也可以进行局部交叉流水作业。

优点:安装效率较高,人员可机动投入,缩短造船周期。

缺点:电气安装工作开始较迟,若调配不当,可能会延长电气安装周期,应注意统筹。

应用:适于船体建造能力较强、大合龙时间较短的大、中型船舶。

3. 分段预安装工艺

特征:在船体某一分段建造完成后,即可进行该分段电气紧固件及大型设备的预安装;无试水要求的舱室的电缆、设备等的安装与接线。主干电缆在大合龙时再敷设。

优点:能缩短船舶建造周期,在分段倒置时能寻找到有利的安装位置,变空中作业为地面作业,降低劳动强度。

缺点:电气安装周期较长,电缆线路所占的位置较大。

应用:用于批量产品或标准型的大、中型船舶的建造。

4. 总段预安装工艺

特征:各专业工种均在各总段中完成舾装任务,电气安装工作可大部分完成。主干电缆在大合龙时再敷设。

优点:能大大缩短船舶建造周期。

缺点:电气安装周期较长,电缆线路所占的空间较大。

应用:适于大型或超大型单一建造的船舶及标准型的大、中型船舶的建造。

5. 部件安装工艺

特征:把船上的部分安装工作移到内场进行,组成一个部件后再上船安装。如电缆紧固件和电气设备安装件的内场安装等。

优点:可改善劳动条件,减轻劳动强度,提高效率,保证安装质量。

缺点:部件的运输及安装不便。

应用:适于批量生产的各种船舶。

除了上述介绍的安装工艺原则外,还有分区安装工艺、流水安装工工艺等原则,在船舶的电气建造过程中,往往是上述各种不同安装工艺原则的有机结合。

四、船舶电气建造工艺原则的确定

①主要原则是要尽量缩短船舶电气建造的周期,减少电气安装的工作量,降低劳动强度,提高船舶建造的质量及合理安排劳动力。

②船体采用小分段依次逐段合龙时,大合龙的周期较长,电气建造工艺宜采用按合龙顺序安装工艺。

③船体车间自动化程度较高,采用由几总段大合龙的建造方法。当合龙周期较短时,常采用全面平行安装工艺。

④当船体采用分段依次合龙,且在分段完成后,留有各专业的预装时间,常采用分段预安装工艺。

⑤当大型船体采用总段大合龙的方式建造时,各总段的建造周期较长,应采用总段预安装工艺。

⑥由于其他工种施工的需要,某一特定部分的安装件及电气设备需要提前或滞后安装,应采用局部性的施工工艺。

⑦在确定完整体电气建造施工工艺后,还要考虑电气安装各工艺阶段中劳动力的调配,应尽量采用平行作业、内部工作与外部工作交叉进行的安装工艺。另外,还应将每一船体总段分成若干个工艺安装区及电气安装阶段,以便能在各阶段中投入机动劳动力或多余的劳动力,实现统筹安排。

⑧对于批量产品的建造,可考虑流水作业法,即某一安装小组专门负责每一条船舶上的同类别电气建造工作。

⑨可根据产品要求及生产情况,对全船性施工方法和局部性施工方法进行有机组合,通过实践总结出适合本厂实际的各种施工方法。

五、船舶电气建造的内场作业

船舶电气建造一般分为内场作业和外场作业两个阶段。内场作业就是将一些安装件及设备的制作、部分设备调试、材料工装的准备等工作在车间的内部完成。外场作业则是在船台、船坞或船舶上进行船舶电气的安装与调试。随着造船工业的发展,船舶电气建造的工作量在不断增加,应该尽可能多地把船舶上的外场作业转移到车间内场来完成。

1. 内场作业的内容

(1)熟悉图纸及工艺文件

①充分了解船舶电气建造部分的图纸与工艺文件。

②了解船舶输配电方式及输配电设施的布局。

③了解电气设备的安装位置、电缆走向及工作原理。

④对有关人员进行技术培训。

(2)设备配套及安装件准备

①依据电气设备及安装件的图表,按安装区或舱室配齐该部分的电气设备。

②准备好设备安装所需的螺栓、减振器等。

③完成大多数设备的检查、校验、内部接线及局部安装。

④清理工作现场,准备好必需的机械设备及工具,如电焊机、角钢切割机等。

⑤制造非标或决定自制的电气设备。

⑥按材料清单,领回安装件成品及组装用的角钢、扁铁等,并涂上铁丹漆。

⑦进行安装件的组合与装焊,然后按工艺安装区分类,并分别放置。

（3）电缆备料

①数量备料。在电气建造开始前,供应部门应依据电缆表册进行电缆的总量备料。

②工艺备料。在数量备料的基础上,按电缆备料册进行电缆切割并卷入电缆筒。

③通过几艘同型号船舶的实施情况,对电缆表册不断进行修正。

④在距电缆端头 200～300 mm 处要有电缆标签,并标明电缆型号、规格、代号、用途及来去路线。

⑤电缆全长的中间要有停止标记,以防止电缆敷设时因来回拖拉而造成损伤;电缆尾端端头 100 mm 处有尾端标志。

⑥要把同一方向的电缆备在同一卷筒内,保证有足够的弯曲半径,并且先敷设的电缆要后备料。

⑦备料后的电缆,如存放时间较长,则应对电缆端头进行密封。

⑧备料完毕后,在备料筒上用油漆写上船名、筒号及安装位置等信息。

六、船舶电气建造工艺流程

船舶电气安装工作环节多、涉及面广,与其他工种的配合又很密切,所以只有周密合理地安排施工工艺和人员调配,才能高质量、高速度地完成生产计划。目前,船舶电气建造常采用的工艺流程如图 2-1 所示。

图 2-1 船舶电气建造常采用的工艺流程

任务二　船舶电气设备概况

[任务描述]

船舶电气设备或各个电气系统是组成船舶电气的基本单元,船舶电气设备可以分若干个基本单元,并有其特殊的要求。

[任务知识]

一、船舶电气设备的工作特点

①船舶长时间地航行在气候潮湿、气温多变的海洋、江河之中,船舶电气设备经常会受到盐雾、油雾及霉菌等有害物质的侵蚀,还会受到大的风浪造成的振动冲击。

②工作在主机等动力装置附近的电气设备承受着较强的振动、较高的温度和较多的油污。

③船舶舱室容积小、通风差、湿度大,易使电气设备的绝缘性能降低。

④电气设备工作时任何形式的电磁转换,都会产生电磁干扰,使无线电设备产生噪声、图像畸变或错码等。

⑤成套电气设备分散安装到船舶的各个部位进行远距离操控,在整个电气系统工作时,无法通过人的感官来直接监视。

二、对船舶电气设备的基本要求

1. 一般要求

①电气设备在运行中要工作可靠、故障率低。

②船舶部分地受到破坏时,电气设备仍能基本上保持不间断地工作。

③电气设备的选用或生产应做到体积小、质量小、标志清晰及外形美观。

④应具有防止水、盐雾、油雾、霉菌等侵蚀的能力。

⑤应具有较强的抗冲击,耐振动,耐高、低温及阻燃、防爆的能力。

⑥应具有较高的绝缘性能、较强的过载保护能力及较高的效率。

⑦要采用标准化部件,并做到便于拆装、维修和更换。

⑧要有防止无线电干扰和磁干扰的措施。

2. 环境条件

①船舶是一座移动着的城市。海船要在各种海域和海况下航行。电气设备经常处于恶劣的环境条件下运行。

②室外温度变化大,机舱温度高,相对湿度大,温度一般在 $-25 \sim 45$ ℃范围变化。

③海上空气潮湿,空气中含有盐雾、油雾、霉菌和水汽。

④船舶经常处于摇摆和倾斜状态,横倾、横摇可达 $\pm 22.5°$;纵倾、纵摇可达 $\pm 10°$。

⑤船舶经常处于振动状态,舵机舱和有往复机械(如柴油机)的舱室尤为严重。

⑥某些舱室和部位的空气中含有爆炸性气体。

⑦船舶碰撞、靠离码头会产生冲击。舰艇火炮发射和受到射击时舰体会受到强烈的冲击。

⑧在出现最恶劣、最不利的环境状况(设备本身或采取附加的安装措施)下,电气设备在所安装的部位应保证可靠运行。

3.防护等级

电气设备由执行该设备功能的若干元器件和连接导线组成。外面用罩壳加以防护。防止固体和液体进入。

固体进入设备会造成机械损伤,金属固体进入会引起短路,人体某部分(如手指)进入会触电或损伤。

液体进入设备会引起绝缘下降、短路。

低压电气设备的绝缘介质是空气。电气元器件置于空气中。工作时一部分电能将转换成器件的导体和连接导线的发热损耗。发热使元器件和导线温度上升,散发出的热量通过导体表面、安装的绝缘构件、导线的绝缘护套与周围空气产生热交换,空气温度上升,空气对流带走热量,温度上升到一定值,达到热平衡状态,温度不再上升。周围空气温度越高,元器件达到稳定的温度越高。元器件和导线的绝缘材料能承受的温度是有限的,温度超过会使绝缘老化、损坏。

外壳防护的作用是将设备的元器件和导线与外部隔离。隔离影响内部温度与外部环境温度交换。为了使温度不超过允许值,元器件和导线的载流量须按外壳封闭的程度相应减少。封闭得越严,散热越差,元器件和导线的使用越不经济。外壳的封闭程度由所安装的部位决定。部位不同,防护的等级要求也不同。

外壳的封闭程度有防滴、防溅、防尘、防爆、水密等。这种程度上的描述只有定性而没有定量,难以对设备的封闭程度进行考核。

为此,国际电工委员会编写了外壳防护等级分类的规定。

防护等级用 IP□□ 表示。IP 是防护的特征字母,其后是 2 位特征数字,第一位数表示对固体的防护程度,第二位数表示对液体的防护程度。数字越大,防护等级越高;反之,越低。防护特征数字的定义如表 2-1 所示。

表 2-1　防护特征数字的定义

第一位特征数字	防护等级	
	简述	定义
10	无防护	无专门防护
1	防护大于 50 mm 的固体物	人体某一大面积部分,如手(但不防护故意接近);直径超过 50 mm 的固体物
2	防护大于 12 mm 的固体物	手指或长度不超过 80 mm 的类似物体;直径超过 12 mm 的固体物
3	防护大于 2.5 mm 的固体物	直径或厚度超过 2.5 mm 的线材或带材等;直径超过 2.5 mm 的固体物

表 2 – 1(续)

第一位 特征数字	防护等级	
	简述	定义
4	防护大于 1 mm 的固体物	厚度大于 1 mm 的工具、线材等;直径超过 1 mm 的固体物
5	防尘	并不能完全防止灰尘进入,但进入的灰尘数量不足以影响设备的良好运行
6	尘密	灰尘不能进入
第二位 特征数字	防护等级	
	简述	定义
0	无防护	无专门防护
1	防滴	滴水(垂直滴落的水滴)应无有害影响
2	15°防滴	当外壳偏离其法线位置倾斜不超过 15°的任一角度时,垂直滴水应无有害影响
3	防淋	离垂线不超过 60°的任一角度的淋水应无有害影响
4	防溅	从任何方向向外壳溅水应无有害影响
5	防喷	用喷嘴从任何方向向外壳喷水应无有害影响
6	防浪	汹涌海浪的浪水或强力喷嘴的喷水进入外壳不应达到有害的数量
7	防浸	当外壳在规定的压力及时间条件下浸入水里时,应不可能进入有害数量的水
8	防潜	设备适宜于在制造厂规定的条件下长期潜入水里 (注:一般这就意味着设备是水密的)

4. 运行要求

①设备本身的操作设置应简便;设备所安装的部位应方便操作。在规定的环境条件下应能可靠地运行。

②电压和频率在一定范围内变化时设备能可靠工作。

③设备本身和所安装的部位应防止机械损伤、人体触电,避免发生火灾。设备至少应能够防止由过载和短路引起的损坏和火灾发生。

三、船舶电气的组成

船舶电气设备或各个电气系统是组成船舶电气的基本单元。船舶电气可以分为如下所述几个基本单元。

1. 船舶电站

船舶电站是整个船舶所需电能的提供系统。包括主电站、停泊（备用）电站、应急电站、中频电站及小应急蓄电池电站等。

2. 船舶电网

船舶电网用来完成整个船舶电能的输送和分配，包括一次网络、二次网络及应急网络等。

3. 电力拖动系统

电力拖动系统用来完成船舶上的各种机械的拖动，包括泵系统、风机系统、舵系统及绞车、绞盘、艇机、锚机等。

4. 照明系统

照明系统用于船舶上的不同位置和要求的照明，包括正常照明、应急照明及管制照明。

5. 船内通信系统

船内通信系统用于船舶上语言信息或指令的传递，包括电话机、对讲机、广播系统等。

6. 电气信号系统

电气信号系统用于船舶上各种呼叫、报警等非语言信息或指令的传递，包括警钟系统、各种报警器等。

7. 船舶操纵系统

船舶操纵系统用于船舶的操纵和控制，包括主机转速传令指示装置、舵角传令指示装置、螺距传令装置等。

8. 航行信号灯系统

航行信号灯系统用于船舶的航行和进出港的信号指示，包括各种航行灯、作业状态信号灯、通信信号灯、特殊航区航行信号灯、战斗航行信号灯等。

9. 助航仪器系统

助航仪器系统用于船舶的空间定位及天气测定，包括观察和避碰的雷达、保证航向的罗经、了解船位的定位仪、救生或导航的测向仪、掌握航速的计程仪、了解海情的测深仪及气象仪等。

10. 无线电通信系统

无线电通信系统是船舶在海上航行时，与陆地、其他船舶、飞机等进行通信联系的重要工具，包括各波段的发射接收天线、信号收发处理装置、呼唤装置、终端设备等。

11. 电气测量系统

电气测量系统用于船舶上各种电气设备或系统的电气参数的测定，包括各种测量用仪器仪表。

12. 船舶计算机网络系统

近年来，随着船舶智能化水平的提升，越来越多的控制系统、导航系统、信息管理系统及设备不断接入船舶网络，实现对外信息交互。船舶越来越多地"在线"，船舶网络尤为重要。

四、对船舶电气设备的有关规定

1. 额定电压与额定频率

（1）一般固定安装的电气设备

一般固定安装的电气设备的额定电压不应超过以下规定值：

①直流 250 V。

②交流三相 500 V，单相 250 V。

（2）可携式电气设备

一般可携式电气设备，其额定电压不应超过以下规定值：

①照明 24 V。

②电气工具及通风机 36 V。

（3）电力推进装置

电力推进装置的额定电压不应超过以下规定值：

①主电路直流为 1 000 V，交流为 6 300 V。

②励磁电路交、直流均为 220 V。

③控制电路，直流为 220 V，交流为 380 V。

（4）额定频率

①一般交流电气设备的额定频率应为 50 Hz。

②特殊设备的额定电压和电力推进装置的额定频率可参见有关技术文件。

2. 配电系统线制

（1）直流配电系统

①双线绝缘系统。这种系统的直流电源线的正、负极均与金属船体结构绝缘，且为双线供电系统。油类船舶必须采用这种线制。

②负极接地双线系统。这种系统的直流电源线的负极与船体金属结构相连，且仍为双线供电系统。非油船类的各种船舶均可采用这种线制。

③以船体作为负极回路的单线系统。这种系统的直流电源线中的负极与船体金属结构相连，由另一个极单线供电。因其安全性较差，故必须上报审批后方可实施。

（2）单相交流配电系统

①双线绝缘系统。这种系统的交流电源线的相线、中线均与金属船体结构绝缘，且为双线供电系统。油类船舶必须采用这种线制。

②一线接地的双线系统。这种系统的交流电源线的中线与金属船体结构相连，且为双线供电系统。非油船类的各种船舶均可采用这种线制。

③一线以船体作为回路的单线系统。这种系统的交流电源线的中线与船体金属结构相连，并以此为中线，由另一根相线单线供电。因其安全性较差，故必须上报审批后方可实施。

（3）三相交流配电系统

①三线绝缘系统。这种系统的三相供电系统中的三根相线和中线均与船体结构绝缘，且为三相供电系统。油类船舶必须采用这种线制。

②中线接地的四线系统。这种系统的三相四线制供电系统的中线与船体金属结构相

连,且为四线供电系统。非油船类的各种船舶均可采用这种线制。

③中线接地并以船体作为中线的四线系统。这种系统的三相四线制供电系统的中线与船体结构相连,并以此为中线,由另外三根相线供电。因其安全性较差,故必须上报审批后方可实施。

常见船舶低压电力系统结构如图 2-2 所示。

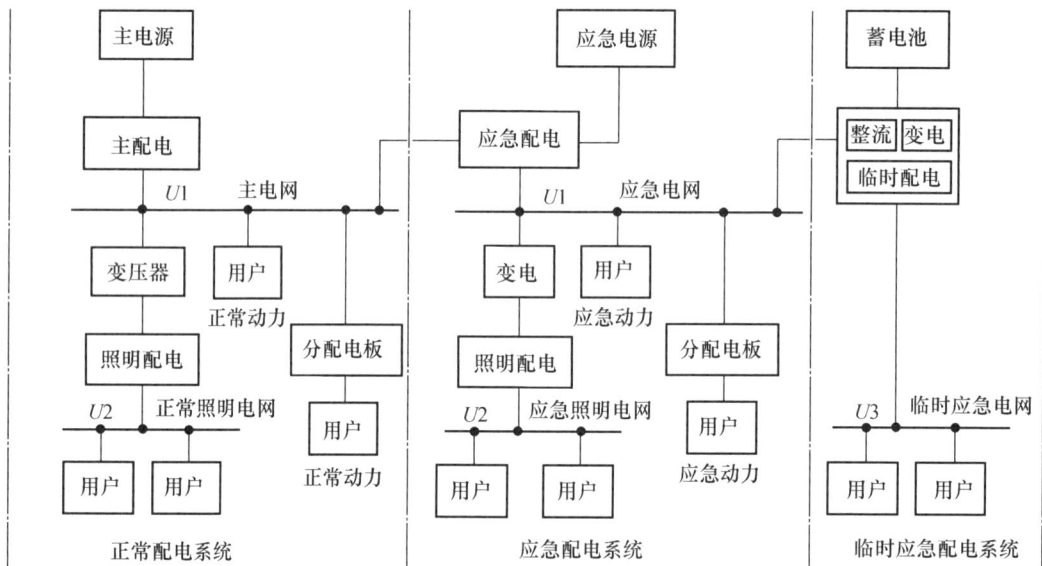

图 2-2 低压电力系统结构

3. 指示灯颜色的规定

(1)白色

①表示有电压或准备。

②表示放电或在中间位置。

(2)红色

①表示过载、报警、禁止、紧急、上升或倒车。

②表示在左舷位置、自动开关断开。

(3)绿色

①表示自动开关接通、工作、正常或允许。

②表示充电、下降、正车或在右舷位置。

任务三　船舶常用电工材料

[任务描述]

无论是陆上还是船上,船舶常用电工材料是通用的,但是由于船舶的工作环境与陆上相比要恶劣得多,所以对船用电工材料性能的要求也有其特殊性。

[任务知识]

一、船用电工材料的特点及分类

从广义上说,电工材料应是指用以制造电气、通信、导航等设备的所有材料,设备的安装、相互连接所使用的材料,以及设备的维护、修理、保护所使用的各种材料。我们所说的船舶常用电工材料是指船舶电气管理中经常使用的电工材料。无论是陆上还是船上,地电工材料是通用的,但是由于船舶的工作环境与陆上相比要恶劣得多,所以对船用电工材料性能的要求也有其特殊性。为了正确理解、选择和使用船用电工材料,了解船舶的工作环境是有必要的。船舶的工作环境主要有以下几个特点:

①船舶航行区域广阔,气象、海况、气温、湿度变化大;

②船舶因风浪作用经常摇摆、受冲击;

③船舶航行在海上,舱室内空气不仅带有油雾、霉菌等腐蚀物而且含有盐雾甚至混有爆炸性气体;

④主机、辅机等动力机械运行中造成的振动会使船舶某些部位存在共振现象;

⑤船舶舱室容积小、通风差,舱室内湿度较大,易使电气设备的绝缘性能降低。

所以船用电工材料应具有以下几方面的特殊要求:

①船用电工材料的绝缘性能要好,要求其在工作过程中不易发生故障,保持正常稳定的工作,以保证设备和人身的安全;

②船用电工材料应具有防盐雾、防油雾、防霉菌和防水、防燃、防爆的性能;

③船用电工材料应具有抗冲击、耐振动、承摇摆的能力;

④船用电工材料应具有抗低温、耐高温、耐大湿度的能力。

钢质海船建造规范规定,对于无限航区船舶的环境空气温度为 $0 \sim 45\ ℃$,敞开甲板船舶的环境空气温度为 $-25 \sim 45\ ℃$,船用绝缘材料的温度级别一般为 E 级以上。

电工材料的种类很多,也有多种分类方法,对于船舶电气管理人员来说,按电磁性质,的方法比较实用。按电磁性质,可把电工材料分为导电材料、绝缘材料、半导体材料、磁性材料和其他常用的船舶电工材料。

二、船用导电材料

船用导电材料包括高电导材料和高电阻材料。

(一)高电导材料

在船舶上使用最广泛的高电导材料是金属,主要有铜、铜合金、铝、铝合金、铁和钢等。这些材料都具有较高的电导,有足够的机械强度,易于进行机械加工和焊接的特点。对这些材料制成的各种导电部件进行必要的保护或涂覆之后即可应用于船舶上。高电导材料可分为传导电流的导电材料、保护性导电材料、接触性导电材料。

1.传导电流的导电材料

这种材料的应用最为广泛,如各种船用电缆、电线、电磁线等。这种材料要求电阻率小、电阻温度系数小、抗张强度高、能防腐蚀,在机械强度上便于加工和焊接。船用传导电流的导电材料大都用铜或铜合金制成。

（1）船用电缆

电缆是船舶上用于传输电能、传递信息和在电气设备之间做各种连接的一种重要的、用量最大的电工材料。为保证电缆在运行时可靠工作，船舶对电缆的性能有如下要求：

a. 绝缘性能好。因为现代大型船舶均属于金属船体结构，而电缆一般敷设在船体或船体构件上，当电缆绝缘不良时就容易发生漏电或短路等故障，所以要求电缆绝缘性能好。

b. 防潮、防腐蚀性能好。因为船舶长期航行在海上，工作环境潮湿且多盐雾，电缆易受潮湿和腐蚀影响使绝缘性能下降，所以电缆一定要能满足防潮湿、防腐蚀的要求。

c. 抗震与抗机械损伤能力强。船舶航行在大风浪中，颠簸振动严重，容易使船体发生变形从而使电缆受到振动和机械力作用，所以电缆芯须有良好的抗震和抗机械损伤的能力。

d. 耐高温性能好。船舶舱内某些部位的温度是比较高的，特别是有时还需要航行于赤道等高温水域，高温容易使电缆绝缘体软化或变脆，所以电缆要具有耐高温的性能。

e. 耐油污、耐酸碱性能好。船舶上的油污物比较多，有些场合还有酸碱等物，油污、酸碱对电缆有腐蚀作用，因此船舶电缆必须具有耐油污、耐酸碱的性能。

f. 所有电缆都应是滞燃型或防火型的。

此外，船上敷设的电缆都是根据敷设处的环境条件、敷设方法、电流定额、工作定额等因素确定的。如固定敷设在露天甲板、货舱、冷库、机器处和可能出现凝结水或有害气体处的电缆均应有金属护套或不锈性护套。

①电缆的结构。电缆一般由导电芯线、绝缘层和护套三部分组成，有的护套还附加有铠装。

a. 芯线。芯线的主要功能是传输电能并承受一定的机械力。芯线的材料基本上都采用电解铜以增加其导电性能。芯线一般制成圆形，以利于增大散热面积。芯线有单股与多股之分。多股芯线为了在大电流通过时减小电缆的温升，其由多根圆形截面软铜丝绞合而成。

b. 绝缘层。绝缘层的主要功能是隔绝芯线与外界物质的联系，防止芯线接地或相间短路，同时起保护芯线，延长电缆寿命的作用。

目前电缆用绝缘材料有天然橡胶、聚氯乙烯、丁苯 – 天然橡胶、丁基橡胶、石棉 – 漆布、矿物质和有机硅橡胶等。船用电力电缆一般采用丁基橡胶作为绝缘层材料，照明和控制线路采用耐热塑料作为绝缘层。

c. 护套。护套的主要功能是保护电缆内部，以免遭受机械损伤；同时防止水、盐雾、油、生物、火灾、霉菌及各种腐蚀等的破坏，以保持其长期稳定的电气性能。常用的护套材料是橡皮和塑料。聚氯乙烯护套具有较好的综合防护性能（机械强度高，不延燃，有较好的耐油、耐酸碱性），而橡皮护套在弹性、耐磨性、柔软性、温度适应范围等方面较好。某些合成橡皮还具有一些特殊的性能，如丁腈橡皮具有良好的耐油、耐水、耐磨和不延燃性能，而且其机械强度较高；氯丁橡皮有较高的机械强度和不延燃性能而且其气候适应性好。

d. 铠装（外护套）。铠装是一种具有高强度保护作用的护层，适用于工作在机械损伤较严重场合的电缆。船用电缆采用的铠装有镀锡铜丝编织网、镀锌钢丝编织网、尼龙编织网和金属软管等，其中金属软管铠装有很好的机械保护性能。

②船用电力电缆型号意义。船用电缆有电力电缆、通信电缆和射频电缆三类。这里着重介绍电力电缆的种类和型号。

电缆的型号由五部分组成：

分类代号 + 绝缘代号 + 护套代号 + 派生代号 + 外护套代码

船舶电缆经多年的使用后，其绝缘层会随之老化，并且可能受到外部的损伤，如机械损伤、局部火灾和海水侵蚀损伤等。这些损伤将使电缆失去工作能力。当电缆出现局部损伤时，需要由船舶电气管理人员根据要求选择电缆进行更换。

（2）电线

电线由一根或几根柔软的导线组成，外面包以轻软的护层。电线一般都由芯线、绝缘包皮和保护外皮三部分组成。

（3）电磁线

电磁线是通电后产生磁场或在磁场中感应产生电流的绝缘导线。一般指用于绕制电器、电机绕组和变压器线圈的绝缘导线。电磁线所用材料有铜线和铝线两种。按其表面的绝缘材料分为漆包线、纱包线和纱包漆包线三种。漆包线是在铜导线表面涂以珐琅漆层绝缘的电磁线，其优点是电性能好，导热性好，不吸水，绕制线圈时所占空间小等；缺点是绝缘层在外机械力作用下易于破损，影响绝缘性能。

2.熔体材料

熔体材料主要用来制成各种形式的熔断器，在电路中起到保护电路的作用。常用的熔体材料有铜、银、锌、铅锡合金、铝及其他合金。从性能上讲，银是最合适的熔体材料，但资源很少。铜具有与银最相近的物理性能，因此它也被广泛用于熔体材料，但是铜的热电常数比很大，不宜做快速熔断器的熔体。近年来铝质熔体得到发展，它的主要优点是价格低廉，根据其物理性能特别适合做快速熔断器的熔体。

3.接触性导电材料

船舶上各种电器触头、电位器滑动触头以及开关的触点等都是用接触性导电材料制成的，接触性导电材料性能的好坏直接影响到设备的维护保养工作。对这种材料的要求如下：

①具有足够高的电导，接触处不易产生电阻值较高的氧化物。

②机械弹性好，抗拉，抗压，磨损小，使用寿命长。

③耐腐蚀，抗电弧侵蚀，接触可靠。

船上常用的接触性导电材料有银铜合金、铜钨合金、硬铜、黄铜和磷铜等。

（二）高电阻材料

船用各种变阻器、降压电阻、调速电阻及各种绕线电阻都属于高电阻材料。高电阻材料都用铜及其他金属的合金制成。根据应用的范围不同，高电阻材料大体可分为三大类。

1.测量设备用高电阻合金

（1）该合金的基本要求

①电阻率要尽可能高，即 ρ 值高；

②电阻值对温度具有高度稳定性，即温度系数 $TK\rho$ 极小；

③电阻值对时间的高稳定性，即不随时间而老化、变质；

④相对于铜的温差电势很小。

（2）主要用途

高电阻合金主要用作标准电阻、电阻箱、分流器、绕线电阻及附加电阻等。

（3）材料

高电阻合金所采用的材料有新锰钢、康铜、新康铜等。

2.变阻器用合金

（1）该合金的基本要求

①电阻率大；

②电阻率的温度系数 $TK\rho$ 不太大；

③能长期承受200 ℃以内的温度及一定的振动力的作用；

④价格低廉。

（2）主要用途

变阻器用合金主要用作启动电阻、滑动电阻器等。

（3）材料

变阻器用合金主要采用的材料有铜锌镍合金、铜锰铝合金等。

3.电热器用高电阻合金

（1）该类材料与变阻器用合金的差别

电热器用高电阻合金要求能承受更高的温度（900～1 200 ℃）及具有较小的 $TK\rho$ 值。因为 $TK\rho$ 太大，在冷却状态下启动时，会使电流大大增加，从而使配电线路的电压损耗过大，影响其他用电设备正常工作。

（2）主要用途

电热器用高电阻合金主要用作电炉、电烙铁等。

（3）材料

电热器用高电阻合金采用的材料有镍铬合金等。

三、船用绝缘材料

国家标准规定的绝缘材料的定义是："用于防止导电元件之间导电的材料"，也就是能够阻止电流通过的材料。它的电阻率很高，通常在 10^9～10^{22} Ω·m 的范围内。在电气设备、输电线路和电工仪器仪表中绝缘材料的作用是将带电部件与其周围的其他部件或带电部件之间相互隔离，也就是实现绝缘作用以使电流按所规定的途径流通并保证设备的安全运行。船舶绝缘材料的性能应符合船舶工作条件，具有耐热、抗潮、抗霉、耐酸、碱、盐、油和长期使用等性能。

（一）绝缘材料的性能指标

1.耐压

绝缘材料都在一定的电压下工作，工作电压过高会加速老化。对于船用低压设备，其所有绝缘材料都能满足要求。

2.耐热性能好

工作于电气设备上（如电机、电器、电热器等）和温度较高场合（如锅炉舱等）的绝缘材料，随着设备和周围环境温度的升高，其温度也会随之升高。绝缘材料受热后将发生软化、熔化、挥发、灼焦、开裂、脆化、电阻率降低、损耗增加、老化和热击穿等一系列性能与形态的变化,因而要求绝缘材料的导热性好、热导率高,同时要有足够的热稳定性。

3. 耐潮、抗霉性能好

船舶绝缘材料经常受到霉菌的侵袭,从而丧失绝缘性能。当绝缘材料遭霉菌侵袭后,轻者表面呈现白霉点,重者表面可长出白色绒毛状的霉菌,导致绝缘性能变差甚至击穿。当温度为 20～30 ℃,相对湿度为 85%～100% 时,最适宜霉菌的生长。为了提高防霉性能,在船用绝缘材料中往往采用加入防霉剂的方法来杀死或抑制霉菌的生长。有些电气设备往往增设必要的加热环节以提高材料的防潮、防霉性能。

4. 机械强度高

船舶绝缘材料因受到机械力的影响(如振动、压挤、拉伸等)会产生裂纹、起层皮、变形和破损等,因此要注意选择机械强度高的绝缘材料。

(二)绝缘材料的耐热等级

每种绝缘材料都有一个最高温度的限制,称为最高容许温度。在此温度下长期工作时,材料的性质不发生显著变化,能够可靠工作至设计寿命。电气设备投入运行后,电气设备各部分的温度将高于环境温度。电气设备的温度 θ 与环境温度 θ_0 之差称为电气设备的温升,以 τ 表示,则

$$\tau = \theta - \theta_0 \quad 或 \quad \theta = \theta_0 + \tau$$

由此可见,电气设备工作时的温度是由环境温度和温升两部分来确定的。当所用的绝缘材料确定后电气设备的最高容许温度 θ_{max} 就确定了,这样在一定的环境温度下,电气设备就有一个与所用绝缘等级相对应的最高容许温升(τ_{max}),即 $\tau_{max} = \theta_{max} - \theta_0$,称为温升限值。它是制造厂确定额定容量和额定电流的主要依据,并标志在产品的铭牌上。对于船舶电气来说,国家规定的标准环境温度为 $\theta_0 = 45$ ℃。

随时了解运行中电气设备的工作温度,对船舶电气管理人员来说是重要的,但要准确测出电气设备工作时的温度是比较困难的。用不同的测温方法测得的温度往往不同,如电阻法只能测得温度的平均值,而酒精温度计测得可接触到的表面的温度,都不是最热点的温度,所以电气设备最热点的温度用测量值加 10～20 ℃。

电工产品绝缘的使用期受到多种因素的影响,如温度、电和机械的应力、振动、有害气体、化学物质、潮湿、灰尘和辐照等,而温度通常是对绝缘材料和绝缘结构老化起支配作用的因素。因此已有一种实用的、被世界公认的耐热性分级方法,也就是将电气绝缘的耐热性划分为若干耐热等级。这种方法按照耐热程度,把绝缘材料分为 Y、A、E、B、F、H、C 等级别。各耐热等级及所对应的温度值如下:Y 代表 90 ℃;A 代表 105 ℃;E 代表 120 ℃;B 代表 130 ℃;F 代表 155 ℃;H 代表 180 ℃;200 代表 200 ℃;220 代表 220 ℃;250 代表 250 ℃。温度超过 250 ℃,则按间隔 25 ℃ 相应设置耐热等级。

例如,A 级绝缘材料的最高允许工作温度为 105 ℃,一般使用的配电变压器、电动机中的绝缘材料大多属于 A 级。

电动机的绝缘等级是指其所用绝缘材料的耐热等级,允许温升是指电动机的温度与周围环境温度相比升高的限度。绝缘的温度等级 A 级、E 级、B 级、F 级、H 级最高允许温度分别为 105 ℃、120 ℃、130 ℃、155 ℃、180 ℃;绕组温升限值为 60 K、75 K、80 K、100 K、125 K。

(三)船舶常用的绝缘材料

绝缘材料可分为固体绝缘材料、液体绝缘材料和气体绝缘材料。船用绝缘材料主要是固体绝缘材料和液体绝缘材料两类。下面着重介绍固体绝缘材料。

固体绝缘材料包括绝缘布、绝缘带、各种绝缘纸和薄膜、衬垫用的各种绝缘板,绝缘套管等。这些绝缘材料在维修船舶电气设备时是经常用到的。对这些材料的一般要求是有较高的电气绝缘强度,耐热、耐潮。有些材料应具有柔韧性,机械性能方面应具有一定的抗拉强度,导热良好,并且温度变化时对其性能无较大影响。

1. 常用的绝缘带

①绝缘白布带。绝缘白布带有斜纹、平纹两种,根据要求的抗拉强度来选择。绝缘白布带若不经浸渍,其电气性能较差,吸潮后绝缘性能更差,一般用作增强机械强度和绑扎用。

②常用的绝缘布带有黑胶布带、黄蜡布带、黄蜡绸带、玻璃漆布带等,这些都是日常维修各种电气设备常用的材料。

a. 黑胶布带用于一般包扎、衬垫。其耐油性能较差,受高温后经一段时间即老化失去黏着性。

b. 黄蜡绸带较黄蜡布带薄,所以黄蜡绸带常用于电机或电器衬垫或包扎。

c. 玻璃漆布带为 B 级绝缘,其性能要比前几种好,是船舶上包扎常用的材料,常用于一般电机、电器的衬垫线头包扎等。

③聚酯膜带。聚酯膜带是船上常用的包扎绝缘材料,其电气性能较好,厚度较薄,应用广泛。厚度为 0.05 mm 的聚酯薄膜的击穿电压为 4 kV。

2. 常用的绝缘薄膜和复合制品

① 绝缘薄膜的特点是厚度薄,柔软,耐潮,电气性能和机械性能高。其主要用于电机或电器线圈匝间、端部包扎,绝缘衬垫绝缘,以及电容器介质。它常与纤维材料一起制成复合箔。

② 复合制品是在薄膜的一面或双面黏合纤维材料以加强薄膜的机械性能提高抗撕强度和表面挺度。其适合于中小型电机槽绝缘电机、电器线圈端部绝缘和相间绝缘。常用的聚酯薄膜绝缘纸复合箔颜色为青灰,耐热等级为 E 级,厚度为 0.1 ~ 0.3 mm。在常态下,厚度为 0.15 mm 的聚酯薄膜绝缘纸复合箔电击穿强度为 5 ~ 12 kV。

3. 电绝缘纸和纸板

电绝缘纸和纸板是用植物纤维制成的绝缘材料,具有一定的机械性能,但易吸潮,耐热性差。所以使用时,一般需要与绝缘油组成组合绝缘或经一定的浸渍处理以提高其电气性能、热老化性能、耐潮性能及导热能力等。电绝缘纸有各种规格的电缆纸、电话纸、电容器纸。钢纸板用于日常维修做衬垫和线圈的绝缘框架,其颜色多为红色,又称红钢纸,其厚度为 0.5 ~ 3 mm,其绝缘强度不小于 3.5 kV/mm。

4. 电工常用层压制品

电工层压制品是用绝缘纤维做底材,浸或涂以不同的胶黏剂,经热压卷制而成。层压制品主要分层压板、管、棒及特种层压板四类。常用的有酚醛层压纸板、酚醛层压布板、层压玻璃板等。层压制品可用作衬垫和隔离各种电气设备,也可作为控制屏板用来安装电器等设备。

四、船用其他电气附属材料

(一)磁性材料

电机、电器、变压器、电磁式仪表及电磁铁等,均利用电磁感应原理来制造电气设备,都用磁性材料来构成磁通回路。为了获得比较高的磁通密度和系统的磁能,要求磁性材料具有高的磁导率和低的铁损耗,同时还要有较好的机械加工性能。磁性材料按其特性和应用通常可分为软磁材料和硬磁材料两大类。

1.软磁材料

软磁材料的特点是具有很大的磁导率和很小的矫顽力。这类材料在较强外磁场作用下能产生高的磁感应强度,而且随着外磁场的增强,磁感应强度很快达到饱和,当外磁场去掉后磁性又基本消失。磁滞回线呈陡而窄的曲线。电工纯铁、电工硅钢片及铁镍合金、铁铝合金等都是软磁材料。

2.硬磁材料

硬磁材料的特点是具有较大的矫顽力和剩磁感应强度。它经饱和磁化后即使去掉外部磁化磁场材料的剩磁仍能长时间保持磁化状态,并在周围空间产生稳定的磁场。

硬磁材料主要用作永久性磁铁。它是仪表、微电机、电信和自动控制设备中用来储藏和提供磁能的重要元件。各向同性和各向异性的铝镍钴合金、硬磁铁氧体、钨钢等都是硬磁材料。

另外,硬磁材料还包括用于高精密电磁器件和设备(如不变误差的电流互感器等)的恒导磁合金,以及用于电子计算机、自动控制和远程控制等的记忆元件、开关元件和逻辑元件的矩磁材料等。

(二)电刷

1.电刷的类别、型号、特征和主要应用范围

船舶上的直流电机、交流绕线式电动机和同步发电机等都采用电刷。电刷是用于电机的静止部分与转动部分间电流传导的重要导电元件。常用电刷可分成两种。

①石墨电刷。它是天然石墨中加入沥青、煤焦油等黏合剂混合压制而成的质地较软但未经高温加热时含杂质较多易损坏整流子。通常适用于整流条件正常、负载均匀的电机。

②电化石墨电刷。它用石墨、焦炭、炭墨等作为原料,经2 500 ℃以上高温处理所制成。它具有良好的韧磨性,易于加工,所以使用范围很广,适用于各种类型的电机以及整流条件困难的电机。

2.电刷的正确选择和使用

电刷关系到电机的正常运行。根据电流密度、滑环或整流子的圆周速度,从电刷技术特性表中找到电刷类型,再结合电机的特性(额定电压、电流)和运行条件(连续、断续、短时)决定电刷的具体型号。具体可根据上述要求查阅电刷技术数据表选择所需的电刷。

在同一台电机上应采用同一种型号的电刷。对某些电流大、换向困难的电机可采用双子电刷,其滑入边配用电流密度大或润滑性能好的电刷,滑出边配用换向性能好的电刷,

从而使电机的运行得到改善。经过长期运行的电刷刷体、导线和其他金属附件,有的被氧化、腐蚀,刷体磨损长短不一的电刷最好一次全部更新。若受条件限制,至少同时更换同一极性的电刷,避免出现电流分布不均的现象。另外更新的电刷应是原型号或性能相近的型号。

习　　题

1. 船舶电工工艺的内涵是什么?

2. 电气工艺阶段的含义是什么?

3. 船体建造方案常用的有几种?某船体车间的船体生产能力较强,现已完成一艘15万吨级的货轮的合龙,并经火工校正,且对造船周期要求较短。应采取哪一种安装工艺?

4. 船舶建造有哪些工艺阶段?简要说明在船舶建造的不同工艺阶段电气施工的基本内容。

5. 简要说明船舶电气建造的工艺流程。

6. 油船的交、直流配电系统的线制为什么采取三线或双线对地绝缘系统?

7. 船舶电气设备主要有哪些类别?说明它们在船舶上的用途。

8. 说明船舶上有哪些电气系统。

9. 船用电工材料应有几方面的特殊要求?

10. 接触性导电材料有什么要求?

11. 电气绝缘的耐热性划分为哪些耐热等级?

12. 电刷应如何正确选择和使用?

[任务技能]

技能训练　船用电缆绝缘电阻例行试验

船用电缆的绝缘电阻是船用电缆的一项重要指标之一,对于正常生产的船用电缆产品,在工厂中测试绝缘电阻的主要目的是监督、控制材料质量和工艺质量。船用电缆把绝缘电阻例行试验作为控制和保证其绝缘品质的主要参数,通过测试绝缘电阻可以验证船用电缆绝缘材料和工艺的符合性。

本技能训练包括在全部成品电缆长度上进行的检验电缆符合要求的试验;在生产的最终阶段对生产线上的产品进行的100%例行试验。

一、绝缘电阻测试条件

测试绝缘电阻要在进行高压试验之后,但要在任何直流高压试验以前,并在环境温度下使用 80～500 V 的直流电压进行测量。

二、试验程序

绝缘电阻测试设备很多,其中交直流绝缘电阻测试仪如图 2－3 所示。

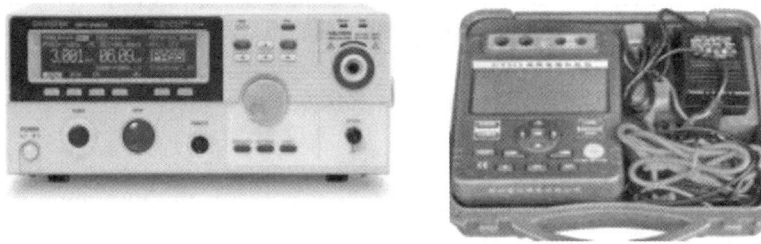

图 2 - 3　各类交直流绝缘电阻测试仪

1. 对于带有金属包层的单芯电缆

例行试验绝缘电阻的测量应在导体和金属包层之间进行。

2. 对于不带金属包层的单芯电缆

电缆在试验前至少在水中浸泡 1 h,绝缘电阻的测量应在导体与水之间进行。

3. 对于 2 ~ 5 芯电缆,无论是否带有金属包层

绝缘电阻的测量都应在每根导体与全部其他线芯的导体连在一起,并连接到金属包层(如果有)之间依次进行。

4. 对于多于 5 芯的电缆

①在所有各层的奇数号码的线芯与所有各层的偶数号码的线芯之间进行测量。

②在偶数各层全部芯线与奇数各层全部芯线之间进行测量。

③如果需要,在线芯数是在奇数的每层中第一个和最后一个线芯之间进行测试。

④对于有独立屏蔽的单元组绞合的电缆,须依次在每一屏蔽与其他屏蔽和金属铠装(如有)之间进行附加的绝缘电阻试验。

将测试结果写入电缆绝缘电阻测试记录表(表 2 - 2)中。

表 2 - 2　电缆绝缘电阻测试记录表

部门:													
序号	电缆用途	型号	讫止点	绝缘电阻值/MΩ									测试结果 (≥0.5 MΩ 为合格)
				A - B	A - C	B - C	A - 0	B - 0	C - 0	A - 地	B - 地	C - 地	0 - 地	

表 2 - 2(续)

1 kV 以下电力电缆绝缘电阻的测试方法
a. 拆除被试电缆的电源及一切对外连线后,将被试电缆接地,充分放电。 b. 用干燥、清洁的软布擦去被试电缆头的灰尘。 c. 将摇表放在水平位置,并在额定转速下(120 r/min)调整指针至"∞"。 d. 将被试电缆头接地线接于"E"端子,将被试电缆引出线接于"L"端子。 e. 以恒定速度转动摇把(120 r/min),待指针稳定后记录其绝缘电阻值。 f. 试验完毕或重复试验时,必须将被试电缆对地充分放电。 g. 测试电力电缆的相线与相线、相线与零线之间绝缘电阻的方法比照 2~5 芯的步骤进行。 h. 将测试结果记录于"电缆绝缘电阻测试记录表"上。

测试人: 测试日期:

三、在船用电缆绝缘电阻例行试验时发现的问题及处理

在做船用电缆例行试验时发现,在相同的温度下,产品型号、规格相同,数量不同的情况下,成缆后测量的绝缘电阻阻值是合格的,而成品例行试验时的绝缘电阻不合格。为什么会出现这种问题?

生产过程未发现有修复及损伤情况记录,由于成缆后测量绝缘电阻阻值是合格的,这就排除了原材料不合格的情况;将这些成品电缆端部剖开 1 m 检查,发现填充(玻璃丝纤维绳)及包带潮湿。

处理 将成品绝缘电阻不合格的电缆放到烘箱中,加温到 60 ℃并保持温度 8 h 后关闭温度,打开烘箱,待烘箱内温度接近室内温度时取出电缆,放置 24 h 后再进行测量,此时绝缘电阻阻值正常。

四、船用电缆绝缘电阻例行试验的环境温度和测量时的电压

1. 环境温度

除非对于特殊试验另有详细的规定,绝缘电阻例行试验在(20 ± 15)℃的环境温度下进行。

2. 测量时的电压

按《船舶及海上平台电力、控制及仪表用电缆,一般结构及试验方法》规定:测量绝缘电阻要在进行高压试验之后,但要在任何直流高压试验以前,在环境温度下使用 80~500 V 的直流电压进行测量。

3. 船用电缆绝缘电阻例行试验测量施压后读数时间

一般情况下要在施加电压 1 min 之后再进行测量,但是在特定情况下,为了达到基本稳定状态的试验条件,可将此时间最长延长至 5 min。

通过绝缘电阻例行试验可以验证船用电缆绝缘材料的质量和工艺质量,能有效地保证产品的安全性能,避免由于船用电缆绝缘材料及工艺事故造成由船舶供电系统故障引发的安全事故。

项目三　船舶电工常用仪表与基本测量

【知识点】

1. 验电笔的基本使用方法与注意事项。
2. 常用螺钉旋具分类及用途。
3. 钢丝钳、尖嘴钳、斜口钳、剥线钳等电工工具的正确用法与注意事项。
4. 兆欧表、万用表及钳形电流表使用的正确用法与注意事项。

【技能点】

1. 能够掌握低压验电笔的使用方法。
2. 能够了解螺钉旋具的类型,掌握螺钉旋具的用法。
3. 能够掌握钢丝钳、尖嘴钳、斜口钳、剥线钳等电工工具的正确使用和保养方法。
4. 能够熟悉兆欧表、万用表及钳形电流表的结构和用途,掌握其使用方法及注意事项。

任务一　验电笔基本使用

[任务描述]

船舶电工使用的低压验电器,又称为验电笔(简称电笔),有钢笔式和螺丝刀式两种。它是检验低压导线和电器设备是否带电的一种常用工具。

[任务知识]

一、验电笔的外形与结构

验电笔有螺丝刀式和钢笔式两种,它们由氖管、电阻器、弹簧和笔身等组成。验电笔的组成如图 3 – 1 所示。

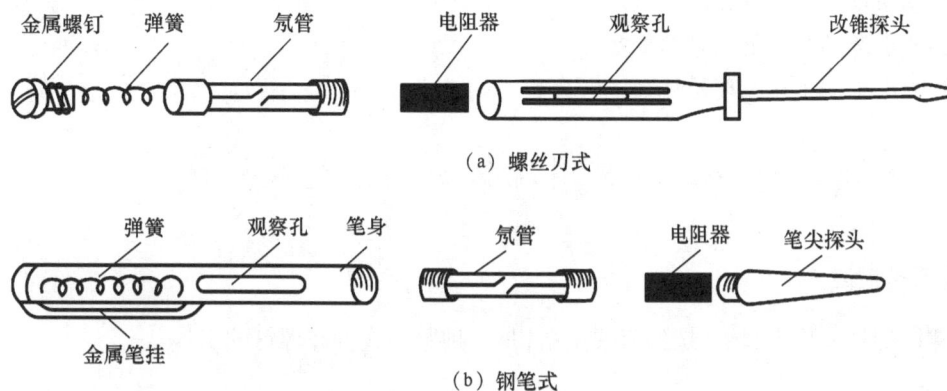

（a）螺丝刀式

（b）钢笔式

图 3 – 1　验电笔的组成

二、验电笔的使用方法

①手触及尾部金属部分(笔挂或螺帽)形成感应的通电回路。

②要防止螺丝刀式验电笔笔尖金属触及人手,以免触电。

③使用时注意避光,以防误判。

④被测带电体相间、相地之间距离较小时,要注意短路与接地。

验电笔检测电压范围为 60 ~ 500 V。氖光管两极发光是交流电,一极发光是直流电,发光极为负极。验电笔的握法如图 3 - 2 所示。

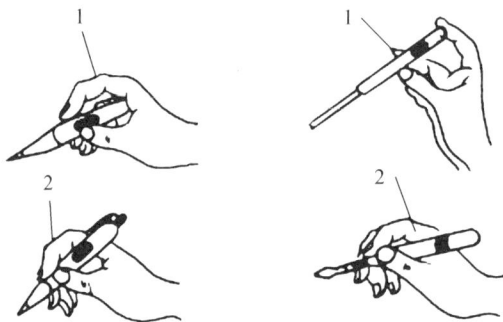

1—正确握法;2—错误握法。

图 3 - 2 验电笔的握法

三、验电笔的应用技巧

低压验电笔是电工常用的一种辅助安全用具,用于检查 500 V 以下导体或各种用电设备的外壳是否带电。一支普通的低压验电笔可随身携带,只要掌握验电笔的原理,结合熟知的电工原理就可以灵活使用。

习　　题

1.验电笔主要由哪几部分组成?

2.验电笔的测压范围是多少?

3.验电笔的工作原理是什么?

任务二　常用螺钉旋具分类及用途

[任务描述]

螺钉旋具又称为起子、螺丝刀或旋凿,是一种紧固或拆卸螺钉的工具。

[任务知识]

一、螺钉旋具的外形与结构

螺钉旋具由金属杆头和绝缘柄组成,按金属杆头部分的形状分为十字形及一字形。螺丝刀的结构如图 3-3 所示。

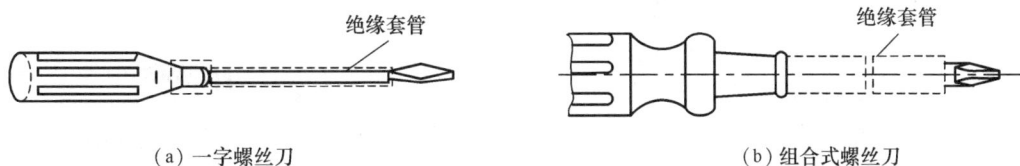

(a) 一字螺丝刀　　　　　　　　　　　　　　　　　(b) 组合式螺丝刀

图 3-3　螺丝刀的结构

二、螺钉旋具的规格与功能

一字形螺丝刀的规格用金属部分的长度标示,常用的有 100 mm、150 mm、200 mm、300 mm 和 400 mm 五种。

十字形螺丝刀以前分为 Ⅰ、Ⅱ、Ⅲ、Ⅳ号,现在也按上面五种形式划分。

还有一种组合式螺丝刀可作螺丝刀使用,换头后也可以作锥、钻使用。使用螺丝刀时,要选用合适的规格,大或小都易损坏电器元件。螺丝刀木柄不可锤击,以防裂损。一字形刀头弯曲或断裂可在砂轮上磨平再用。

螺钉旋具是用来旋动头部带一字形或十字形槽的螺钉的手用工具。使用时,应按螺钉的规格选用合适的旋具刀口。任何"以大代小,以小代大"使用旋具均会损坏螺钉或电气元件。电工不可使用金属杆直通柄根的旋具,必须使用带有绝缘柄的旋具。为了避免金属杆触及皮肤及邻近带电体,宜在金属杆上穿套绝缘管。

使用螺钉旋具时的注意事项:

①先慢后快,要平稳,尽量少滑口(沟槽);

②拧螺钉旋具时,注意不要伤手;

③木头较硬时,可在螺丝扣上加点水、油、肥皂等,起润滑作用;

④不得将其当凿子或撬杠使用。

习　　题

1. 螺钉旋具的种类有哪些?

2. 使用螺钉旋具时,需要注意哪些事项?

任务三　钢丝钳、尖嘴钳、斜口钳、剥线钳的正确用法

[任务描述]

电工操作离不开工具,工具质量不好或使用方法不当,会直接影响操作质量和工作效

率,甚至会造成生产事故。正确地使用和保养好工具对提高工作效率和安全使用具有重要意义。本任务主要介绍钢丝钳、尖嘴钳、斜口钳、剥线钳的正确用法。

[任务知识]

一、钢丝钳

钢丝钳(图3-4)是一种夹持或紧固金属件、切断金属丝的工具。柄部套有绝缘套管(耐压500 V)。其规格用其全长的毫米数表示,常用的有150 mm、175 mm和200 mm三种。

钢丝钳的钳口用来弯绞或钳夹导线;齿口用来紧固或松动螺母;刀口用来剪切导线或剖削导线绝缘层。使用钢丝钳之前,须查看其柄部绝缘套管是否完

图3-4 钢丝钳

好,以防触电。钢丝钳一般不要当榔头使用,以免钳轴弯曲使用不灵活,若钳子生锈可点几滴机油反复活动手柄使其活络。

二、尖嘴钳

尖嘴钳(图3-5)的头部尖细,适用于在狭小的工作空间操作,夹持较小的螺钉、垫圈、导线及电器元件。在安装配线时,能将单股导线弯成眼圈(线鼻子)。尖嘴钳的规格以其全长的毫米数表示,有130 mm、160 mm和180 mm等。柄部套有绝缘管,耐压500 V。

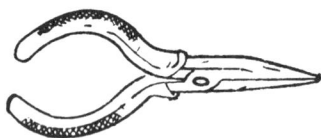

图3-5 尖嘴钳

三、斜口钳

斜口钳(图3-6)的头部扁斜,因此又叫扁嘴钳,是专供剪断线材、导线及电缆等用的。它的柄部有铁柄、管柄、绝缘柄几种,绝缘柄耐压500~1 000 V。斜口钳常用规格有125 mm、140 mm、160 mm、180 mm和200 mm五种。

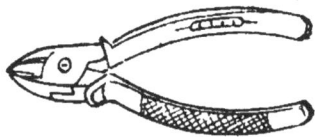

图3-6 斜口钳

四、剥线钳

剥线钳(图3-7)是用来剥落小直径导线绝缘层的专用工具。它的钳口部分设有直径为0.5~3 mm的咬口,用以剥落不同线径的导线绝缘层。其柄部是绝缘的,耐压为500 V。使用时切口应略大于导线芯

图3-7 剥线钳

线直径,否则会切断芯线。它的特点是使用方便,剥离绝缘层不伤线芯,适用芯线横截面积为6 mm^2 以下的绝缘导线。不允许带电剥线。

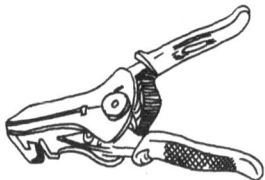

习　题

1. 钢丝钳有哪些功能?
2. 尖嘴钳和斜口钳有哪些功能?
3. 剥线钳有哪些功能?

任务四　兆欧表、万用表及钳形电流表的使用及注意事项

[任务描述]

电工仪表是用于测量电压、电流、电能、电功率等电量和电阻、电感、电容等电路参数的仪表,在船舶电气设备安全、经济、合理运行的监测与故障检修中起到十分重要的作用。电工仪表的结构性能及使用方法会影响电工测量的精确度,电工必须能合理选用电工仪表,而且要了解常用电工仪表的基本工作原理及使用方法。本任务主要介绍兆欧表、万用表及钳形电流表的使用方法及注意事项。

[任务知识]

一、兆欧表的使用

兆欧表(俗称摇表),是一种不带电测量电器设备及线路绝缘电阻的便携式仪表,如图 3-8 所示。绝缘电阻是否合格是判断电气设备能否正常运行的必要条件之一。兆欧表的读数以兆欧为单位($1\ M\Omega = 10^6\ \Omega$)。兆欧表的选用,主要是选择兆欧表的电压及其测量范围,常见的有 500 V、1 000 V 和 2 500 V 等。

图 3-8　兆欧表

1. 兆欧表的选取原则

①额定电压等级的选择。一般情况下,额定电压在500 V 以下的设备,应选用 500 V 或 1 000 V 的兆欧表;额定电压在 500 V 以上的设备,应选用 1 000 V ~ 2 500 V 的兆欧表。

②电阻量程范围的选择。兆欧表的表盘刻度线上有两个小黑点,小黑点之间的区域为准确测量区域。所以在选表时应使被测设备的绝缘电阻值在准确测量区域内。

2. 测量前的准备

①测量前必须切断被测设备的电源,并接地短路放电。
②有可能感应出高压的设备,在可能性没有消除以前,不可进行测量。
③被测物的表面应擦拭干净,消除外界电阻的影响。
④测试时,兆欧表应放置平稳,放置的位置应远离大电流的导体和有外磁场的场所,以免影响读数。
⑤验表。以 90 ~ 130 r/min 转速摇动手柄,若指针偏到∞,则停止转动手柄;将表夹短

路，慢摇手柄，若指针偏到0，则说明该表良好、可用。特别要指出的是：摇表指针一旦到0，应立即停止摇动手柄；否则，将使表损坏。此过程又称校零和校无穷，简称校表。

3.接线

一般兆欧表上有三个接线柱。

①接线柱 L。L 指线(或火线)，在测量时与被测物和大地绝缘的导体部分相接。

②接线柱 E。E 指地，在测量时与被测物的外壳或其他导体部分相接。

③接线柱 G。G 指保护环，在测量时与被测物上保护屏蔽环或其他不需测量的部分相接。

一般，测量时只用火线和地两个接线柱，保护接线柱只在被测物表面漏电很严重的情况下才使用。兆欧表的接线方法如图3-9所示。

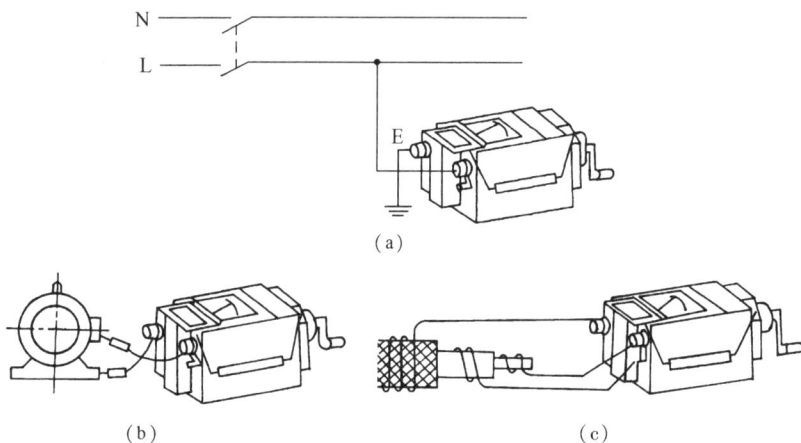

图 3-9　兆欧表的接线方法

线路接好后，可按顺时针方向转动摇把，摇动的速度应由慢而快，当转速达 120 r/min 左右时(ZC-25型)，保持匀速转动，1 min 后读数，并且要边摇边读数，不能停下来读数。

4.拆线放电

读数完毕，一边慢摇，一边拆线，然后将被测设备放电。放电方法是将测量时使用的地线从摇表上取下来与被测设备短接一下即可(不是摇表放电)。

5.注意事项

①禁止在雷电时或高压设备附近测绝缘电阻值，只能在设备不带电，也没有感应电的情况下测量。

②因兆欧表是一个发电机，摇测过程中不可触摸接线端，被测设备上更不能有人工作，以防电击。

③兆欧表线不能绞在一起，要分开。

④测量结束时，对于大电容设备要放电。

⑤要定期校验其准确度。

二、万用表的使用

（一）指针式万用表

1. 指针式万用表的结构

指针式万用表由表头、测量电路及转换开关等部分组成。

①表头。指针式万用表是高灵敏度的磁电式直流电流表，如图 3 - 10 所示。万用表的主要性能指标基本上取决于表头的性能。表头的灵敏度是指表头指针满刻度偏转时流过表头的直流电流值，这个值越小，表头的灵敏度越高。测电压时的内阻越大，其性能就越好。表头上有四条刻度线，它们（从上到下）的功能如下：第一条标有 R 或 Ω，指示的是电阻值，转换开关在欧姆挡时，即读此条刻度线；第二条标有 ⌣ 和 VA，指示的是交直流电压和直流电流值，当转换开关在交直流电压或直流电流挡，量程在除交流 10 V 以外的其他位置时，即读此条刻度线；第三条标有 10 V，指示的是 10 V 的交流电压值，当转换开关在交直流电压挡，量程在交流 10 V 时，即读此条刻度线；第四条标有 dB，指示的是音频电平。

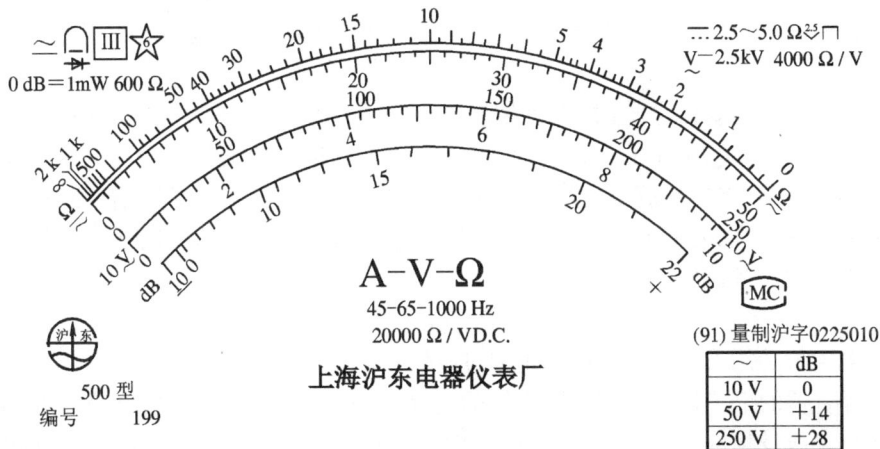

图 3 - 10　指针式表头结构

②测量线路。测量线路是用来把各种被测量转换到适合表头测量的微小直流电流的电路，它由电阻器、半导体元件及电池组成。

测量电路能将各种不同的被测量（如电流、电压、电阻值等）、不同的量程，经过一系列的处理（如整流、分流、分压等）统一变成一定量限的微小直流电流送入表头进行测量。

③转换开关。其作用是用来选择各种不同的测量线路，以满足不同种类和不同量程的测量要求。转换开关一般有两个，分别标有不同的挡位和量程。

2. 符号含义

①⌣表示交直流。

②V - 2.5kV 4000 Ω/V 表示对于交流电压及 2.5 kV 的直流电压挡，其灵敏度为 4 000 Ω/V。

③A - V - Ω 表示该万用表可测量电流、电压及电阻值。

④ 45 – 65 – 1000Hz 表示使用频率范围为 1 000 Hz 以下,标准工频范围为 50 Hz。

⑤ 20000Ω/VDC 表示直流挡的灵敏度为 20 000 Ω/V。

3.万用表的使用

①熟悉表盘上各符号的意义及各个旋钮和选择开关的主要作用。

②进行机械调零。

③根据被测量的种类及大小,选择转换开关的挡位及量程,找出对应的刻度线。

④选择表笔插孔的位置。

⑤测量电压。测量电压(或电流)时要选择好量程,如果用小量程去测量大电压,则会有烧表的危险;如果用大量程去测量小电压,那么指针偏转太小,无法读数。量程的选择应尽量使指针偏转到满刻度的2/3左右。如果事先不清楚被测电压的大小,应先选择最高量程挡,然后逐渐减小到合适的量程。

a. 交流电压的测量。将万用表的一个转换开关置于交、直流电压挡,另一个转换开关置于交流电压的合适量程上,万用表两表笔和被测电路或负载并联即可。

b. 直流电压的测量。将万用表的一个转换开关置于交、直流电压挡,另一个转换开关置于直流电压的合适量程上,且"+"表笔(红表笔)接到高电位处,"-"表笔(黑表笔)接到低电位处,即让电流从"+"表笔流入,从"-"表笔流出。若表笔接反,表头指针会反方向偏转,容易被撞弯。

⑥测电流。测量直流电流时,将万用表的一个转换开关置于直流电流挡,另一个转换开关置于 50 μA 到 500 mA 的合适量程上,电流的量程选择和读数方法与电压一样。测量时必须先断开电路,然后按照电流从"+"到"-"的方向,将万用表串联到被测电路中,即电流从红表笔流入,从黑表笔流出。如果误将万用表与负载并联,则因表头的内阻很小,会造成短路烧毁仪表。其读数方法如下:

$$实际值 = 指示值 \times 量程/满偏$$

⑦测电阻值。用万用表测量电阻值时,应按下列方法操作。

a. 选择合适的倍率挡。万用表欧姆挡的刻度线是不均匀的,所以倍率挡的选择应使指针停留在刻度线较稀的部分为宜,且指针越接近刻度尺的中间,读数越准确。一般情况下,应使指针指在刻度尺的 1/3 ~ 2/3。

b. 欧姆调零。测量电阻值之前,应将两个表笔短接,同时调节欧姆(电气)调零旋钮,使指针刚好指在欧姆刻度线右边的零位。如果指针不能调到零位,说明电池电压不足或仪表内部有问题,并且每换一次倍率挡,都要再次进行欧姆调零,以保证测量准确。

c. 读数。表头的读数乘以倍率,就是所测电阻的电阻值。

4.注意事项

①在测电流、电压时,不能带电换量程。

②选择量程时,要先选大的,后选小的,尽量使被测值接近于量程。

③测电阻值时,不能带电测量。因为测量电阻值时,万用表由内部电池供电,如果带电测量则相当于接入一个额外的电源,可能损坏表头。

④用毕,应使万用表的转换开关在交流电压最大挡位或空挡上。

二、数字万用表

现在,数字式测量仪表已成为主流,有取代指针式仪表的趋势。与指针式仪表相比,数字式仪表灵敏度高,准确度高,显示清晰,过载能力强,便于携带,使用更简单。下面以 DT 9202型数字万用表为例(图3－11),介绍数字万用表的使用方法和注意事项。

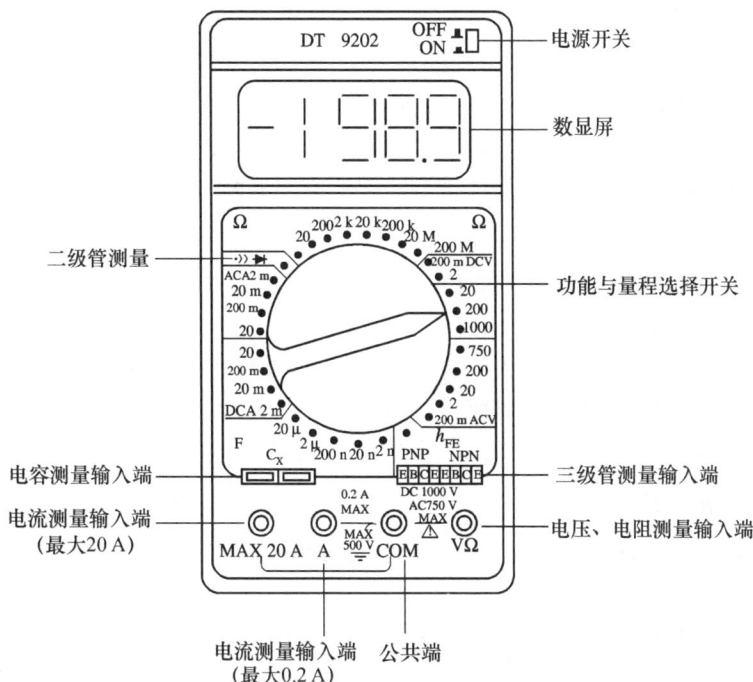

图3－11　数字万用表

1.操作前注意事项

①将 ON/OFF 开关置于 ON 位置,检查9 V 电池,如果电池电压不足,在显示器上将显示 ⎓ ,这时则应更换电池。

②)测试表笔插孔旁边的⚠符号,表示输入电压或电流不应超过标示值,这是为保护内部线路免受损伤。

③测试前,功能开关应放置于所需量程上。

2.电压测量注意事项

①如果不知道被测电压范围,将功能开关置于大量程并逐渐降低量程,不能在测量中改变量程。

②如果显示1,表示过量程,功能开关应置于更高的量程。

③⚠表示不要输入高于万用表要求的电压,显示更高的电压值是可能的,但有损坏内部线路的危险。

④当测高压时,应特别注意避免触电。

3.电流测量注意事项

①如果使用前不知道被测电流的范围,将功能开关置于最大量程并逐渐降低量程,不能在测量中改变量程。

②如果显示器只显示"1",表示过量程,功能开关应置于更高量程。

③ ⚠ 上表示最大输入电流为 200 mA 或 20 A,取决于所使用的插孔,过大的电流将烧坏保险丝。20 A 量程无保险丝保护。

4. 电阻值测量注意事项

① 如果被测电阻值超出所选择量程的最大值,将显示 1,应选择更高的量程。对于大于 1 MΩ 或更高的电阻值,要几秒钟后读数才能稳定,对于高阻值读数这是正常的。

② 当无输入时,如开路情况,显示为 1。

③ 当检查内部线路阻抗时,要保证被测线路所有电源断电,所有电容放电。

5. 电容值测试注意事项

① 仪器本身已对电容挡设置了保护,在电容值测试过程中,不用考虑电容极性及电容充放电等情况。

② 测量电容值时,将电容器插入电容测试座中(不要通过表笔插孔测量)。

③ 测量大电容值时,稳定读数需要一定时间。

④ 单位换算关系为:$1 \text{ pF} = 10^{-6} \text{ μF}$,$1 \text{ nF} = 10^{-3} \text{ μF}$。

6. 数字万用表保养注意事项

数字万用表是一种精密电子仪表,不要随意更改线路,并注意以下几点:

① 不要超量程使用;

② 不要在电阻挡或 ⊣⊢ 挡时,测量电压信号;

③ 在电池没有装好或后盖没有上紧时,请不要使用;

④ 只有在测试表笔从万用表移开并切断电源后,才能更换电池和保险丝。

二、钳形电流表的使用

钳形电流表又称钳表,是一种用于测量正在运行的电气线路的电流大小的仪表,可在不断电的情况下测量电流。常用的钳表有指针式和数字式两种。指针式钳表测量的准确度较低,通常为 2.5 级或 5 级。数字式钳表测量的准确度较高,外形如图3-12所示,用外接表笔和挡位转换开关相配合,还具有测量交直流电压,直流电阻值和工频电压频率的功能。

1. 结构及原理

钳表实质上是由一只电流互感器、钳形扳手和一只整流式磁电系有反作用力仪表所组成。

2. 使用方法

① 根据被测电流的种类和线路的电压,选择合适型号的钳表,测量前首先必须调零(机械调零)。

② 检查钳口表面应清洁无污物、锈蚀。当钳口闭合时应密合、无缝隙。

③ 选择合适的量程,先选大量程,后选小量程或看铭牌值估算。更换量程时,应先张开钳口,再转动测量开关;否则,会产生火花烧坏仪表。

④ 当使用最小量程测量,其读数还不明显时,可将被测导线绕几匝。匝数要以钳口中央的匝数为准,读数 = 指示值 × 量程 / 满偏 × 匝数。

图 3 - 12　数字式钳表

⑤测量时,应使被测导线处在钳口的中央,并使钳口闭合紧密,以减小误差。

⑥测量完毕,要将转换开关放在最大量程处。

3.注意事项

①被测线路的电压要低于钳表的额定电压,以防绝缘击穿导致触电。

②测量前应估计被测电流的大小,选择适当的量程,不可用小量程去测量大电流。测高压线路的电流时,要戴绝缘手套,穿绝缘鞋,站在绝缘垫上。

③每次只能测量一根导线。测量时应将被测导线置于钳口中央部位,以提高测量准确度。测量结束应将量程调节开关置于最大位置,以便下次安全使用。

④钳口要闭合紧密,不能带电换量程。

习　　题

1.使用指针式万用表时需要注意什么?

2.使用兆欧表时需要注意什么?

3.使用钳形电流表时需要注意什么?

[任务技能]

技能训练一　低压验电笔的使用

一、技能描述

用低压验电笔检测电源的通断和电源的特点。

二、训练内容

1.检测项目

①判断低压验电器是否完好(分别用验电笔和万用表判断)。

②区别相线与零线。

③识别三相四线制电源两导线间是同相还是异相。

④区别直流电的正负极性。

2.实训注意事项

①低压验电笔应在已知带电体上使用,证明验电笔确实良好后方可使用。

②使用时,验电笔应保持干燥,使其逐渐靠近被测物体,直至氖管发亮。

③只有确定氖管不发亮时,人体才可与被测物体接触。

3. 测试情况记录表(表 3 - 1)

表 3 - 1　测试情况记录表

序号	项目	内容
1	写出低压验电笔拆解后各部件的名称	
2	区别相线与零线的测试过程	
3	区别导线间是同相还是异相的测试过程	
4	区别直流电的正负极性	

技能训练二　导线绝缘层的剖削

一、技能描述

用钢丝钳和剥线钳完成单股和多股铜芯导线的剖削。

二、训练内容

分别使用剥线钳、钢丝钳剥离不同规格的导线的绝缘层。

1. 钢丝钳剖削

①用钢丝钳剥离截面积为 1.5 mm² 规格的塑料单股铜芯线和多股铜芯线。
②用钢丝钳剥离截面积为 2.5 mm² 规格的塑料单股铜芯线和多股铜芯线。
③用钢丝钳剥离截面积为 4.0 mm² 规格的塑料单股铜芯线和多股铜芯线。

2. 剥线钳剖削

①用剥线钳剥离截面积为 1.5 mm² 规格的塑料单股铜芯线和多股铜芯线。
②用剥线钳剥离截面积为 2.5 mm² 规格的塑料单股铜芯线和多股铜芯线。
③用剥线钳剥离截面积为 4.0 mm² 规格的塑料单股铜芯线和多股铜芯线。

项目四　船用电缆敷设方法与设备引入

【知识点】

1. 船用电缆的结构与型号，常用电缆及选择。
2. 了解电缆引入设备。
3. 掌握电缆贯穿件及船体构件开孔原则。

【技能点】

1. 能够选择或制作船上安装电气设备用支架、基座。
2. 能够进行船用电缆的拉放、敷设。

　　船舶上的电力输送、电气控制以及通信导航，均是由船舶电缆来完成的。随着船舶自动化程度的不断提高，不同种类的电缆在船舶上的应用越来越多。为了合理地选择和正确地使用电缆，需要电气施工人员掌握各种船舶电缆的结构及性能。

　　电缆的拉放是指按照电缆的用途及路线，将电缆展开放置到线路的紧固件上。而电缆的敷设，是指按照有关工艺要求，将电缆安装、紧固或密封在电缆完整件上。在施工过程中，要充分利用拉放两根电缆的间隙，进行电缆的整理，做到边整理边敷设，以提高电缆拉放和敷设的速度。

任务一　船用电缆的结构与型号

[任务描述]

　　由于电缆要适用于船舶上的不同场合，所以其结构和选用的材料也随之有所变化，使用前需要了解型号含义。

[任务知识]

　　船用电缆主要由导电芯线、绝缘层、护套和铠装层等组成，其结构如图4-1所示。由于电缆要用于船舶上的不同场合，所以其结构和选用的材料也随之有所变化。

一、导电芯线

　　1. 作用与结构

　　电缆的导电芯线是传导电能的路径。它一般由多股软铜线绞合而成，一般不少于7根，其表面大多进行镀锡处理，能防止芯线的腐蚀和氧化，并增强其导电性能。

　　2. 芯线的分类

　　①按数量分类，芯线可分为单芯电缆、双芯电缆、三芯电缆和多芯电缆。导电芯线的横截面积越大，其载流量就越大。

②按柔软程度分类,芯线可分为一般结构、软结构和特软结构三种,可满足不同场合的工作需要。

一般结构的电缆适合于固定敷设;软结构的电缆适合于一般性移动设备;特软结构的电缆适合于移动频繁或使用中经常发生回转设备。横截面积相同的导电芯线,组成股数越多,电缆就越软。

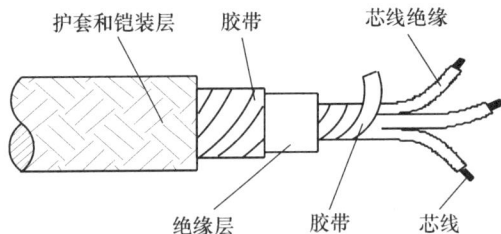

图 4-1 船用电缆的结构

3. 对芯线的强度要求

①跨越舱室较多的大长度电缆的导电芯线截面积应不小于 0.75 mm^2。

②只有同一舱室的电子设备之间才可以采用 0.3 mm^2 以下的电缆。因其强度较低,所以在敷设时要注意防护。

二、绝缘层

1. 作用

绝缘层的作用是隔离各导电芯线,以防止芯线对地或相线间短路。

2. 常用绝缘材料的性能

①丁苯-天然橡皮。这种绝缘材料由天然橡胶与丁苯橡胶混合而成,长期允许工作温度为 70 ℃,适合于各种普通规格的电缆,应用较为广泛。

②丁基绝缘橡皮。这种绝缘材料具有良好的耐老化、耐潮湿、耐海水及酸碱腐蚀等性能,其长期允许工作温度为 80 ℃。

③乙丙绝缘橡皮。这种绝缘材料具有良好的耐老化性能,绝缘性能优良,其长期允许工作温度为 80 ℃。

④聚氯乙烯。这种绝缘材料具有良好的防潮性能,其电气性能优良,机械强度高,质量小,工艺简单,价格比较低。普通型聚氯乙烯的长期允许工作温度为 65 ℃,耐热型聚氯乙烯的长期允许工作温度为 80 ℃。

⑤硅橡皮。这种绝缘材料电气性能优良,耐温性能优异,长期允许工作温度为180 ℃,适用于电机引线或特种电缆。

3. 材料的选择与应用

①绝缘层的耐压决定着电缆的额定电压,故其耐压值应不小于线路的额定电压。

②低介电常数和低介质损耗的绝缘层可用于高频电缆。

③绝缘层的耐温特性决定着电缆的适用条件和载流量。比如,截面积相同而绝缘层耐温特性不同的两种电缆,耐温高的电缆可适用于环境温度较高的场合,并可提高载流量。

三、护套和铠装层

1. 作用

①护套和铠装层能保护电缆免受油、水等的化学腐蚀,增强电缆抗机械损伤的能力。

②有镀层编织的铠装层能起到电屏蔽的作用。

2. 常用护套和铠装层材料的性能

①氯丁橡皮。这种护套材料是非燃性橡套材料,具有较高的机械强度,并且有良好的耐大气、日光老化及耐腐蚀性能,但耐油性能较差,适于油雾较少的场合或舱外敷设。

②硫化丁聚物。这种护套材料是丁腈橡皮与聚氯乙烯的复合物,具有弹性较好、机械强度高、耐磨、耐油、耐水、耐老化且阻燃的特性,适于油雾较多的机舱内敷设。

③聚氯乙烯塑料。这种护套材料具有优良的耐化学腐蚀和耐油、耐潮性能,具有较高的机械强度,并且质量小,工艺简单,价格低,适于大多数场合的电缆敷设。

④氯硫化聚乙烯。这种护套材料具有较好的气候适应性及耐潮、耐化学腐蚀性能,还具有着色稳定性好、热稳定性好、质地细密、质量小、极柔软等特点,适于大多数场合的电缆敷设。

⑤铠装层。铠装层有钢丝编织护套和铜丝编织护套两种。一般在其外层加有镀层,以防止被腐蚀,并有利于电缆外壳的接地。

3. 材料的选择与应用

①护套应具有耐潮、耐油、阻燃、耐寒及耐老化等性能。

②机舱等油、水较多的场所应选用橡皮或塑料且有钢丝编织的护套。

③卫生间等经常冲水的场所应选用聚氯乙烯塑料护套或氯丁橡皮护套。

④冷藏舱室应选用铅护套或氯丁橡皮护套,不宜用塑料护套。

⑤无线电通信等舱室应选用氯丁橡皮并具有铜丝编织的护套。

⑥蓄电池室、油漆间等有腐蚀性气体的场所,应选用聚氯乙烯塑料护套。

四、船用电缆的代号与命名

1. 代号

(1)系列代号

①乙丙绝缘系列代号为 CKE。

②交联聚乙烯绝缘系列代号为 CKJ。

③聚氯乙烯绝缘系列代号为 CKV。

④硅橡皮绝缘系列代号为 CKS。

⑤天然丁苯绝缘系列代号为 CKX。

(2)绝缘代号

①热固性绝缘。乙丙绝缘代号为 E;交联聚乙烯代号为 J;硅橡胶代号为 S;天然丁苯乙烯代号为 J。

②热塑性绝缘。聚氯乙烯代号为 V。

(3)护层代号

护层有内套、铠装层、外套三类,其代号如表 4-1 所示。

表 4 - 1　护层代号表

代号	内套	代号	铠装	代号	外套
V	聚氯乙烯	0	—	0	—号
F	氯丁橡胶	2	双钢带	2	聚氯乙烯
H	氯磺化聚乙烯	3	细钢丝	3	聚乙烯
		8	铜丝编织		
		9	钢丝编织		

（4）特性代号

在火焰条件下电缆燃烧的特性代号如表 4 - 2 所示。

表 4 - 2　电缆燃烧的特性代号

代号	定义	代号	定义
D	单根燃烧	A	有烟、有酸、有毒
S	成束燃烧	B	低烟、低酸、低毒
N	耐火（单根燃烧）	C	无卤、低烟、低毒

2. 产品标记表示方法

（1）表示方法

产品用型号、规格、标准编号表示，其组成如下：

□□ □ □ □□/□□ □□　GB9332.2

芯数×截面积（mm^2）

其含义为：

　　　燃烧特性代号

　　　外护层代号

　　　其他特性代号

　　　层或裸外套代号

　　　系列代号

（2）举例

①乙丙绝缘氯丁内套船用控制电缆，芯数为 19 芯，截面积为 2.5 mm^2，燃烧特性为 DA 型。则其标记为：CKEF/DA19×2.5 GB9332.2。

②乙丙绝缘铜丝编织铠装聚氯乙烯外套，船用控制电缆，燃烧特性为 DA 型。则其标记为：CKE82/DA7×1 GB9332.2。

③乙丙绝缘氯丁内套裸钢丝编织铠装船用控制电缆，芯数为 19 芯，截面积为 1.5mm^2，燃烧特性为 DA 型。则其标记为：CKEF90/DA19×1.5 GB9332.2。

任务二　船舶常用电缆与选择

[任务描述]

了解船舶常用电力电缆及控制电缆、电信电缆、射频电缆等常用电缆的选择。

[任务知识]

每种电缆的性能特点及使用条件、船舶电缆的选择过程。

一、船舶常用电缆

1. 船舶电力电缆及控制电缆

船舶电缆结构如图 4 – 2 所示。船舶电力电缆及控制电缆主要用于船舶上交流 500 V 及以下或直流 1 000 V 及以下的电力、照明和一般控制装置,是船上用得最多的一种电缆。二芯以上的电缆芯线上有数字编号,有利于接线及校对。

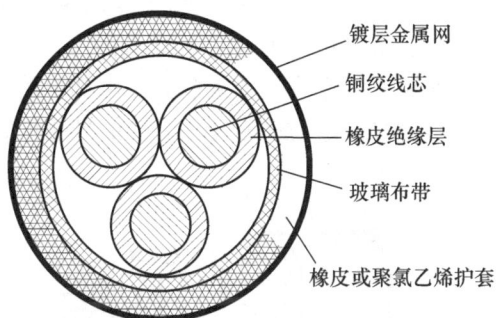

图 4 – 2　船舶电缆结构

（1）电缆的性能特点及使用条件

①橡皮绝缘的导电芯线是镀锡的。

②用镀锌钢丝编织时,编织密度大于或等于 65% ;用镀锌铜丝编织时,编织密度大于或等于 80% 。

③电缆外径偏差不超过标称值的 +10% 。

④电缆能承受交流 50 Hz, 2 000 V 的试验电压时间大于或等于 5 min 。

⑤电缆应进行耐寒、耐油、耐燃烧及耐老化试验。

⑥电缆绝缘线芯的绝缘电阻应符合有关规定。

⑦电缆适于固定敷设或移动电气设备的连接。

⑧环境适用温度,一般电缆大于或等于 – 20 ℃ ,塑料电缆大于或等于 – 15 ℃ 。

⑨电缆敷设时的弯曲半径大于或等于 4 倍的电缆外径。

（2）常用电力电缆及控制电缆的种类

船舶常用电力电缆及控制电缆的种类繁多,现仅列举出常用的一些类别。

①船用橡皮绝缘氯丁护套电缆。这种电缆适用于大多数无油雾的场合,宜固定敷设。

②船用橡皮绝缘氯丁护套钢丝编织电缆。这种电缆适用于大多数无油雾的场合,能有效防止一定机械外力的作用,宜固定敷设。

③船用丁基橡皮绝缘硫化丁聚护套电缆。这种电缆适用于有油雾场合,宜固定敷设。

④船用丁基橡皮绝缘耐热氯丁聚护套铜丝编织电缆。这种电缆适用于有一定干扰的场所,并且应采用固定敷设的方式。

⑤船用聚氯乙烯绝缘聚氯乙烯护套镀锡铜丝编织屏蔽控制电缆。这种电缆适用于相对湿度为100%及额定电压不大于110 V的电路,具有耐油、耐燃、耐热、耐寒等性能,并富于柔软性。由于聚氯乙烯价格较低,所以该电缆的成本亦较低。

⑥船用橡皮绝缘氯丁护套特软电缆。这种电缆适用于船舶上频繁移动、回转或摆动的电气设备传输电能时使用,能经受住扭转角为$(2.8° \sim 2.9°)/cm$的7 500次的弯曲扭转试验,电缆芯线的绝缘电阻率不小于100 $M\Omega/km$。

⑦舰用橡皮绝缘橡套密封电缆。这种电缆适用于水下舰艇上的固定敷设,其纵向密封性能、抗压性能及抗拉性能很好,允许在海水中工作。

⑧船用橡皮绝缘裸铅包电缆。这种电缆密封性能良好,但柔性较差,目前应用较少。

2. 船舶电信电缆

船舶电信电缆的结构如图4-3所示。这种电缆主要用于船舶内部通信信号的传输。其主要类别有橡皮绝缘通信电缆、船用对绞式电话电缆、船用聚(氯)乙烯绝缘信号电缆等。船舶电信电缆采用双层屏蔽,提高了电缆的抗干扰能力。电话电缆常采用双芯对绞式的结构,用来防止串音干扰,其原因是双芯线所感受到的干扰信号相同,属共模信号,能得到放大电路的有效抑制。

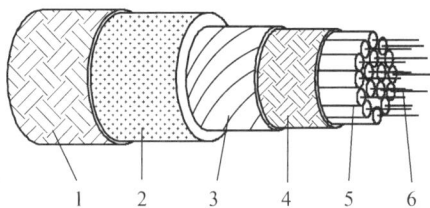

1—外护套;2—铠装层;3—透明保护层;4—填充层;5—绝缘;6—导体。

图4-3 船舶电信电缆的结构

①外护套材料为低烟无卤材料。这种材料在燃烧时不产生有毒气体,且烟雾产生很少;在人员密集的地方,使用较多。

②铠装层一般采用编织形式,铠装柔软性较好,便于电缆的敷设。编织铠装材料有镀锡铜丝和镀锡钢丝,其编织参数满足IEC60092-375等标准的要求。铠装层都具有较好的防腐和屏蔽效果。

③绝缘采用挤包式绝缘。该挤出方式可以减少导体和绝缘间的气体,以防止水汽等杂质的进入。绝缘形式包括实心绝缘和发泡绝缘。

④导体采用高质量的退火铜。导体结构分为实心导体、绞合导体和软导体。

电缆的标识可根据实际需要进行喷印。船舶电信电缆的电气绝缘性能优异,抗干扰性能好;但其机械强度稍差,芯线较细,只适合于小型电子设备的固定敷设,且在敷设时电缆要有较大的弯曲半径。

3. 船舶射频电缆

船舶射频电缆结构如图4-4所示。这种电缆用于高频电子设备中传输信号或电能。露天敷设用得较多，其电气密封性能、防水性能较好，化学性能稳定，并能耐受高、低温。它有单芯同轴电缆、多芯同轴电缆、对称射频电缆及强力射频电缆等多种类别。

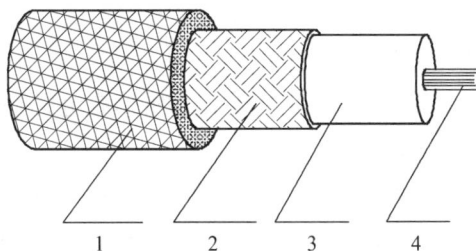

1—外护套；2—铜编织层；3—绝缘层；4—导体。

图4-4　船舶射频电缆结构

船舶还采用不少综合电缆，中同轴综合电缆同轴对结构及其断面如图4-5。

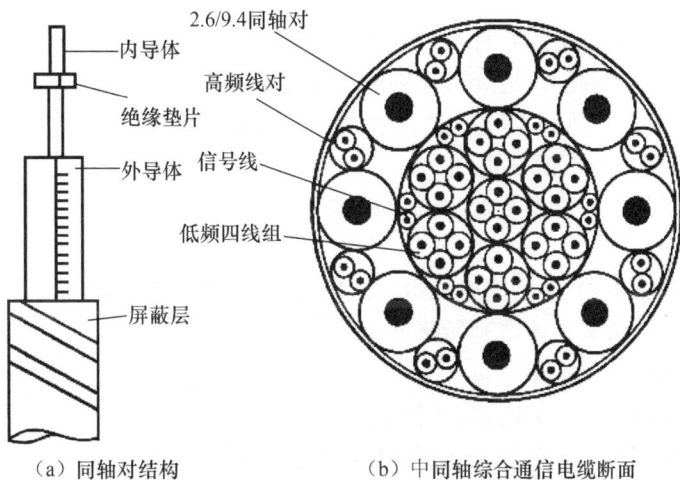

（a）同轴对结构　　　　（b）中同轴综合通信电缆断面

图4-5　中同轴综合电缆同轴对结构及其断面

二、船舶电缆的选择

船舶控制的自动化程度越高，其所用电缆的数量就越多。由于电缆承受着输送电力、传递信号和控制各种运行的繁重任务，所以如何经济合理地选择船用电缆是十分重要的。

1. 确定电缆的型号

首先要充分考虑不同型号或类别船舶的特殊要求，然后再依据电缆的用途、敷设位置及工作条件来确定电缆型号，即根据电缆是用于动力网络还是用于控制或弱电网络、是舱室内敷设还是露天敷设、是否有防爆要求、是固定敷设还是用于移动设备等方面来确定。

2. 确定电缆的截面

根据负载的工作制、电源种类、电缆芯数、负载的实际情况计算出总的负载工作电流，即要充分考虑负载设备是连续工作制还是断续工作制、电源是交流还是直流、负载的同时工作系数等因素。

①发电机至总配电板的连接电缆要依据发电机的额定电流来选择。

②电动机的连接电缆应按电动机的额定电流来选择。

③分配电板的连接电缆应考虑负荷系数及同时工作系数,但要有一定的余量。

④单芯或双芯电缆的截面应大于 $1~\mathrm{mm}^2$,多芯电缆每芯的截面应大于 $0.8~\mathrm{mm}^2$,以满足机械强度的要求。

⑤为了敷设方便,截面大于 $25~\mathrm{mm}^2$ 的电缆宜采用单芯电缆;截面大于 $120~\mathrm{mm}^2$ 时,则宜采用两根较小截面电缆并联的方式来代替。

⑥三相交流线制中,原则上采用三芯电缆。若截面较大时,可采用单芯电缆或多根三芯电缆并联使用的方式,但不宜采用有金属护套的电缆,以防止涡流发热。

⑦进入蓄电池室的连接电缆应采用单芯电缆,有利于接线。

⑧选择多芯电缆时,应留有备用芯线。一般实用电缆为 2 ~ 4 芯时,备用 1 根;实用电缆为 5 ~ 17 芯时,备用 1 ~ 3 根;实用电缆为 18 ~ 48 芯时,备用 3 ~ 5 根。

⑨信号电缆不能与控制电缆、电力电缆等共用一根多芯电缆,以防止相互干扰。

3. 电缆的修正

电缆的标称载流量是电缆在标准环境温度下确定的。由于电缆所处环境温度、工作条件的差异及电缆穿管、捆扎等的影响,电缆的实际温度往往很高,如果电缆仍按其标称载流量工作,则会导致电缆过热而不能正常工作,故应对所选用电缆的截面进行适当的修正。

(1)针对工作环境温度的修正

①一些船舶工作的环境温度经常低于标准环境温度,处于该温度下电缆的实际负载电流可适当提高。

②一些经常处于机舱、热管附近的电缆,其实际环境温度大大高于标准环境温度,处于该温度下电缆的实际负载电流要有所降低。

(2)穿管电缆截面的修正

①当穿管长度小于 1.3 m 时,可不修正。

②当穿管长度大于 1.3 m 时,散热条件明显恶化,则有公式

$$S \geqslant 1.25 S_\mathrm{N}$$

式中　S——实际电缆截面积;

　　　S_N——标称电缆截面积,m^2;

　　　1.25——修正系数。

(3)成束电缆敷设时的修正

当长度超过 3 m,有 6 根以上电缆同时敷设时即为成束电缆敷设。随着船舶电气化程度的提高,电缆用量不断增加,该方法应用越来越广泛。几十根乃至上百根电缆紧密地靠在一起,势必造成电缆散热的恶化,电缆能通过的负载电流比标称负载电流小了很多,所以必须进行修正。其修正公式为

$$I \leqslant 0.85 \times I_\mathrm{N}$$

式中　I——实际电缆载流量;

　　　I_N——标称电缆载流量,A;

　　　0.85——修正系数。

任务三 电缆紧固件

[任务描述]

电缆在敷设与紧固时,应根据型号和用途选择相应的紧固件,以保证船舶航行时在振动和冲击的影响下电缆工作的可靠性。

[任务知识]

船舶电缆种类繁多、数量巨大,再加上船舶航行时振动和冲击的影响,如果电缆不能很好地敷设和紧固,则会造成电缆的布局混乱、信号串扰甚至疲劳断裂,所以在进行电缆的敷设与紧固时,应根据电缆的不同型号和用途选择相应的电缆紧固件,以保证电缆工作的可靠性。

一、A 型电缆支架

A 型电缆支架亦称直电缆支架,单个焊接到角钢上形成组合件,用于干线电缆的敷设。A 型电缆支架的结构如图 4-6 所示。材料为碳素钢 A3F,支架表面应涂敷红丹或镀锌。

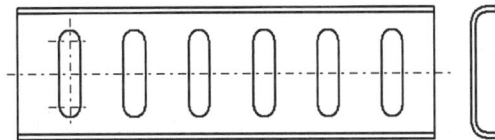

图 4-6 A 型电缆支架的结构

二、B 型电缆支架

B 型电缆支架亦称 L 型电缆支架,用 2~3 mm 厚钢板冲压焊接而成,材料为碳素钢 A3F,涂敷红丹或镀锌,结构与应用如图 4-7 所示。其上面有长孔导板,适于垂直舱壁上电缆的敷设,电缆的穿拉与捆扎容易。因其为单边受力,所以只能敷设较少的电缆。

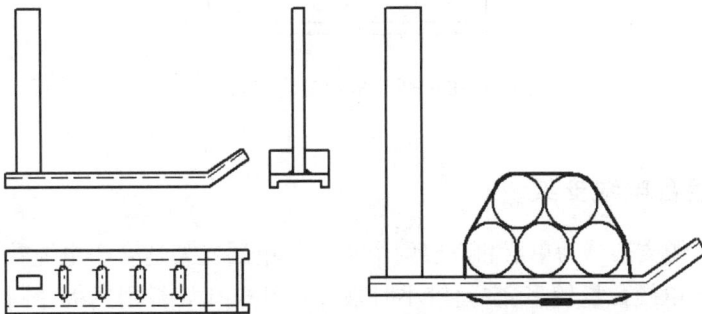

图 4-7 B 型电缆支架的结构与应用

三、C 型电缆支架

C 型电缆支架是由支架本体和支架支脚组成的,可与角钢形成组合件,适用于主干电缆的敷设。C 型电缆支架亦可用紧固螺栓自行组合成双层,电缆捆扎在支架本体折边区的外部,如图 4-8 所示。材料为碳素钢 A3F,支架表面应涂敷红丹或镀锌。

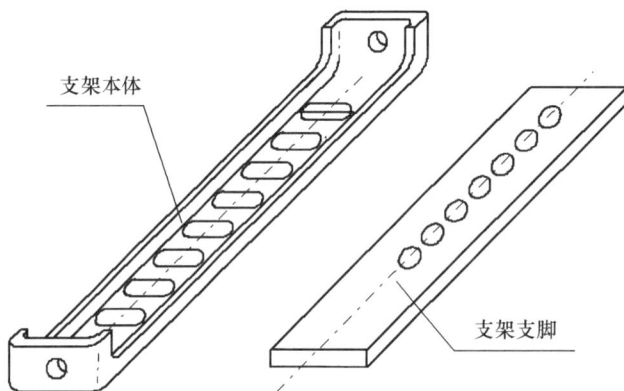

图 4-8　C 型电缆支架

四、D 型电缆支架

D 型电缆支架亦称扁钢电缆支架,用 3~4 mm 厚的钢板弯折而成,以增加其结构强度,材料为碳素钢 A3F,涂敷红丹或镀锌,其结构及应用如图 4-9 所示。适用于小型束局部电缆的敷设,其优点是焊接方便,紧固电缆容易,施工迅速,机动性好。但需逐条焊接,施工进度较缓慢,电缆敷设效率较低。

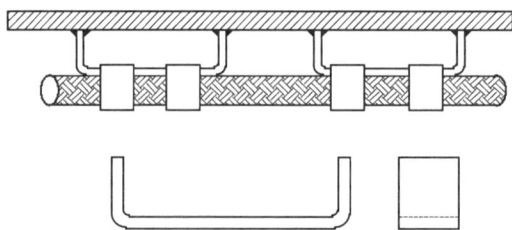

图 4-9　扁钢电缆支架

五、E 型组合电缆支架

E 型组合电缆支架分为单层和双层两个类别。单层支架适合于电缆数量较少时敷设;双层支架适合于电缆数量较多、空间较小时敷设。其长孔导板用钢板冲制而成,整个支架由导板、扁钢板条、角钢组合而成,如图 4-10、图 4-11 所示。支架直接焊接到船体舱壁上,施工较为方便。为了电缆转弯处敷设方便、美观,还可将 E 型支架的扁钢板条沿长度方向弯折,从而构成 E 型弯头电缆支架。

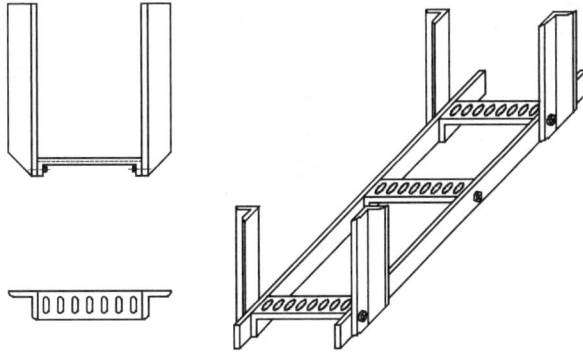

图 4 - 10　单层 E 型组合电缆支架

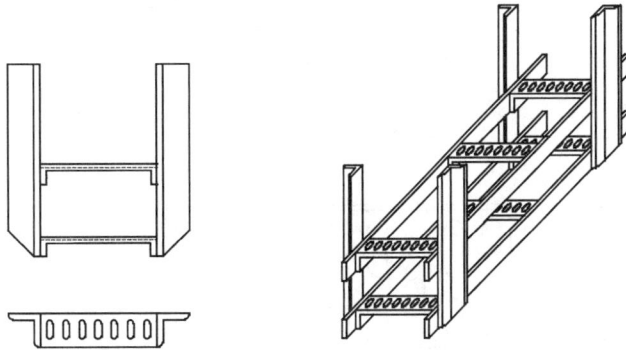

图 4 - 11　双层 E 型组合电缆支架

六、桥形板

桥形板分为钢质和铝质两种。钢质桥形板材料为碳素钢 A3F,如图 4 - 12(a)所示,其两端焊接到船体舱壁上,并涂敷铁丹;铝质桥形板材料为防锈铝合金 LF15,如图 4 - 12(b)所示,其两端须用螺钉或铆钉固定到船体舱壁上,并涂敷黄丹。冲孔铝条(图 4 - 12(c))和电缆夹子(图 4 - 12(d))用来固定电缆,其应用如图 4 - 12(e)所示。

七、电缆导板

电缆导板分为直导板、平面转向导板、垂直转向导板和三通导板等,用薄钢板折成,上面冲有许多腰形长孔,电缆敷设方便。其结构和应用如图 4 - 13 所示。这种导板因耗材多、费工时,故很少采用。

八、电缆紧钩

电缆紧钩主要有 U 型紧钩和积木式紧钩,用薄钢板弯折、冲制、焊接而成,材料为 A3F。其结构如图 4 - 14 所示。电缆紧钩适合于主干电缆及其数量较多时的敷设。积木式紧钩使用起来较为灵活,可以随意组合。

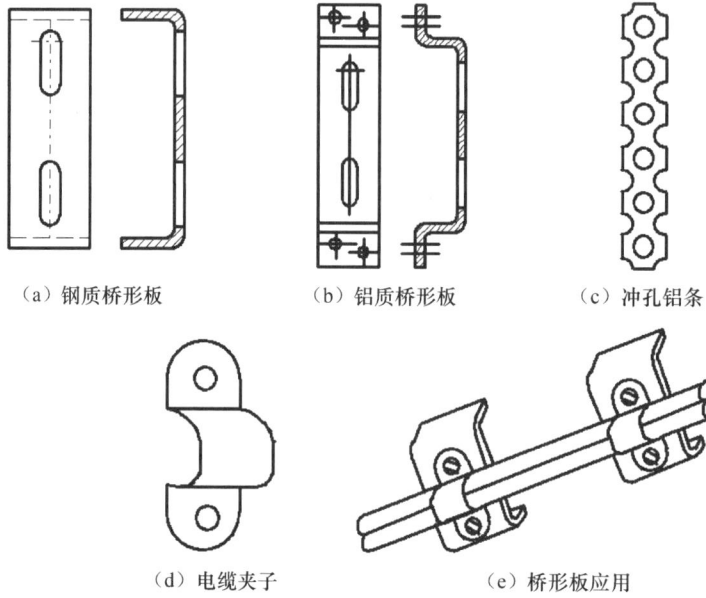

（a）钢质桥形板　　　（b）铝质桥形板　　　（c）冲孔铝条

（d）电缆夹子　　　（e）桥形板应用

图 4－12　桥形板

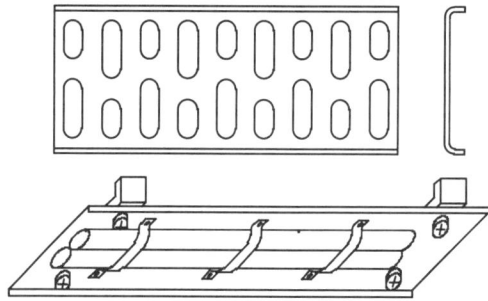

图 4－13　电缆导板的结构和应用

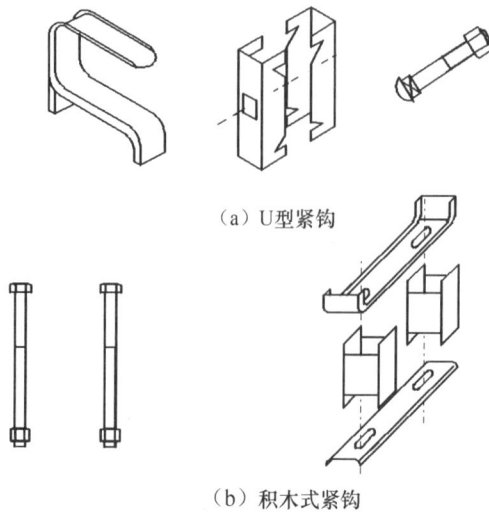

（a）U型紧钩

（b）积木式紧钩

图 4－14　电缆紧钩的结构

任务四　电缆贯穿件及船体构件开孔原则

[任务描述]

认识各类电缆贯穿件,了解船体构件开孔原则。

[任务知识]

电缆贯穿件有电缆框、填料函、电缆管、电缆围板和电缆筒、组合式橡胶块填料盒等,在船体构件上不开孔、少开孔、开小孔、不开直角孔。

电缆贯穿件是当电缆穿越船体结构及引入防水设备时,用来保护电缆或保持船体结构的原强度、密封性能及电气设备的防水性能的一种装置。其分为水密和非水密两大类。

一、电缆框

电缆框用于电缆穿过肋骨或无水密要求的隔舱壁时,为防止电缆损伤所使用的贯穿件。常用的有长方形、腰形、圆形、复板形及铝质铆接形等结构,其结构和应用如图4-15所示;所用材料为碳素钢A3F或防锈铝合金LF5,应分别涂敷铁丹和黄丹。其各种类型的用途及特点如下所述:

①长方形电缆框制作方便,应用较为广泛;

②腰形电缆框开孔处应力小,应用较为广泛;

③圆形电缆框开孔处应力小,用于单根电缆穿过船体构件;

④复板形电缆框在船体构件开孔影响强度时采用;

⑤铝质铆接形电缆框用于铝质船体构件上。

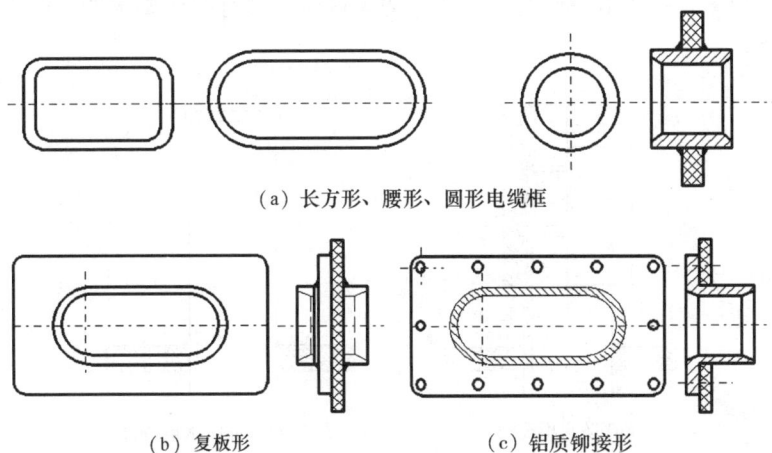

（a）长方形、腰形、圆形电缆框

（b）复板形　　　　　　　（c）铝质铆接形

图4-15　电缆框的结构和应用

二、填料函

1. 单填料函

单填料函是单根电缆穿过水(气)密隔舱壁或甲板时所使用的贯穿件,其防水(气)性能较好,使用时焊接夹紧到船体舱壁上,由填料函帽及填料函座组成。其结构如图4-16(a)所示。

2. 管式填料函

管式填料函紧固在电缆管上,适用于单根电缆穿过水(气)密舱壁或甲板,并对电缆防护有一定要求的场合。其结构如图4-16(b)所示。

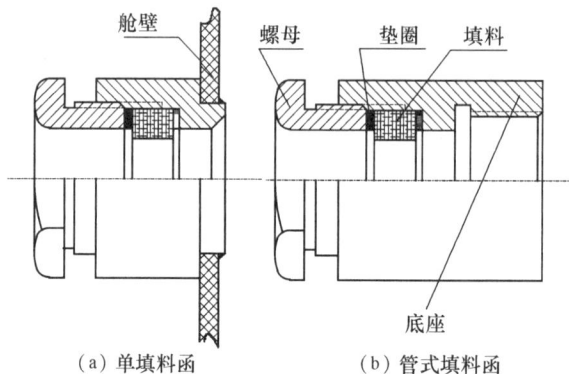

(a) 单填料函   (b) 管式填料函

图 4-16　填料函的结构

三、电缆管

防水电缆管如图4-17(a)所示,与填料函配合,可以用于对水(气)密有要求场合;而非防水电缆管如图4-17(b)所示,适用于电缆穿过密封及有防爆要求的客舱等。其材料一般为镀锌钢管。

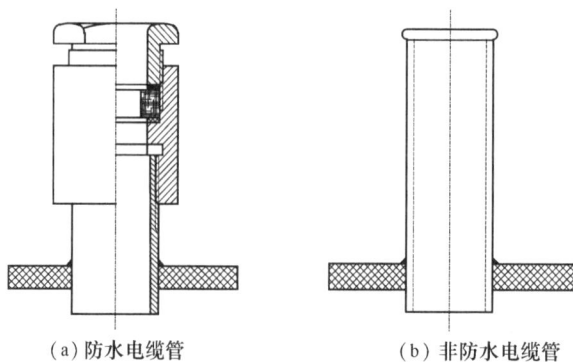

(a) 防水电缆管   (b) 非防水电缆管

图 4-17　电缆管

四、电缆围板和电缆筒

电缆围板和电缆筒适于成束电缆穿过水密甲板时的密封,由钢板制成。

1.电缆围板

电缆围板使用时焊接到船体甲板或隔舱壁上,要与电缆框配合起来使用,并且在电缆完成敷设后加入填料进行密封。其结构如图 4 – 18(a)所示。

2.浇注式电缆筒

浇注式电缆筒在使用时焊接到船体甲板上,电缆完成敷设后加入填料进行密封。与电缆围板相比,其结构上只是多了注胶孔和出气孔,并且注胶时电缆筒的两端要加上开孔挡板。其结构如图 4 – 18(b)所示。

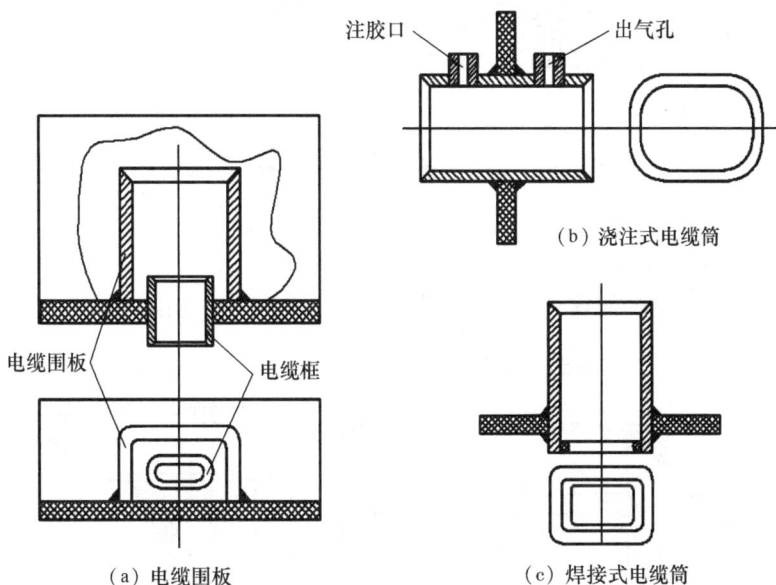

（b）浇注式电缆筒

（a）电缆围板

（c）焊接式电缆筒

图 4 – 18　电缆筒和电缆围板的结构

3.焊接式电缆筒

焊接式电缆筒使用时焊接到船体甲板上,高度为 250 mm 的用于室内,高度为 450 mm 的用于室外;电缆拉敷完毕后,用填料密封。其结构如图 4 – 18(c)所示。

五、组合式橡胶块填料盒

这种填料盒主要用在多根电缆穿过具有防火、气密、防水等要求的隔壁舱或甲板上;拆装灵活,施工方便,易于增减电缆;外框用钢板加工而成。其结构与应用如图 4 – 19 所示。

六、船体构件开孔原则

为了合理地布置电缆,充分利用舱内的空间,电缆线路难免要穿过船体构件,这无疑会影响船体的结构强度。为保证船舶的安全性,要求在船体构件上不开孔、少开孔、开小孔、不开直角孔;如必须开大孔且又影响到船体构件的强度时,则应采取相应的补强措施,以达到船体构件的原强度。

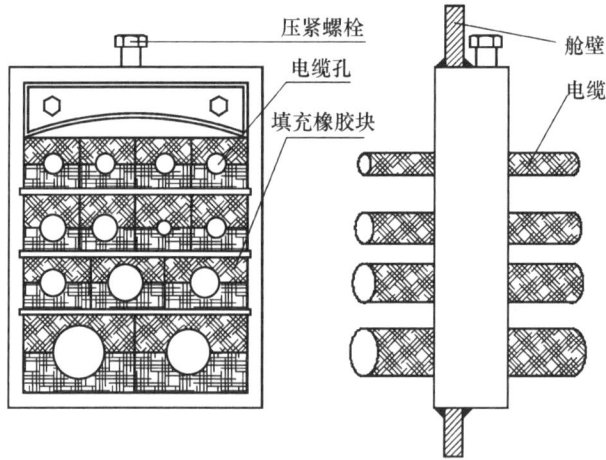

图 4-19 组合式橡胶块填料盒的结构与应用

1. 禁止开孔的区域

在如图 4-20 所示的船体构件的虚线框内开孔,将会严重影响该构件的强度。

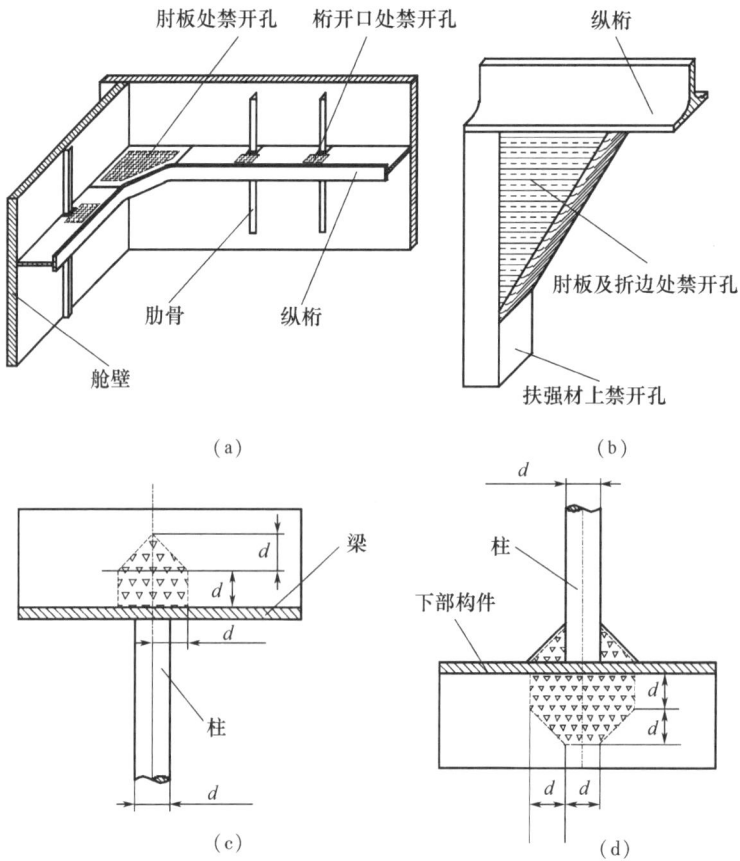

（a）

（b）

（c）

（d）

图 4-20 船体构件上禁止开孔区域

船体构件禁止开孔的区域有:

①梁或桁的与肋骨等交叉的开口处,如图 4 - 20(a)所示。

②梁或桁端部的肘板处,如图 4 - 20(a)所示。

③扶强材、肘板及其上面的折边区处,如图 4 - 20(b)所示。

④支柱的上部横梁附近,如图 4 - 20(c)所示。

⑤支柱的下部构件,如肘板、纵桁等处,如图 4 - 20(d)所示。

⑥舱口部位、机座的卷边等处。

2. 开孔原则

(1)总则

开孔的形状一般应为圆形,若为其他形状,则至少应为圆角,以防止应力集中。当设置电缆框、电缆筒或电缆管时,孔的大小应与所选定的电缆贯穿件相配合,不宜过大。

(2)在横梁、肋骨及纵桁上开孔

如图 4 - 21(a)所示,开孔的基本要求如下。

①若在相邻的肋(纵)骨间开若干个长为 l_1、l_2、l_3……的孔时,则各孔应沿梁长度方向分散布置;且开孔总长度 $l_1 + l_2 + l_3 + \cdots \leqslant \frac{1}{2}L$,开孔高度 h_1、h_2、h_3……不大于 $\frac{1}{2}L$。

②开孔位置应靠近甲板,即 $H_1 \leqslant \frac{1}{2}H$。

③相邻两孔边线距离 $b > \frac{1}{2}(l_a + l_b)$。

④孔边与肋骨开口处距离 $a > \frac{1}{5}L$。

⑤梁的两端及与纵梁连接处的开孔,应符合 $d \leqslant \frac{1}{8}H, a \geqslant 3d, H_1 \leqslant \frac{1}{3}H$,如图 4 - 21(b)所示。

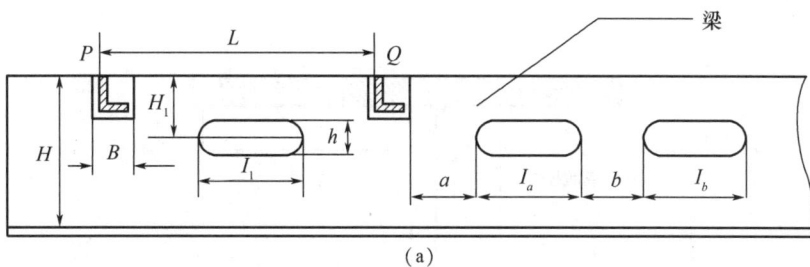

(a)

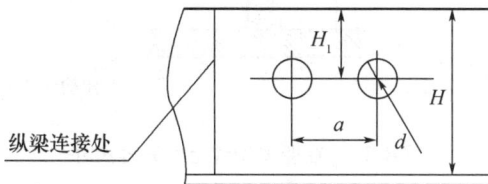

(b)

图 4 - 21　在横梁、肋骨及纵桁上开孔

（3）在甲板上开孔

①开孔形状应为腰圆形、椭圆形或圆形，以减少应力集中。

②开孔方向。腰圆形或椭圆形开孔的长轴尽可能沿船的首尾线方向，开口长宽比不小于2，以减小沿船宽方向的开孔宽度。

③在 $\frac{1}{2}$ 船长的船舯强力甲板上开孔。

$$船宽方向开孔尺寸之和 \leq 货舱口至船边距离 \times 6\%$$

④在非强力甲板上开孔。

a. 腰圆形或椭圆形孔。

$$船宽方向开孔尺寸之和 \leq 货舱口至船边距离 \times 9\%$$

b. 圆形孔。

$$船宽方向开孔尺寸之和 \leq 货舱口至船边距离 \times 6\%$$

3. 在船体构件和甲板上开孔的强度补偿

①在船体构件上或甲板上开孔时，若不能符合上述开孔原则，则须在征得船体主管部门同意后方可实施，且开孔尺寸不超过规定的极限值。例如，在图4-22所示的船体构件（横梁、肋骨、纵桁等）上开孔的极限值应满足如下要求：

$B \leq 70\% h$；$h_1 \geq 10\% h$；$h_2 \geq 20\% h$。

②必须在开孔处设置的补强框或补强复板应符合下列要求：

a. 钢板厚度不小于被开孔的船体构件或甲板的厚度；

b. 补强框（垂直于腰圆孔平面）的高度不小于所开腰圆孔的宽度；

c. 补强复板（沿腰圆孔短轴）的有效宽度之和不小于所开腰圆孔的宽度。

③补强框和补强复板材料的强度应不低于被开孔的船体构件或甲板的材料强度。

④补强框应单面连续焊接，补强复板应在其内、外圈连续焊接。

⑤开孔处所用的电缆管、电缆框或电缆筒等若能满足上述要求，则可不再另外设置补强框或补强复板。

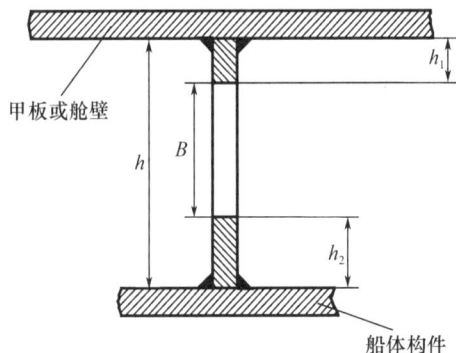

图4.22 在船体构件上的开孔尺寸

任务五　船上安装电气设备用支架、基座种类

[任务描述]

采用支架、底座等固定件来安装电气设备,可以保证船舶电气设备工作可靠、安装牢固。

[任务知识]

船舶在航行时会经常受到振动和冲击的影响,为保证船舶电气设备工作可靠、安装牢固,应该采用支架、底座等固定件来安装电气设备。该方法的优点如下:

①设备拆装方便,并能保证设备安装所在舱壁或甲板的原密封性能。

②可将设备安装在船舷等不平直的舱壁上;当设备本身不平整时,须采用支架来安装。

③在设备集中、电缆密布的地方,可以很方便地把电缆敷设在设备与舱壁之间。

一、A 型设备支架

A 型设备支架即轻型支架,分 A_1 型和 A_2 型两种,用厚为 3 ~ 4 mm 的钢板(碳素钢 A3F)折成,涂敷铁丹,结构如图 4 - 23 所示。A_1 型用于普通钢质舱壁上固定设备,安装孔为长孔型时用于设备的安装较为方便;A_2 型支架上带有螺母,用在绝缘舱壁上,适于安装暗线的设备。A 型设备支架安装时,无孔的一端焊到舱壁上,另一端与设备底脚或减振器连接。

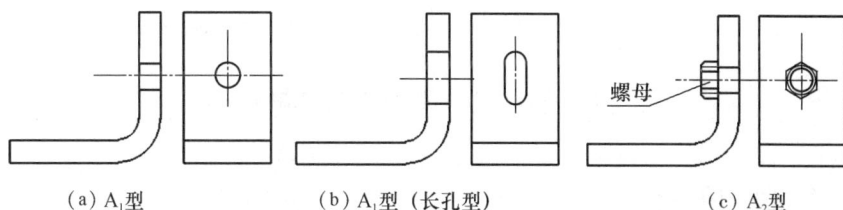

(a) A_1 型　　　　　　　(b) A_1 型（长孔型）　　　　　　(c) A_2 型

图 4 - 23　A 型设备支架的结构

二、B 型设备支架

B 型设备支架即角钢支架,分 B_1 型和 B_2 型两种,用平钢或角钢(碳素钢 A3F)焊成,涂敷铁丹,结构如图 4 - 24 所示。B 型支架的强度比 A 型支架的强度大,焊到舱壁上变形小,适于在支脚要求较长的情况下安装电气设备。B_1 型较 B_2 型多一个螺母,安装较为方便。

三、C 型设备支架

C 型设备支架即重型支架,用厚度为 4 ~ 5 mm 的钢板(碳素钢 A3F)折成,涂敷铁丹,结构如图 4 - 25(a)所示。与 A、B 型设备支架相比,其结构强度大,适于安装重型电气设备。安装时其两脚焊在钢质舱壁上,设备可直接或通过减振器固定在支架上。

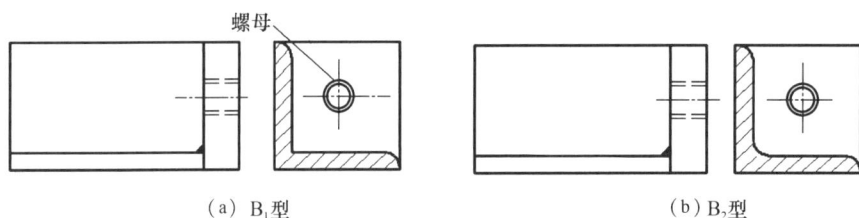

（a）B₁型   （b）B₂型

图 4 - 24　B 型设备支架的结构

四、D 型设备支架

D 型设备支架,即铝质支架,用 3 ~ 5 mm 厚的铝合金板(LF5)折成,涂敷黄丹,结构如图 4 - 25(b)所示。这种支架适于在铝质舱壁上安装电气设备,安装时多孔的一端用螺钉固定在舱壁上,另一端与设备底脚或减振器连接。

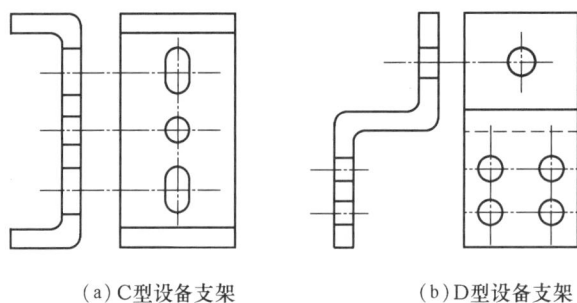

（a）C型设备支架   （b）D型设备支架

图 4 - 25　C、D 型设备支架的结构

五、电气设备用支柱

支柱为钢质空心圆柱,一端加工成螺纹,另一端焊接到舱壁上,用于电气设备的安装,其制造及安装均较为方便,结构如图 4 - 26 所示。若与卡线板配合,还用来敷设小束电缆。螺母规格有 M6、M8、M10、M12 等。

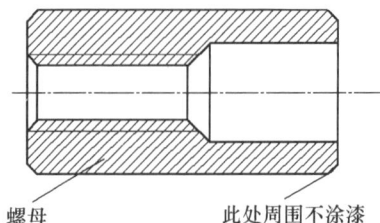

螺母   此处周围不涂漆

图 4 - 26　电气设备用支柱的结构

六、成型支架

1.灯具及小型器具支架

灯具及小型器具支架由 2～4 mm 的钢板制成,适于 5 kg 以下小型设备的安装。按形状可分为 O 形、△形、□形、T 形、I 形等支架,如图 4－27 所示。此外,还可综合上述支架的主要功能,制成通用支架。其上面可以同时安装开关、插座等多种小型器具。

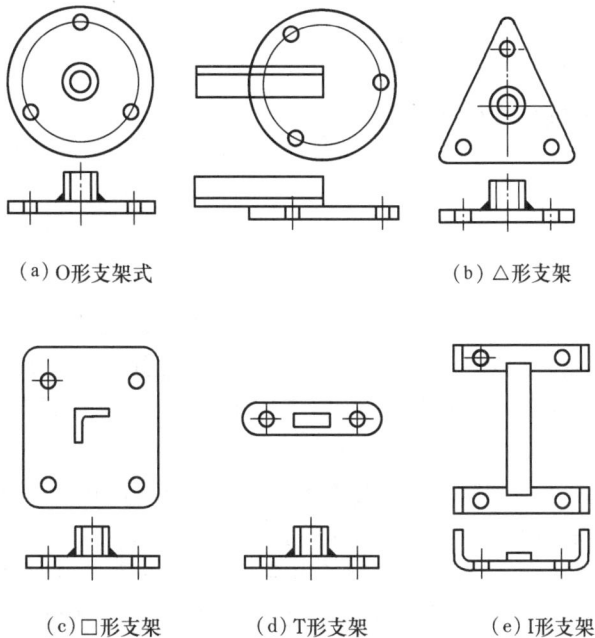

（a）O形支架式　　　　　（b）△形支架

（c）□形支架　　（d）T形支架　　（e）I形支架

图 4－27　灯具及小型器具支架

2.大、中型电气设备支架

大、中型电气设备支架由角钢焊接而成,且角钢边向里,以利于拆装,结构如图 4－28、图 4－29 所示。

大、中型电气设备支架可分为 I 形、II 形及组合支架等,并且在组合支架上可以固定多个电气设备。如果依据不同种类设备底脚的安装尺寸,在角钢支架上加工成多种组合的腰圆形安装孔,不但设备安装容易就位,支架还可以适合多种电气设备的安装。

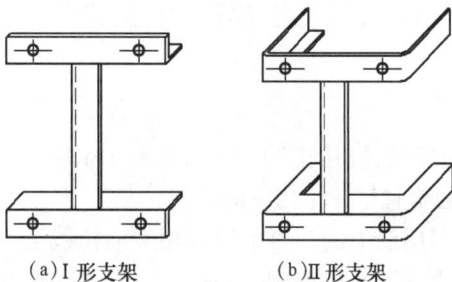

（a）I 形支架　　　（b）II 形支架

图 4－28　大、中型电气设备支架的结构

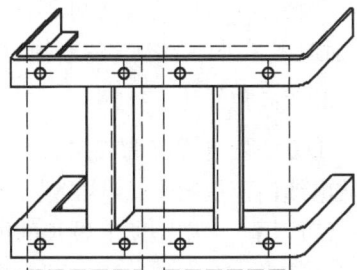

图 4－29　组合支架的结构

3. 样板支架

按设备的外形及安装脚尺寸,用薄钢板预制成样板,与 A、B 或 C 型等支架配套后在船体结构上进行烧焊,然后拆下支架换上设备即可。其特点是支架用料少,减轻了船的自重;并且设备贴近舱壁,节省空间。

任务六　船用电缆的拉放

[任务描述]

船用电缆的拉放的路线规划、方法、工艺。

[任务知识]

一、电缆敷设路线

船舶主干电缆的电缆走向一般分为三个路线。第一路是机舱通往上层建筑的驾驶室方向,第二路是机舱通往船首方向,第三路是机舱通往船尾方向。每个方向电缆的拉敷原则上分为左右两束。在具体拉敷时,应按自上而下、由主干到局部或由大型设备到小型设备的顺序来进行,以减轻劳动强度。

机舱通往上层建筑驾驶室方向的电缆拉敷,一般是沿着隔舱壁行走;上层建筑甲板处的主干电缆一般敷设在内走道里。

现行设计的多数船舶上均设有专用的电缆舱,其内部不但可以敷设电缆,而且可以安装一些不经常操作的配电装置,给安装、使用及维修带来了很大便利。

局部电缆的布置在不增加电缆长度的情况下,可以随主干电缆一起行走,能降低电缆紧固件及电缆贯穿件的消耗,减小拉敷的工作量。为了美观,公共场所及生活区的电缆布置尽量采用暗线敷设。

二、电缆拉放方法

1. 单向拉线法

①方法。电缆的首端从拉放点开始,沿着紧固件一个方向拉线,尾端停止在拉放点附近。

②应用。中小型船的主干及局部电缆、贯穿几层甲板的主干电缆组采用单向拉线法,其拉放点在最上一层甲板。

③特点。单向拉线法可不停顿地连续拉线。当电缆较粗且又较长时,其劳动强度较大,对电缆最外一层护套的磨损也较大。

2. 双向拉线法

①方法。电缆首端从拉入点开始,向一个方向拉放,到达中间停止标志处,将另一段电缆从电缆筒上拉出来,绕成“8”字形,然后将电缆尾端向与首端相反的方向拉放。

②应用。大中型船上较长的纵向主干电缆及军用船上的消磁电缆采用双向拉线法。

③特点。双向拉线法可减少电缆在拉放中的磨损;但拉放中途有停顿,且在拉放点附近绕成“8”字形的电缆容易出现打结和不平整现象。

3. 内场备料上船拉线法

①方法。电缆在车间内场已备料完毕,运到船上后按电缆加线册拉线。

②应用。大中型船舶上的局部电缆及一般电气设备较多的舱室采用这种方法。

③特点。内场备料上船拉线法拉线速度快,电缆占用场地小;但内场工作量大。因丈量误差,电缆有一定数量的浪费。

4. 船上切割拉线法

①方法。把所需的各种规格电缆吊运上船,按电缆加线册边切割边拉线。

②应用。小型舱室的居住舱室内的局部电缆采用这种拉线法。

③特点。船上切割拉线法能减少内场工作量,电缆因长度准确而利用率很高;但拉线速度慢,电缆占用场地大。

5. 混合拉线法

①方法。较长或用得较少的电缆在内场备好料后运到船上,而使用频繁的各规格的电缆在船上现场切割。

②应用。各种情况下的电缆拉放采用混合拉线法。

③特点。混合拉线法集中了上述两种情况的优点。

三、拉放顺序

①按照不同的区域,由机舱到居住区再到露天甲板的顺序拉放线电缆。

②按照不同的线路,可分为两种情况:一种情况是由主干线到局部线的顺序拉放电缆,它适于主船体大合龙后,才能进行电缆拉敷的建造工艺;另一种情况是由局部线到主干线的顺序拉放电缆,适于分段预安装建造工艺。在预安装时大多局部电缆已基本拉敷完毕,到大合龙后,再进行主干电缆的安装。

③按照电缆的状况,由尺寸长、外径大的电缆到尺寸短、外径小的电缆的顺序拉放。

④按照不同的装置,由大型设备到小型设备的顺序拉放电缆。

四、电缆拉放的工艺要求

①电缆拉放前,应检查线路上所有的紧固件和安装件有无遗漏,有无锐边和毛刺,焊接是否牢固及是否已涂有防锈漆。电缆拉敷后,在已敷设的线路附近,应避免进行火工作业,以免损伤电缆;否则,应有临时防护措施。

②采用紧钩或桥形板紧固电缆时,应间隔一定的距离装上临时挂钩,作为临时承托,用完后拆去。

③电缆拉敷前,应仔细核对电缆的型号、规格、长度、起终点设备名称和位置是否与电缆表册和图纸相符,并检查电缆是否损坏。

④电缆的拉敷应按电缆表册规定的顺序依次进行。对于局部电缆,若无电缆表册,可按设备布置图和电缆系统图,根据实际走向进行切割和拉敷,并在两端做好临时标记。局部电缆一般在主干电缆拉敷完毕后进行拉敷。

⑤电缆拉敷时,应使电缆沿着已烧焊过紧固件的敷设线路方向连续均匀地移动,严禁强力硬拖,以免损伤电缆。对于主干电缆,应按照电缆的停止标记,把电缆停在规定的舱壁或甲板处。

⑥不同护套的电缆混合拉敷时,应特别注意防止电缆相互摩擦而损伤电缆护套。

⑦电缆转弯时,应确保弯曲半径为电缆外径的4倍以上。

⑧电缆穿过水密贯穿件时,其两端应有一定的直线段,以保证填料函易于密封。

⑨每根电缆拉敷完毕后,均须把电缆整齐摆平,校对好长度,并把电缆卷起挂在设备附近。不得将电缆随意乱抛、任意踩踏,以免损伤电缆。

⑩当某一部分的所有电缆拉敷完毕后,即可全面核对电缆的型号、规格,以及进入设备的长度和总根数,以防敷错或遗漏,核对无误后,即可完成该部分电缆的紧固。然后再拉敷下一部分电缆。

⑪电缆敷设紧固完毕后,应采取防水和防鼠填隙的工艺措施。

任务七　船用电缆的敷设

[任务描述]

通过电缆完整件的合理选用来实现船用电缆的正确的敷设。

[任务知识]

一、电缆完整件的选用

船用电缆的正确敷设是通过电缆完整件的合理选用来实现的。电缆紧固件及贯穿件的种类规格很多,对其进行合理的选用,不仅会减少材料的消耗,还会减少返工的工作量,并能避免大材小用的现象。

1.电缆紧固件的选用

下面仅介绍扁钢电缆支架、紧钩及E型组合电缆支架等经常使用的电缆紧固件的选用。

(1)扁钢电缆支架的选用

①电缆敷设层数应不超过两层,以利于电缆的散热,并能防止电缆因其自身的重力超过支架或扎带的载荷而脱落。其应用如图4-30所示。

②扁钢电缆支架宽度的选择依据是:在其上面敷设的电缆的外露部分的宽度要小于电缆的半径。

③电缆扎带的选用。

a.不锈钢扎带。其特点是强度高,耐腐蚀,但价格较高,适用于室外及潮湿场所。

b.镀锌扎带。其特点是强度较高,耐腐蚀,价格较低,整个船舶各种场合的电缆敷设均可使用。

c.尼龙扎带。其特点是施工方便,耐腐蚀;但强度一般,不耐老化,而且价格较高,故不宜用于高温及露天场所。

(2)紧钩

①允许敷设多层电缆,提高紧钩的利用率。紧钩如图4-31所示。

②紧钩的使用,使电缆的拉放变得较为方便,尤其是紧钩的开口向上时更能显示其优越性。

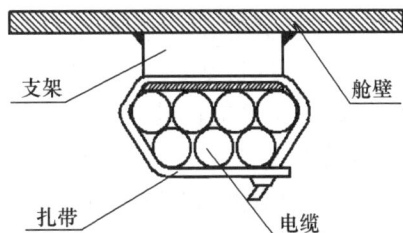

图 4-30　扁钢电缆支架的应用

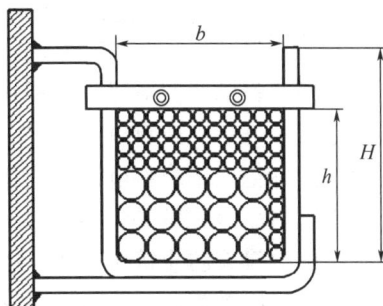

图 4-31　紧钩

③可按下式来确定紧钩的规格:

$$H > h = \frac{D_1^2 + D_2^2 + \cdots}{b}$$

式中　H——紧钩的高度,m;

　　　h——敷设电缆的实际高度,m;

　　　D_1、D_2——各电缆的直径,m;

　　　b——紧钩内边的宽度,m。

(3)E 型组合电缆支架的选用

①采用该支架时,电缆敷设、紧固及增添较为容易,其宽度不要大于 200 mm。

②敷设电缆不要超过 2 层,厚度不要超过 50 mm;否则应选用双层支架,层间距应大于 100 mm。若一束电缆超过 3 层,应按 85% 载流量选用电缆。

③该支架的宽度最大可达 600 mm,适用于大型船舶电缆的敷设。

2.电缆贯穿件的选用

①填料函的选用要与电缆的外径相适应,以保证水密要求。

②电缆框、电缆筒及电缆围板等的选用要考虑穿线方便,且每根电缆之间的间隙及电缆与舱壁之间的间隙要大于 20 mm,以便进行密封。

③电缆管的弯头数量不要超过两个,否则会给穿线带来困难。

④水平敷设的电缆管一般应设置排水孔。

⑤电缆管截面积的选用。

电缆管的内截面积≥2.5×电缆截面积总和

二、电缆完整件的安装

①准备好并熟练掌握有关电缆敷设的施工图纸与技术文件,如电气设备布置图、电缆敷设图、电缆表册等。

②将内场已准备好的电缆、电缆紧固件、电缆贯穿件及相关组合件、工装工具等运至待施工船舶上的指定地点。

③按照电缆敷设施工图纸的要求,对电缆紧固件、电缆贯穿件及相关组合件等进行实船定位,确定位置并画线。

④可靠焊接电缆紧固件、电缆贯穿件及相关组合件,清除焊渣,检查水密性,并涂上防锈漆。

三、电缆敷设的工艺要求

①电缆敷设的线路应尽可能平直和易于检修。主干电缆暗式敷设时,敷设路径上的封闭板必须便于开启。所有电缆线路的分支接线盒若为暗线敷设时,则封板必须便于开启,并有耐久的标记。不应将电缆敷设在隔热或隔音的绝缘层内,也不应在电缆上喷涂泡沫塑料等隔热材料。冷藏舱、锅炉舱等处的电缆应全部明线敷设。

②电缆敷设应防止机械损伤。尽量避免在货舱、贮藏室、甲板上、舱底花铁板下等易受机械损伤的场所敷设电缆。若无法避免时,则须设置可拆卸的电缆护罩或电缆管加以保护。尽量避免在可移动或可拆卸的场所敷设电缆,以免活动件移动或拆装时损伤电缆。电缆穿过甲板时,必须用金属电缆管、电缆筒或电缆围板加以保护。电缆敷设不应横过船体伸缩接头,若不能避免时,则应将电缆弯成一个环形伸缩接头,其长度正比于船体伸缩长度,其内半径应不小于电缆外径的 12 倍。

③电缆应尽量远离热源敷设。电缆离蒸汽管、排气管及法兰、电阻器、锅炉等热源的空间距离一般不小于 100 mm,否则应采取有效的隔热措施。电缆与蒸汽管道穿过同一水密舱时,电缆与法兰之间的距离为:当蒸汽管直径大于 75 mm 时,该距离应不小于 450 mm;当蒸汽管直径不大于 75 mm 时,该距离应不小于 300 mm。

④电缆敷设应尽量避免潮气凝结、滴水和有油水浸入的场所。在易受油水浸渍的舱底花铁板下敷设电缆时,应将电缆敷设在金属管子或管道内;管子或管道应贴近花铁板安装,其两端应高出花铁板,并用填料密封。在潮湿舱壁上敷设电缆时,电缆与舱壁之间的距离至少应有 20 mm 的空间。电缆进入有潮气凝结、滴水和有油水侵入的场所时,必须采用电缆填料函,并应有填料密封。

⑤有易燃、易爆和有腐蚀性气体影响场所的电缆,应敷设在管道内。当管道穿过舱壁时,应保持舱壁原有的密封性能,防止有害气体进入其他舱室。

⑥电缆一般不应穿越水舱,如无法避免时,可用单根无缝钢管穿管敷设,管子及其与舱壁的焊接均应保证水密并应有防腐措施。电缆严禁穿越油舱。

⑦电缆与船壳板、防火隔堵及甲板的敷设间距应不小于 20 mm,与双层底及滑油、燃油柜的敷设间距应不小于 50 mm。

⑧在磁罗经安装中心 1 m 范围内的直流馈电线,必须采用双芯电缆。

⑨为了便于电缆的敷设与检修,电缆线路周围应留有一定的空间。

⑩电缆的弯曲半径应符合表 4-3 中的要求。且施工时的环境温度应不低于 -15 ℃。

⑪下列电缆应尽量避免在一起敷设。具有不同允许温度的电缆不应成束敷设在一起;否则所有电缆的允许工作温度应以允许工作温度最低的一根为准。主用和应急用的干线、馈电线,主用和备用馈线等均应远离分开敷设。

⑫主用和应急馈电线通过防火区时,应尽可能分开敷设。

⑬舱室的木质封闭板上允许明线敷设,但封闭板必须是固定的。

⑭桅杆、吊杆上敷设的电缆原则上敷设在桅杆、吊杆的背面,在不妨碍人员上下的情况下尽量靠近梯子,以便于敷设与维修。但为了人员上下的安全,敷设的电缆不应靠近扶手,以免发生触电事故。

表4-3　固定敷设电缆最小弯曲半径表　　　　单位:mm

电缆结构		电缆外径 D	最小弯曲半径
绝缘材料	外护套		
热塑料材料和弹性材料	金属护套、铠装	任何	6D
	其他保护层	≤25	4D
		>25	6D
矿物	硬金属护套	任何	6D

四、全船电缆的紧固

1.电缆紧固的条件

①电缆已拉放完毕,或在一段线路内已拉放齐全,经检查无错漏。
②检查电缆两端进入设备的留线长度是否已经足够。
③电缆束已经整理。
④已准备好紧固件的附件及相应的工具。

2.电缆的紧固工艺要求

①电缆的排列应平直、整齐,尽量不交叉。对于难以避免的交叉,应安排在电缆束的内部,且不得在紧固位置,以免影响美观及紧固质量。
②电缆紧固后,在紧固件内不应松动,电缆护套的变形应小于电缆外径的5%,以免使电缆受到有害的变形和损伤。
③紧固电缆时,不允许使用手锤等坚硬的工具敲击、挤压电缆,以免损伤。
④电缆的弯曲部位,紧固时力求美观,且应符合电缆允许弯曲半径的要求。
⑤用紧钩、电缆支架或桥形板等敷设电缆时,必须对每个紧固件进行紧固。紧固件的间距应符合表4-4的规定。

表4-4　电缆紧固件间距表　　　　单位:mm

电缆外径 D	紧固材料间距	
	非铠装电缆	铠装电缆
D≤8	200	250
8<D≤13	250	300
13<D≤20	300	350
20<D≤30	350	400
D>30	400	400

⑥检查穿过不设密封贯穿件的电缆,在距贯穿件100~150 mm内应进行电缆紧固;穿过密封贯穿件的电缆,应该在距贯穿件250 mm内设支承件并紧固电缆。
⑦所有电缆的紧固件及其附件应是坚固的。接触电缆的表面应无毛刺和锐边,金属紧

固件表面应镀锌或涂以防锈漆。

⑧不得在水密的舱壁、甲板或甲板室的外围壁、上层连续甲板以下的船壳板上钻孔用螺钉来紧固电缆。

⑨穿过电缆贯穿件的电缆截面积的总和应不超过贯穿件截面积的40%,为密封留有足够的填充空间。

⑩用尼龙扎带紧固电缆时,应采用下托敷设的形式,避免电缆悬挂或横向敷设。图4-32(a)为合格的敷设方式;图4-32(b)、图4-32(c)为不合格的敷设方式,因为两者扎带所受的应力集中,容易断裂。

⑪电缆紧固结束时,应清除临时固定用的支架、保护物和捆扎物。

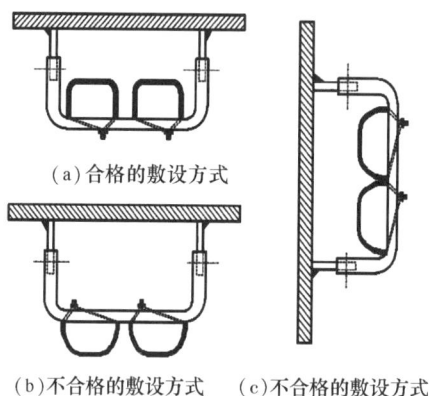

(a)合格的敷设方式

(b)不合格的敷设方式　(c)不合格的敷设方式

图4-32　用尼龙扎带固定电缆

任务八　电缆引入设备

[任务描述]

电缆引入设备的接线,是电气安装工作中一个非常重要的环节,其施工质量将直接关系到电气设备使用的可靠性。它主要包括电缆引入设备、电缆的切割与处理以及设备内的接线等工艺要求和基本方法。

[任务知识]

一、电缆引入设备的基本工艺要求

①引入电气设备电缆的弯曲半径应不小于电缆直径的4倍;进入同一电气设备的电缆的弯曲半径应尽量一致;电缆束的弯曲半径,应按束中外径最大的计算。

②电缆引入防水设备时,在填料函前的电缆应有一段直线部分,其长度应为填料函螺母高度的1.5倍以上,以便拧出填料函螺母。电缆引入防水设备如图4-33所示。

③电缆端部应设有牢固、清晰、整齐的电缆标签,且其号码应向外。

④电缆引入设备时,应在进口处牢靠固定。对于有填料函的设备,可利用填料函固定;若无填料函,则应采用托线板或电缆紧固件等予以固定,以免电缆松动使芯线受到拉力。电缆用托线板引入设备如图4-34所示。

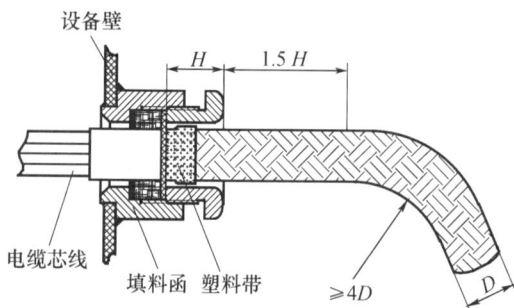

图4-33　电缆引入防水设备

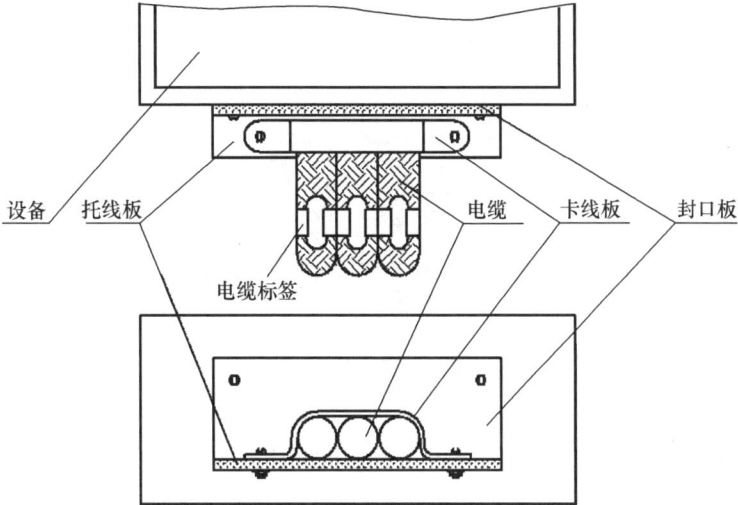

图 4 - 34　电缆用托线板引入设备

二、电缆引入设备的方法

1. 分支方法

（1）扇形分支

这种分支方法用于电缆线路的方向正对着设备进线孔的场合。采用此方法时,因设备贴近舱壁安装,能节省空间。扇形分支如图 4 - 35 所示。

（2）隐扇形分支

这种分支方法适于电缆线路的方向与设备进线孔的方向相反时电缆的引入。采用此方法时,要求设备与舱壁间有足够的距离,以保证电缆的弯曲半径,同时要求在设备安装前将其背面的电缆线路安装紧固好。隐扇形分支如图 4 - 36 所示。

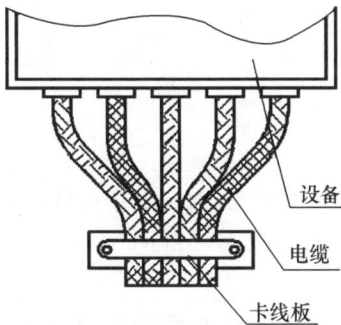

图 4 - 35　扇形分支

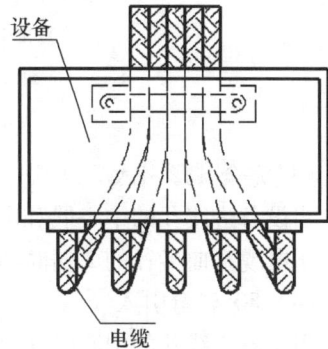

图 4 - 36　隐扇形分支

（3）混合分支

这种分支方法按电缆的线路方向、设备进线孔的位置等实际情况,将扇形分支和隐扇形分支混合使用。混合分支如图 4 - 37 所示。

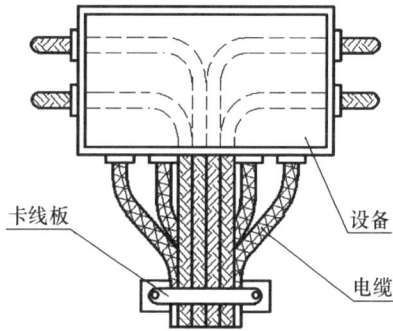

图 4 - 37　混合分支

2. 引入方法

(1)直接引入

电缆芯线截面较大,在短距离内弯曲比较困难时,宜采用此方法。这种引入方法要求设备的进线孔与电缆线路在同一直线上。直接引入如图 4 - 38(a)所示。

(2)不完全 S 形引入

当设备进线孔的中心线和电缆走向在与舱壁垂直的同一平面上,而二者中心线的距离小于电缆弯曲半径的 2 倍时,宜采用此方法。不完全 S 形引入如图 4 - 38(b)所示。

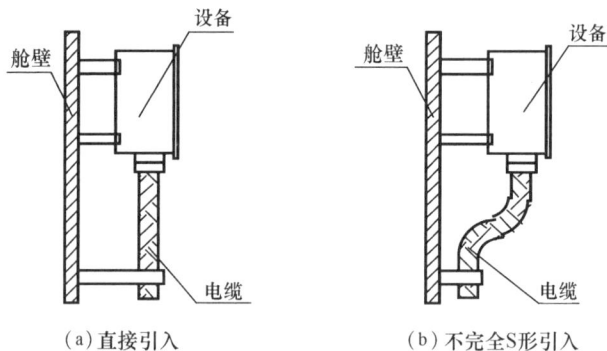

(a)直接引入　　　　　　　(b)不完全S形引入

图 4 - 38　引入方法(一)

(3)完全 S 形引入

当设备进线孔的中心线和电缆走向在与舱壁垂直的同一平面上,而二者中心线的距离不小于电缆弯曲半径的 2 倍时,宜采用此方法。完全 S 形引入如图 4 - 39(a)所示。

(4)180°转弯引入

当设备进线孔的中心线和电缆走向在与舱壁垂直的同一平面上,电缆线路的方向与设备进线孔的方向相反,且二者中心线的距离不小于电缆弯曲半径的 2 倍时,宜采用此方法。180°转弯引入如图 4 - 39(b)所示。

(5)斜 180°转弯引入

在设备与舱壁的间距较小,且电缆线路的方向与设备进线孔方向相反的情况下,为了保证电缆的弯曲半径,宜采用此方法。斜 180°转弯引入如图 4 - 40(a)所示。

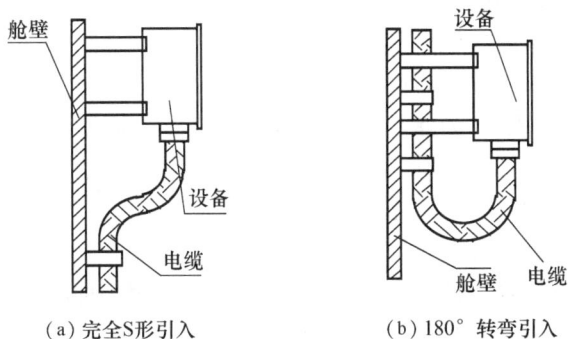

（a）完全S形引入　　　　　（b）180°转弯引入

图4-39　引入方法（二）

（6）90°转弯引入

当电缆中心线与设备进线孔中心线相互垂直,且在同一平面时,宜用此方法。90°转弯引入如图4-40（b）所示。

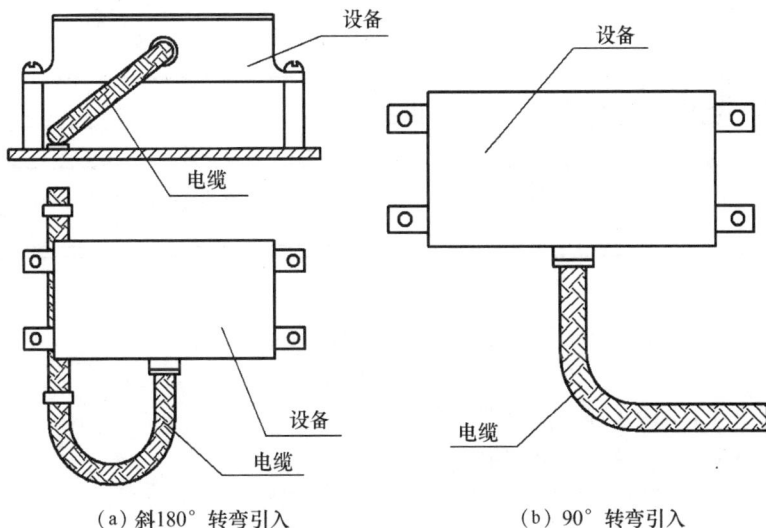

（a）斜180°转弯引入　　　　　（b）90°转弯引入

图4-40　引入方法（三）

习　题

1. 船用电缆是由哪些部分组成的,各有何作用?

2. 船舶常用电缆主要有哪些类别?

3. 常用电力电缆及控制电缆主要有哪些类别,各有何作用?

4. 船用电缆的命名与代号是如何规定的?

5. 有一聚氯乙烯绝缘氯磺化聚乙烯内套裸钢丝编织铠装船用控制电缆,27芯,截面为1.5 mm²,燃烧特性为DB型,试写出其型号。

6. 船用电缆的选择主要考虑哪些问题?有时电缆的截面为什么要进行修正?

7. 船舶上电气设备用的紧固件有哪些,各有何特点?

8. 用于安装电气设备的样板支架有何特点?

9. 船舶上电缆用的紧固件有哪些,各有何特点?

10. 在船舶上敷设电缆时,为什么经常采用 E 型组合电缆支架,其种类有哪些?

11. 简要说明在船舶甲板上开孔的基本原则和强度补偿方法。

12. 电缆贯穿件有哪些,其作用是什么?

13. 电缆筒与电缆围板在使用时有什么区别?

14. 船舶隔壁上穿过多根电缆,且有水密要求时,宜采用哪种电缆贯穿件?

15. 船体构件上禁止开孔的区域有哪些?

16. 在船体构件上开孔时,应尽量避免开方形孔,为什么?

17. 在船体构件和甲板上开孔时,在什么情况下须进行强度补偿,应如何进行?

18. 如题图 4 - 1 所示,在某船体构件的一个梁上开了三个孔,P_1 孔符合开孔要求吗? 若不符合,请指出哪些参数不合适,应如何进行补救? 欲使孔 P_2、P_3 符合开孔要求,a、b 应如何取值?

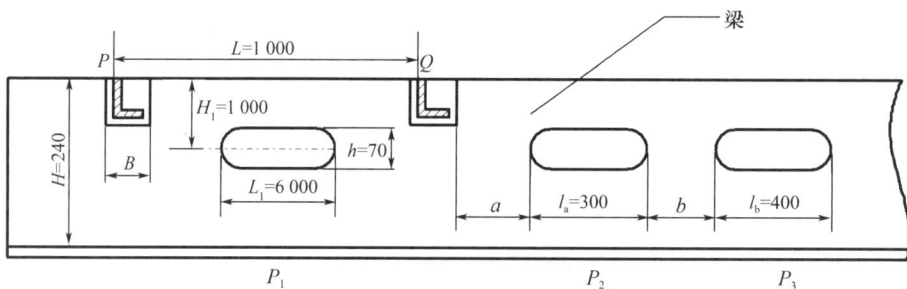

题图 4 - 1 习题 18 图(单位:mm)

19. 船用电缆有哪些拉放方法,各有何特点?

20. 船用电缆一般应按怎样的顺序拉放?

21. 简要说明电缆拉放的工艺要求?

22. 单芯电缆有哪些工艺要求,为什么?

23. 油船电缆的敷设有哪些要求,为什么?

24. 电缆孔的密封有哪些方法,各有何特点?

25. 电缆引入设备时有哪些基本工艺要求?

26. 电缆引入设备时有哪些分支方法和引入方法,各有何特点?

[任务技能]

技能训练 船舶电缆的敷设

本技能训练以主干电缆的敷设为主。

1. 主干电缆敷设前的准备工作

为了保证主干电缆敷设质量,加快敷设进度,必须在敷设前做好下列必要的准备工作。

①主干电缆的钳工准备工作基本结束,以确保敷设工作能顺利进行。

②设备安装工作应基本完成,对于未安装的设备,应用粉笔或白漆画出位置,以确保电缆敷设能一次到位。

③检查主干电缆紧固件的烧焊是否符合要求,如有遗漏、脱焊,应及时补齐或补焊。

④紧固件、贯穿件无毛刺,并涂好防锈漆或预先进行镀锌处理。

⑤大束电缆弯曲处,可以在弯曲弧度上临时焊接若干管子作为支点,以便电缆弯头定位。

⑥把电缆预先吊到各预定的拉线入口处。

⑦有分支线路的穿线孔处要有临时标记牌,在标记牌上注明哪些电缆由此分开,哪些电缆径直通过。

⑧准备好临时捆扎用的铁丝或废旧电缆的芯线。

⑨在敷设线路较高的场所要搭好跳板,做到安全可靠。

⑩整个敷设线路要有足够亮度的照明。

2. 敷设顺序

①按照不同的区域进行敷设的顺序为自上而下纵向贯穿的电缆。

②按照不同的线路进行敷设的顺序为由主干电缆到分支电缆。

③按照电缆的不同种类进行敷设的顺序为由尺度长的、外径粗的到尺度短的、外径细的。

④按照不同的装置进行敷设的顺序为由大型设备(主配电板、电力分电板等)到小型设备。

3. 主干电缆敷设注意事项

①在主干电缆经过的所有舱室,都应配备足够的人员,不要出现空缺。

②必须按电缆表册顺序进行穿线,不能任意颠倒。

③粗电缆应尽量放在紧固件的下层,以便整理。

④对于较长的电缆,为加快穿线进度,可采用两头敷设的方法,即先由一个方向穿线,待停止记号到达指定位置时,把电缆筒中的多余电缆拉出来,在地上盘成"8"字形,取出电缆端头,再向另一端敷设。

⑤在人员比较充裕的条件下,可以在两端同时敷设。

⑥在敷设电缆时应采用边拉边扎的方法,在拉完若干根电缆后,应从停止记号开始向两个方向进行整理捆扎。

⑦成束电缆穿过水密甲板、水密隔舱壁时,应在孔的前后两面都对电缆束保留一段直线部位,以便进行电缆密性工作。

⑧对于穿管的成束电缆,应在管子内预先穿好引线,如铁丝或钢丝绳。

⑨桥架电缆应留有伸缩余量。

⑩主干电缆敷设后,应及时检查两端电缆长度、位置是否正确,有否错位或漏拉现象。同时应将两端电缆卷起挂在设备附近,以免损伤电缆。

项目五　船用电缆切割与接线工艺

【知识点】

1. 船用电缆切割原则、端头处理及捆扎接线要求。
2. 船舶电缆孔密封的基本要求。
3. 船用电缆在特殊条件下的敷设要求。

【技能点】

1. 能够掌握船用电缆切割工艺流程。
2. 能够掌握船用电缆端头制备及接线工艺。
3. 能够掌握锡焊基本工艺。

任务一　电缆的切割

［任务描述］

通过本任务的学习,船舶电气施工人员对电缆切割工艺流程有较深入的了解,掌握常用切割工具的制作和使用方法。

［任务知识］

一、电缆切割时芯线长度的确定

电缆在切割时必须留有合适的长度。芯线的长度包括必需长度、备用长度和余量长度。必需长度是指芯线沿设备内壁至所连接的接线柱的长度,加上制作端头所需长度之和。备用长度的作用是保证同一根电缆的芯线在相应的接线柱之间能够互换;对于三芯电力电缆,只需保证其中任意两根能对调即可。如图 5－1 所示为三芯电缆芯线长度。

对于芯线截面小于 4 mm^2 的电缆,除留有必需长度和备用长度外,还要留有能再制作 2～3 个同样接头的余量长度;对于芯线截面大于 6 mm^2 以上的电缆,一般是由电缆切口处到接线柱直接引线,芯线除留有必需长度和备用长度外,可不留余量长度;对于多芯电缆,在确定芯线长度时,应能保证芯线沿设备内壁可以接至最远的一个接线柱,然后,再留有制作 2～3 个同样接头的余量长度。多芯电缆的芯线长度如图 5－2 所示。

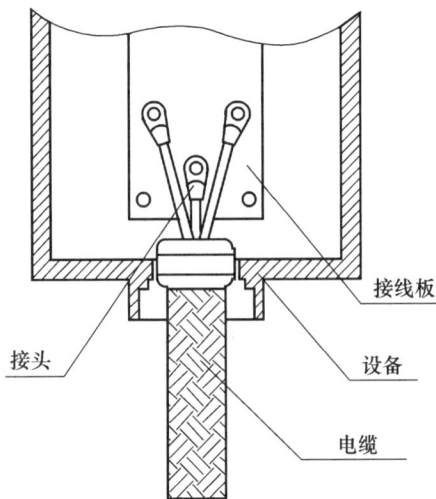

图 5－1　三芯电缆芯线长度

接线板

接头

设备

电缆

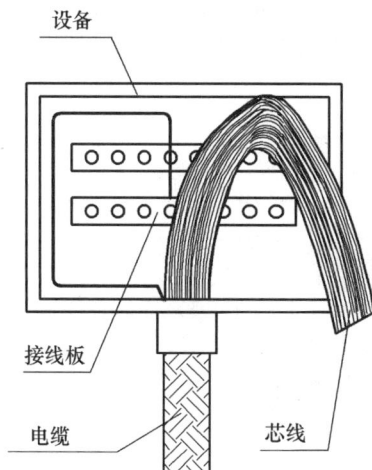

图5-2　多芯电缆的芯线长度

对于引入照明灯具及附具的芯线长度,可按表5-1的要求来确定。

表5-1　照明灯具及附具芯线长度　　　　　　　　　单位:mm

设备名称	芯线长度	设备名称	芯线长度
蓬顶灯	200	防水插座	120
舱顶灯	200	胶木暗式开关	120
小型舱顶灯	150	胶木暗式插座	120
床灯	150	接线盒	120
镜灯	150	按钮盒	120
壁灯	150	警铃、警钟	120
防水开关	120	限位开关	120
防水开关插座	120	柄式开关	120

此外,芯线长度的确定,不但要考虑设备内允许安置芯线空间的大小,还要考虑芯线在设备内的布置情况,要做到整齐、对称和美观。

二、电缆的切割工艺

电缆引入设备前,按引入方式及芯线长度的要求保留好足够长度的电缆后,即可将多余的电缆切除,并剥掉一定长度的电缆护套或铠装层,以避免造成设备内器件的损坏或短路。同时由于设备内的空间有限,芯线的长度必须适当,不能过长。在具体电缆切割时,必须要了解以下的切割要求和切割方法。

1. 电缆护套切割的要求

①在切割电缆护套时,不得损伤芯线的绝缘,并要保证电缆引入设备时芯线有必要的长度。

②在切割绝缘护套时,电缆引入设备的进口处且靠近设备内壁一侧的绝缘护套应保留3～5 mm,如图5－3所示。对内部空间较宽敞的设备(主配电板、分电箱等),其护套可保留至接线柱附近再剥去。

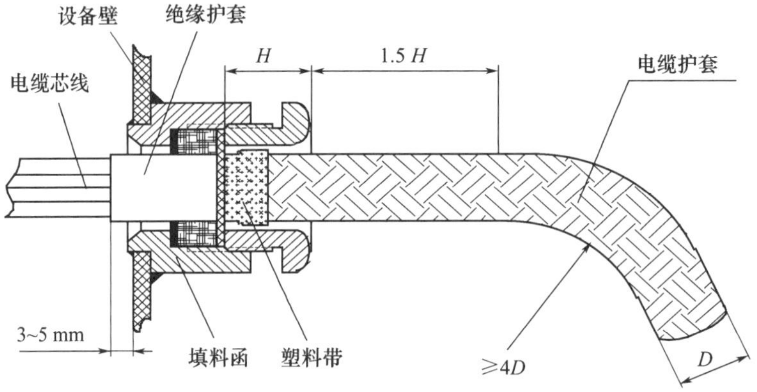

图5－3　电缆通过填料函引入设备时的切割

③对于绝缘护套在接线柱附近剥去的电缆,其金属编织护套应在电缆进入设备后,靠近内壁处切除。

④电缆进入防水填料函时,金属编织护套应在进入密封圈前切除,使填料压紧在电缆的绝缘护套上,以保证其密封良好;而金属编织护套的切口不应露出填料函压紧螺母的外表面,以防止金属丝扎伤电缆或造成短路。如图5－4(a)所示。

⑤电缆进入无防水要求的设备时,其金属编织护套应比绝缘护套多切除2～3 mm,以免编织护套刺伤芯线绝缘。如图5－4(b)所示。

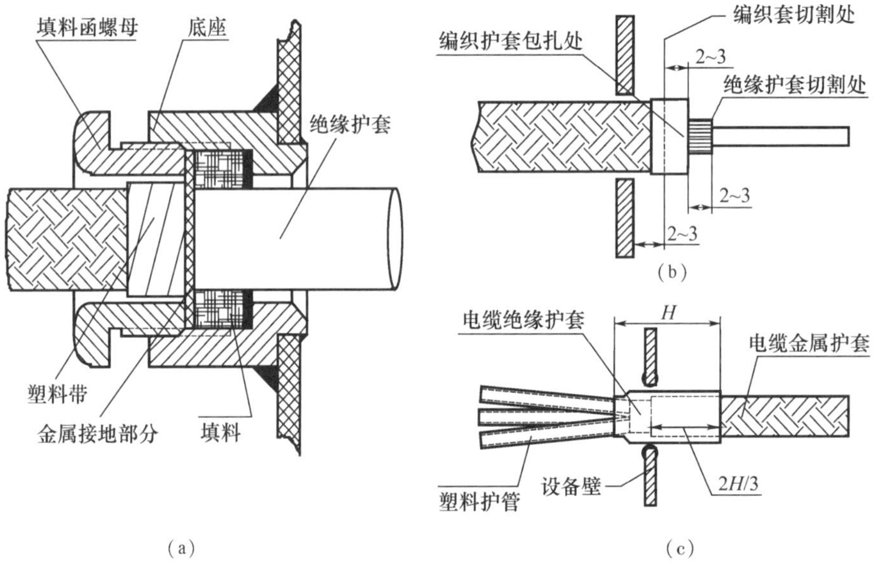

图5－4　金属护套电缆引入时的切割

⑥金属编织护套切割后,应在切割处包以 2~3 层塑料带扎紧,以防编织护套松散。芯线如需加套管,则应连同芯线套管从根部开始一起包扎,一般应使包扎长度的 2/3 在金属编织护套上。如图 5-4(c)所示。

⑦对于采用金属编织护套接地的电缆,在切割时必须留有接地所需要的金属编织护套的长度。在切割处,先将金属编织护套拨开一缺口,然后将金属编织护套完整无损地脱出,再在其端部连接电缆接头。

2. 电缆护套切割的方法

(1)金属编织护套的切割

①打开设备,观察其内部接线柱的布置情况,确定芯线在设备内的分支和线路,同时依据进入设备的电缆芯线截面的大小,决定芯线的长度。

②将电缆引入设备,做好切口标记。对于电缆束,要求切口在同一直线上。

③按切口标记切除金属编织护套。对于钢丝编织护套,因其涂有防锈漆,使编织护套与绝缘护套黏合在一起,给剥除编织护套造成困难,此时可用木槌轻轻敲击,待其分离后再行切割。敲击时切勿用力过大,以免使电缆变形受损。

④绝缘护套在切割时,可从距已切割的编织护套边沿 2~3 mm 处开始,在绝缘护套上做一圆周切口,深度为其深度的 2/3;以同样的深度做纵向切口,直至电缆末端,如此便可将绝缘护套剥去。对于天然橡胶护套,且电缆直径在 20 mm 以下时,可不做纵向切口;对于电缆直径在 20 mm 以上的绝缘护套,开剥时劳动强度较大,可使用绝缘护套开剥叉(图 5-5)等专用工具。

(2)塑料电缆的切割

塑料电缆的切割比较困难,切割时必须做圆切口及两条对称的纵向切口,且要求切口深度应为护套厚度的 4/5 左右,通常采用由钢锯条制成的切割刀(图 5-6)等专用工具来切割。

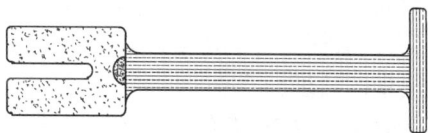

图 5-5　开剥叉

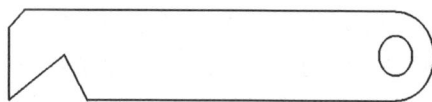

图 5-6　切割刀

习　　题

1. 电缆切割时芯线长度如何确定?

2. 电缆的切割工艺是什么?

任务二　芯线端头处理

[任务描述]

船舶电气工作人员掌握电缆切割后进行套管、包扎及端头制作所遵循的技术规范及工艺方法。

[任务知识]

一、电缆芯线套管与包扎

切割后的电缆,由于芯线与绝缘间、芯线内部、绝缘与护套间都存在着缝隙,易使潮气或腐蚀性气体渗入而降低电缆的绝缘性能,从而会缩短电缆的使用年限;另外,由于船舶工作环境条件差,其中的高温、凝露、盐雾及霉菌等也会加速电缆绝缘层的老化。因此船舶电缆的芯线必须进行套管或包覆处理。

电缆芯线的处理要满足以下要求。

①进入防水式电气设备的电缆芯线,不必进行包扎。

②进入防滴式、防护式和开启式设备的电缆,若芯线为橡皮绝缘,且有可能受到腐蚀性气体污染时,则应套塑料管或包上塑料带加以保护。采用套管包扎时,套管的直径不宜过大,长度应略大于芯线绝缘的长度,套管应套至芯线的根部,套管与护套的连接处应用塑料带扎紧。如图5-7所示为塑料套管包扎法。

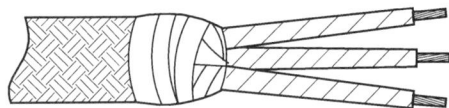

而采用塑料带包扎时,应在芯线的全长上进行包扎,要保证塑料带有1/2左右的重叠,且应从芯线根部开始包至端部,再从端部回绕到根部。如图5-8所示为塑料带包扎法。

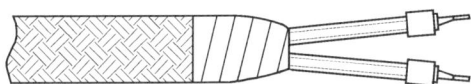

图5-7　塑料套管包扎法

图5-8　塑料带包扎法

③对于进入白炽灯、电阻箱等温度较高的电气设备的电缆芯线,应套以玻璃丝套管或玻璃丝黄蜡管保护;对于进入电热炉等高温电气设备的电缆芯线,应剥去绝缘层,在芯线上套以瓷珠加以保护。注意,瓷珠要有一定的密度,否则会引起芯线的短路。

④塑料绝缘的电缆芯线,可不必进行包扎塑料带的处理。

⑤设备内的电缆芯线应置于敷线槽内或予以捆扎,以防止芯线束晃动。捆扎时,可采用塑料螺旋管、尼龙扎带及尼龙线等。

二. 芯线端头的标记和安装要求

1. 芯线端头的标记

电缆芯线的端头处应有与图纸相对应的标记,以便设备故障的检查与维修。芯线端头标记上的符号应清晰、整齐、耐久而不褪色,通常选用与芯线绝缘层外径相符的白色塑料套管切割成,套管长度约为15 mm,它应在端头压铜接头之前套入,待铜接头压紧后再移至端部。上面的字符可用打字机打印或用特种墨水手工写成,且印好后的塑料管应放入50~60 ℃的烘箱内干燥10~15 min。设备内芯线标记套管应排列整齐。

目前使用的塑料墨水配方有很多种,常用的有以下两种。

①环己酮溶液100 mL,加苯胺蓝3.5 g(蓝色)或酒精元3.5 g(黑色)。

②二氯乙烷300 mL,加苯胺黑3.5 g及冰醋酸(>99%)30滴,加热至二氯乙烷沸点(即80~83 ℃),此时要防止其燃烧和溢出,然后冷却,滤去多余苯胺黑。

这两种墨水均有毒且易挥发,所以要随用随揭盖,用毕即盖紧。

2.芯线接头的制作

(1)电缆冷压接头的种类

目前,船舶电缆芯线接头的处理,广泛采用在芯线端头上压接冷压铜接头的工艺方法。电缆冷压接头的规格为 $1 \sim 400 \text{ mm}^2$,常用的形式有板型铜接头(图5-9(a))和管型铜接头(图5-9(b))。

(2)电缆冷压接头的压接工艺

①选择的冷压接头套管内径略大于电缆芯线接头的外径,其接线孔径应略大于设备接线柱的直径。

②芯线的绝缘层的切割不得损伤芯线,且切口应平整,其切割长度 $L = L_1 + (2 \sim 3 \text{ mm})$,如图5-9(c)所示。

③压接前应除去铜接头上的橡皮膜及油污等杂质。

④所有冷压接头必须用专用工具或模具进行压接,且应保证压接质量。

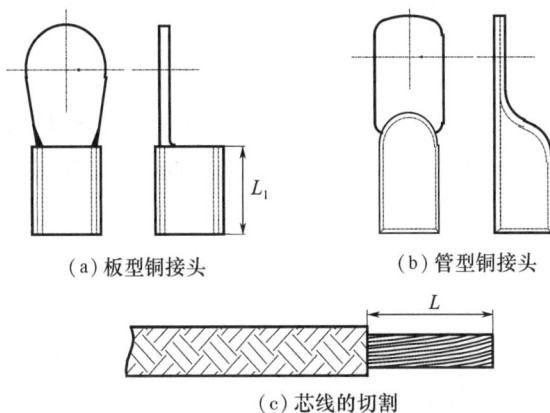

(a)板型铜接头   (b)管型铜接头

(c)芯线的切割

图5-9 电缆冷压铜接头与芯线的切割

(3)芯线端头的安装要求

①在电缆芯线完成接头制作后,即可按图纸编号将之正确地接至设备的接线柱或接线板上。

②接线的紧固应牢靠、整齐,应有防止松脱的弹簧垫圈或锁紧螺母,接头的两侧均应有平垫圈。

③不得用紧固接线柱的螺母来紧固芯线的接头。此外,电缆引入设备的接线是电气安装工作中一个非常重要的环节,其施工质量将直接关系到电气设备使用的可靠性。它主要包括电缆引入设备、电缆的切割与处理以及设备内的接线等工艺要求和基本方法。

习 题

1.电缆芯线端头的处理要满足哪些要求?

2.芯线端头的标记和安装有哪些要求?

任务三　芯线的捆扎与接线

[任务描述]

电气工作人员掌握电缆芯线捆扎与接线作业时所遵循的技术规范及工艺方法。

[任务知识]

一、芯线布线与捆扎

1. 常见的布线方式

（1）分散布线

设备研制初期，信号需要不断调整，甚至设备机箱的结构也需要进一步改进，线束也无法确定，为了便于调试，可以进行分散布线。这种布线方式是仅仅按照电气原理的接线，比较散乱，只要做到设备能够安装即可。

（2）集中布线

产品设计定型后，为了保证产品电气性能的稳定，并达到一些特殊的试验要求，必须把一些线束进行分类，然后集中捆扎起来，形成线束，并且根据机箱的结构，进行集中布线，做到美观大方、连接可靠。

2. 线束捆扎

（1）捆扎材料

常用的捆扎材料有棉绳、塑料搭扣、聚乙烯薄膜、胶带（普通、屏蔽）和尼龙搭扣等。

（2）捆扎要求

绑入线扎中的导线应排列整齐，不得有明显的交叉和扭转。导线端头应打印标记或编号，以便装配、维修时识别。线扎内应留有适量的备用导线，以便更换，备用导线应是线扎中最长的导线。线扎用棉绳或线扎搭扣绑扎，但不宜绑得太松或太紧，不必把所有的线束捆成圆形。为便于安装，一边捆一边用手把线束捏成扁椭圆形。线扎结与结之间的距离要均匀，间距的大小要视线扎直径的大小而定，一般间距取线扎直径的 2~3 倍。在绑扎时还应根据线扎的分支情况适当增加或减少结扎点。为了美观，结扣一律打在线束下面。线扎分支处应有足够的圆弧过渡，以防止导线受损。通常弯曲半径应比线扎直径大两倍以上。需要经常移动位置的线扎，在绑扎前应将线束拧成绳状（约15°），并缠绕胶带或套上绝缘套管（常用热缩套管）后绑扎。扎线时不能用力拉线扎中的某一根导线，以防拉断导线中的芯线。

（3）捆扎方法

①黏合剂结扎。当导线较少时，可用黏合剂黏合成线束。操作时，应注意黏合完成后不要立即移动线束，要经过 2~3 min，待黏合剂凝固以后方可移动。

②扎带搭扣绑扎。使用线卡子、卡箍结扎，绑扎时可用专用工具（图 5-10（a））或尖嘴钳等拉紧，最后剪去多余部分，如图 5-10（b）所示。

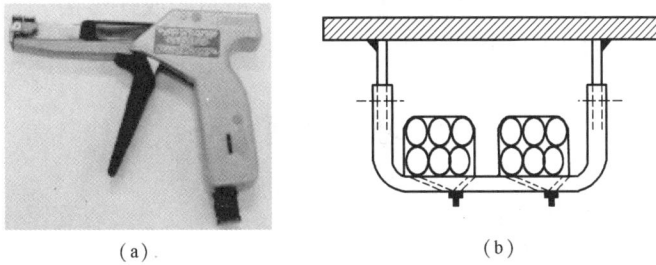

（a）　　　　　　　　　　　　（b）

图 5 – 10　绑扎专用工具

③线绳绑扎。捆扎线有棉线、尼龙线、亚麻线等。线绳绑扎的优点是价格低，但在批量大时工作量较大。为防止打滑，捆扎线要用石蜡、地蜡或三防漆进行浸渍处理，但温度不宜太高。绑扎时有连续结和点结两种。

④螺旋形塑料管缠绕。螺旋形塑料管缠绕方式如图 5 – 11 所示。

图 5 – 11　螺旋形塑料管缠绕方式

⑤聚四氟乙烯薄膜包扎。导线束先用上述方式绑扎，经过测试或调试结束后，也可去掉导线束上的搭扣或者棉绳，改用聚四氟乙烯薄膜包扎，包扎时节距不能大于1/2薄膜带宽度，一边包扎一边用力拉紧，根据需要也可以把导线束捏成扁形，整个包扎过程中不应有导线露出，在端点处用棉绳绑扎。包扎时应注意在交叉点理顺导线，调节长度。

二、芯线接入

在芯线捆扎时，应根据芯线标记和设备中相应的接线位置，仔细考虑芯线接入部位，使之能正确地接入所属设备。

接线应整齐美观，标记字迹应清晰，字码方向一致，端头的紧固必须牢靠，要设有防止振动导致松脱的装置。接头的两侧应有平垫圈，外端应加弹簧垫圈或锁紧螺母，如图 5 – 12 所示。此外，不得用紧固接线柱的螺母来紧固铜接头。

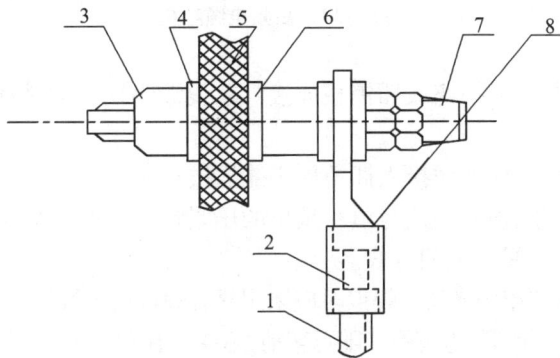

1—电缆芯线；2—标志套管；3—螺母；4—平垫圈；5—接线板；
6—弹簧垫圈；7—接线柱；8—冷压电缆接头。

图 5 – 12　芯线接入

有些设备采用插入式接线板,通过压板直接压紧铜芯线或针形接头。这种方法接线比较方便,一般用于小截面芯线的接入。

习　　题

1. 芯线捆扎要满足哪些要求?
2. 芯线接入注意事项有哪些?

任务四　高频电缆切割接线

[任务描述]

电气工作人员掌握高频电缆切割和接线作业时所遵循的技术规范及工艺方法。

[任务知识]

高频电缆都有屏蔽编织套,线芯大部分是单芯铜丝,切割时应防止因受损而折断。图 5-13 所示为高频电缆结构。接线前线芯要镀锡,如果高频电缆绝缘层是空心的,铜线芯依靠本身的曲折而处于中心位置,此时不能轻率地把它拉直,否则会使阻抗发生变化。

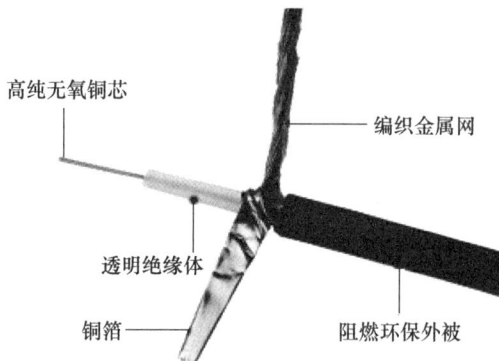

高纯无氧铜芯　　　编织金属网

透明绝缘体

铜箔　　　阻燃环保外被

图 5-13　高频电缆结构

高频电缆一般应与高频插座或插销相连接。芯线镀锡插入插销或插座孔后,应用锡焊或螺钉固定。

高频电缆的切割长度应考虑接入插销后仍能插拔自如。

高频电缆的金属编织护套必须与填料函里的压紧环或垫圈的周边焊牢,以保证其可靠接地,有时也可采用辫子线接地的方式。

电缆内外导体焊接要牢固光滑。焊接时应采用松香焊剂或中性焊剂,焊接处不得有焊剂堆积和虚焊现象。屏蔽层要压紧,电缆不能随意转动,芯线对地绝缘电阻应不低于 $100\ \text{M}\Omega$。

习　　题

1. 高频电缆切割应注意哪些方面?

任务五　电缆在特殊条件下的敷设工艺

[任务描述]

电气工作人员掌握在特殊条件下对电缆进行敷设工作所应遵循的技术规范及工艺方法。

[任务知识]

一、单芯电缆的敷设工艺

无论是交流电路还是直流电路,均应尽量不选用单芯电缆,以避免在电缆的铠装中或电缆贯穿件中因涡流效应而引起发热。当工作电流大于 20 A,且必须采用单芯电缆时,应采取如下工艺措施。

①交流电路的单芯电缆应尽量选用无金属护套或有非磁性金属护套的电缆。

②同一交流电源的不同相或同一直流电源的不同极的单芯电缆,应相互靠近敷设。

③交流单芯电缆的紧固件应尽量采用非磁性材料;否则,同一电源不同相的电缆应紧固在同一紧固件内。

④同一电源不同相的交流单芯电缆穿过金属管道敷设时,应穿在同一管道内,以使其产生的交流磁场相互抵消。

⑤交流单芯电缆沿钢质舱壁或构件敷设时,应尽量远离钢质舱壁或构件。当电缆电流超过 250 A 时,电缆与钢质舱壁或构件的距离不得小于 50 mm。但同一交流电路的电缆按"品"字形排列时除外。

⑥同一电源不同相的交流单芯电缆穿过钢质舱壁或构件时,必须穿在同一电缆框、电缆筒或填料函内,并且电缆相互间不应有任何磁性材料。电缆与电缆贯穿件内壁的距离应不小于 75 mm,若采用三相"品"字形排列,其距离可适当减小。

⑦同一交流电源的每一相或直流电源的每一极,可采用截面相同的多根单芯电缆并联使用。若为三相交流电源,每相有两根电缆并联,当其为"一"字形排列或为双层排列时,其正确的并联方式如图 5-14 所示。这样可以使得各相电缆的路径基本上一致,其阻抗基本上相等。当 6 根电缆两两并联后,分别连接三相交流电源,可以防止电缆中三相电流分配不均匀。

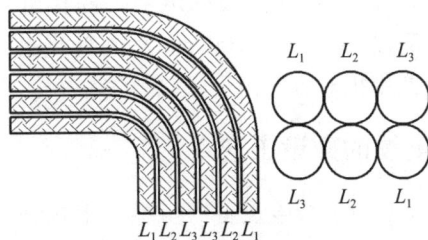

图 5-14　三相电源电缆的并联

二、冷藏场所电缆的敷设工艺

冷藏场所经常处于低温状态,又极其潮湿,对电缆的使用寿命将产生很大的影响,所以其电缆的敷设应满足以下要求。

①与冷藏场所无关的电缆不要穿过冷藏场所敷设。敷设在冷藏场所的电缆均应有耐寒和不透水的护套。若敷设具有金属护套的电缆,则金属护套的外层应有不透水和耐腐蚀的护套。

②冷藏场所的电缆应全部以明线敷设,并在其周围设置防护罩以防止电缆受到机械损伤。电缆与冷藏室表面之间应留有一定距离。

③若电缆必须穿过冷藏场所的热绝缘层,则电缆应敷设在金属管子里并垂直穿过。管子两端应设置水密填料函。

④固定电缆的金属紧固件最好采用耐腐蚀材料制成,若采用钢质材料,则应有可靠的防腐措施。

三、油船电缆的敷设工艺

油船属于危险性船舶,一旦发生火灾事故,其后果是相当严重的,所以油船电缆的敷设必须考虑如下因素。

①第一类舱室主要包括货油舱和垂直隔离空舱。在该类舱室内严禁安装电气设备及敷设电缆。若不可避免时,电缆必须敷设在气密良好、结构坚固的电缆管内,且电缆管不准贴近油舱壁安装。电缆进入该舱室时,电缆管的密封要确保可靠,以达到与其他舱室严格隔离的目的。

②第二类舱室主要包括水平隔离空舱,与货油舱和垂直隔离空舱上面直接相邻的舱室,货油泵舱,贮藏输油软管的舱室,在离爆炸性气体出口 3 m 以上的露天区域,货油舱向船首或向船尾延伸 3 m 及离甲板上 2.4 m 高度以内的区域,邻近货油舱的竖阱、通道和舱室等。在该类舱室内所安装的电气设备必须是防爆型的,其他舱室的电缆尽量避免通过该舱。电缆在敷设时应与甲板、舱壁、油舱以及各种管子保留不小于 50 mm 的距离。电缆进入该舱室时,电缆管的密封仍要确保可靠,以达到严格与其他舱室隔离的目的。此外,电缆的伸缩接头不应在本舱室之内。

③第三类舱室是指除了第一类和第二类舱室以外的其他舱室的空间。电缆穿过隔舱壁时,敷设在甲板或步桥上的电缆应有保护的措施,防止受到机械损伤。该电缆还应留有一定的余量,可通过在电缆槽内按蛇形敷设或设置电缆的伸缩弯头来完成,以防止船体结构变形而造成电缆的断裂。此外,还要使敷设的电缆容易接近,便于维修。沿着甲板敷设的电缆管或金属罩壳距甲板高度要不小于 200 mm。电缆或电缆管穿过分隔"危险区"与"非危险区"等处的气密舱壁或甲板时,应保证其气密的完整性。

四、邻近无线电设备电缆的敷设工艺

为了防止其他电路在工作时对无线电设备产生感应干扰,邻近无线电设备电缆的敷设应考虑如下因素。

①敷设在露天甲板上或非金属上层建筑内的电缆应有金属护套,或敷设在金属管子、金属罩壳内。

②进入无线电舱室的电缆和无线电助航仪器的电缆应有连续的金属护套。

③上述各种情况所用的金属护套、电缆管及金属罩壳等的两端应可靠接地。

④与无线电室无关的电缆原则上不应穿过无线电室敷设。

习　题

1. 电缆的特殊敷设条件有哪些?

任务六　电缆孔的密封

[任务描述]

电气工作人员掌握电缆孔密封作业时所遵循的技术规范及工艺方法。

[任务知识]

电缆通过电缆贯穿件且有水密、气密及防鼠等要求时,均须进行密封工作,由于船舶上不同位置对电缆密封的要求不同,再加上贯穿件结构形式各异,电缆孔的密封工艺也有所不同。下面介绍几种常用的密封工艺。

一、填入式密封工艺

这种密封工艺是利用将黏性填料填入密封件内,使填料紧紧黏在密封件内壁和电缆护套上来达到密封目的的。为了提高该方法的密封性能,在向填料函内填塞填料时,应加以一定的压力。填入式环氧树脂填料在填料盒中密封的情况如图 5 – 15 所示。

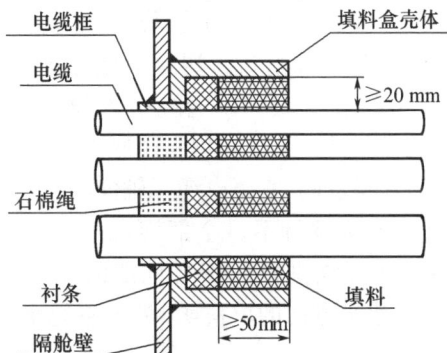

图 5 – 15　电缆盒的密封

1. 施工程序和工艺

①核对通过填料盒的电缆的型号、规格、数量,并准备好所需的甲、乙组填料及填料盒零件。

②对填料盒壳体的内壁和每根电缆的表面涂以环氧胶水。配方:环氧树脂与硬固剂按 1:0.8 混合,并用适量丙酮稀释。环氧胶水经一定时间后即自行固化,应随配随用。

③将电缆进行分层整理,在填料盒靠近电缆处,用填料、石棉绳等材料加以封闭,并在电缆的层之间用厚度不小于 20 mm 的衬条隔开,衬条应与电缆框相接触。

④估计所需填料数量,将甲、乙两组填料充分混合均匀,随即将填料填入填料盒中。在填充过程中,应施加一定的压力,保证每一根电缆周围均有填料,填料应该填塞紧密,并且应无缝隙。

⑤填料沿电缆轴线的填塞厚度应不小于 50 mm,电缆与填料盒内壁之间的填料厚度不宜小于 20 mm。

⑥填塞好的填料盒在 20 ~ 30 ℃温度条件下,应至少保持静置 24 h,以保证填料盒充分

硬固。在此期间,不得拉动电缆。

⑦填料盒两端的电缆应与填料盒基本上处于同一水平位置,并应保证有不小于400 mm 的直线段,以方便施工并能避免填料因电缆弯曲而受到挤压。

2. 基本技术要求

①填料盒填料在充分硬固后,其与填料盒壳体和电缆之间均应牢固黏结,没有缝隙。硬固后的填料可用刀具轻易地凿开,并且有可重新补充黏合的性能。

②填料应为滞燃、自熄和无腐蚀性的。

③在常温下,填料盒应能承受压强为 9.8 N/mm² 的水密性试验 1 h 而无漏水现象。

④填料盒应能承受温度为 90 ℃,时间为 20 个周期的交变温度试验。每一周期为:8 h加热,16 h 自然冷却至常温。

⑤填料盒应能承受温度为 -25 ℃,时间为 8 h 的低温试验。

⑥填料盒应进行耐冲击和振动试验,并能满足有关的参数要求。

二、机械压紧法密封工艺

利用机械压力使填料函压缩后紧贴在密封件内壁和电缆护套上,从而满足密封要求。

设备填料函的密封情况如图 5-16 所示。设备填料函的填料为橡皮圈。在电缆引入设备前,依次压紧螺母、钢质垫圈、橡皮圈等并套入电缆。为了防止橡皮圈在密封中的轴向移动,可用黏性塑料带把橡皮圈与电缆缠绕在一起。在电缆引入设备时,将上述密封件一起推入填料函底部,旋紧螺母,压紧橡皮圈,直至电缆无轴向移动为止。要求压紧螺母不得全部旋入,并要留出 2~3 圈螺纹供以后恢复性能时用。

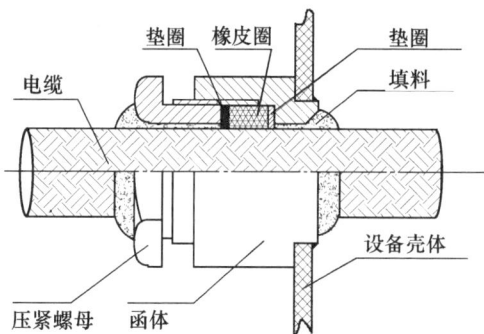

图 5-16 设备填料函的密封

对于向上及水平方向的填料函,为了不使水积在电缆与压紧螺母的空隙内,须用填料填塞成半圆形。

(1)施工程序和施工工艺

①按照施工图纸,校对通过填料盒的所有电缆的型号、规格和数量,并准备好所需的橡胶块及其他相应的填料盒零件。

②仔细测量每根电缆的外径,并以实测数据为准,核对按所选橡胶块的孔径与实测电缆外径的间隙,使之满足相关规定。

③按照设计所规定的电缆穿线及橡胶块排列图,将电缆进行分层隔开,然后填入相应的橡胶块。填入橡胶块时应自下而上分层进行。

④在填入橡胶块时,应在填料盒壳体的左右侧表面上涂以少量的润滑剂,以减少橡胶块与壳体间的摩擦;还应在橡胶块的内表面涂上少量的硫化硅橡胶,以利于电缆的水密性能。

⑤在最上一层电缆的橡胶块填充完毕后,即可填入压块,并收紧、压紧螺栓,直至可填入辅助橡胶块为止。

⑥在水密隔舱的两侧分别填入辅助橡胶块和前后夹板,并用螺栓、螺母紧固。然后适

当放松压紧螺栓,以减少对电缆的压力。

⑦填料盒两端的电缆应与填料盒基本上处于同一水平位置,并应保证有一定距离的直线段,以方便施工并能保证橡胶块受力均匀。图 5 – 17 所示为填料盒两端电缆的直线段。表 5 – 2 给出了电缆外径及对应的直线段的尺寸。

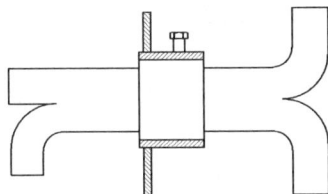

图 5 – 17 填料盒两端电缆的直线段

表 5 – 2 填料盒两侧的直线段尺寸　　　　　　　　　　　　　单位:mm

电缆外径 D_{max}	≤30	≤40	≤50	>50
直线段尺寸 l	≥400	≥600	≥800	≥1000

(2)基本技术要求

①在填料充分硬固后,紧固填料盒的紧固螺栓与填料盒壳体和电缆之间均应牢固黏结,没有缝隙。

②填料应为滞燃、自熄和无腐蚀性的。

③在常温下,填料盒应能承受压强为 9.8 N/mm² 的水密性试验 1 h 而无漏水现象。

④填料盒应能承受温度为 90 ℃,时间为 20 个周期的交变温度试验。每一周期为:8 h 加热,16 h 自然冷却至常温。

⑤填料盒应能承受温度为 – 25 ℃,时间为 8 h 的低温试验。

⑥填料盒应进行耐冲击和振动试验,并能满足有关的参数要求。

三、灌注式密封工艺

这种密封工艺是将具有一定浓度的液体填料直接或通过浇灌装备灌入密封件内,利用填料自然干燥或发泡膨胀的特性,使之充满密封件的空间,从而达到密封的目的。此法适用于成束电缆穿过舱壁及甲板时的密封。其密封方法如图 5 – 18 所示。

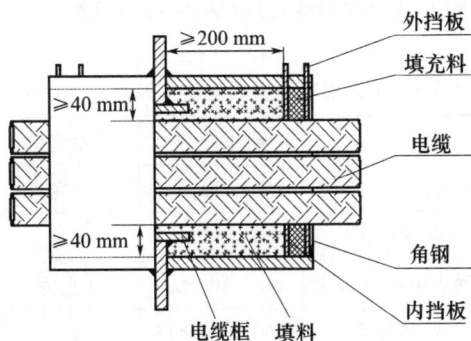

图 5 – 18 填料盒的灌注式密封法

1. 施工程序和工艺

①按照设计图纸,校对通过填料盒的所有电缆的型号、规格和数量,并准备好所需的填料原料及填料盒零件。

②对电缆进行分层整理,并将挡板按电缆束的大小和形状在现场进行开孔。

③插入挡板,并在内外两块挡板之间塞石棉绳、石膏粉等填充料加以封闭,以免在灌注填料时,液态填料从填料盒中泄漏出来。

④按填料配方,将所需原料依次倒入容器中并搅拌均匀,随即倒入填料盒中。填料应充满填料盒壳体的空间而无缝隙。

⑤填料沿电缆轴向的灌注厚度应大于200 mm,填料盒内壁与电缆之间的填料厚度应不小于40 mm,电缆与电缆之间也应保持有适当厚度的填料。

⑥灌注好的填料盒应在20～30 ℃的温度下保持静置72 h以上,以保证填料充分固化。在静置期间里,不得拉动电缆。

⑦填料盒两端的电缆应与填料盒基本上处于同一水平位置,并保持有不小于500 mm的直线段,以方便施工及使填料不致因电缆弯曲而受到强力挤压。

2. 基本技术要求

①在电缆盒填料充分凝结后,其与电缆壳体和电缆之间均应牢固黏结,没有缝隙;填料表面光洁平滑且富有弹性,可用刀具轻易地撬开,并有可重新补充黏合的性能。

②填料应能耐海水腐蚀,在其完全凝结时,浸入海水12 h应不发生溶解现象。

③填料应为滞燃、自熄和无腐蚀性的。

④在常温下,填料盒应能承受压强为9.8 N/mm²的水密性试验1 h而无漏水现象。

⑤填料盒应能承受温度为90 ℃,时间为20个周期的交变温度试验。每一周期为:8 h加热,16 h自然冷却至常温。

⑥填料盒应能承受温度为−25 ℃,时间为8 h的低温试验。

⑦填料盒应进行耐冲击和振动试验,并能满足有关的参数要求。

四、船舶电缆耐火贯穿工艺

电缆贯穿舱壁和甲板且有防火要求时,须采用电缆耐火贯穿工艺和相应装置,包括耐火填料函、耐火填料框和耐火填料管等,并采用相应的填堵料工艺。

1. 防火贯穿装置典型结构形式及适用场合

防火贯穿装置典型结构形式及适用场合如表5 − 3所示。

表5 − 3　防火贯穿装置典型结构形式及适用场合

序号	名称	耐火等级	防水性能	电缆根数	安装场合
1	DFD − Ⅱ　A − 60 组合式耐火填料函	A60、A30、A15	水密	多根	舱壁、甲板
2	DFD − Ⅱ　A − 60 耐火填料管	A60、A30、A15	水密	单根	舱壁、甲板
3	DMT − W　A ～0 耐火填料框	A0	非水密	多根	舱壁、甲板
4	DMT − W　A − 60 耐火填料筒	A60、A30、A15	水密	单根	舱壁、甲板

2. 贯穿装置典型结构

由于贯穿装置结构(种类)不同,这里不一一列举,只给出填料函(防水)和填料框(非防水),如图 5-19 所示。

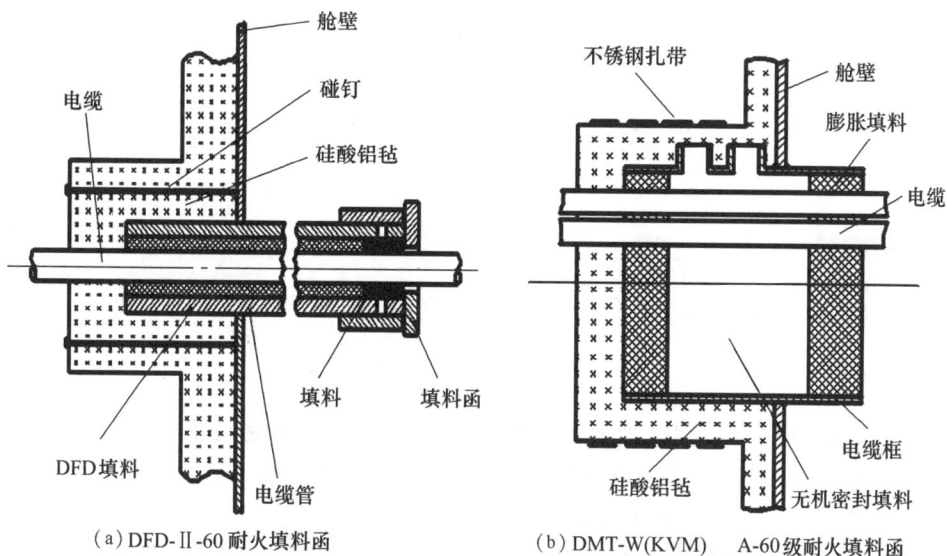

（a）DFD-Ⅱ-60 耐火填料函　　　　（b）DMT-W(KVM)　A-60 级耐火填料函

图 5-19　贯穿装置典型结构图

3. 电缆贯穿封工艺要求

(1)DFDⅡ级防火填料封堵要求

①防火船壁和甲板的电缆框,填料函要双面满焊。

②封堵前将 DFDⅡ堵料揉匀,如气温过低,要将堵料适当升温(低于 40 ℃),待稍软后使用。

③在 A0 级以上的舱壁甲板封堵时应将电缆分开,电缆间距为 5~8 mm,电缆距贯穿内壁 8~10 mm。

④封堵后的平面应略高于贯通件 2~3 mm,呈弧形,以免积水(适用甲板电缆筒)。

(2)DMT-W 无机填料灌注要求

①防水防火舱壁和甲板的电缆筒,电缆框要以面满焊。

②DMT-W 型填料由 A 组分(粉状)与 B 组分(溶液)组成,施工时将 B 组分倒入 A 组分,调配比例为 4:3(质量比),调匀后使用。

③在灌注前应清洗电缆筒并放好电缆。

④在灌注前应将 PD100 膨胀堵料(片状)塞于电缆筒的底部(垂直筒)或电缆框两端,封堵电缆与电缆的空隙,然后喷洒配套的阻燃促进剂,待膨胀块完全膨胀后(约 30 min),方可灌注 DMT-W 填料。

⑤灌注前要检查电缆是否已被膨胀堵料分开,电缆之间的距离为 5~8 mm,电缆距贯通件内壁 8~10 mm,满足要求后,灌注 DMT-W 填料。

⑥DMT-W 型填料调配好的混合液在环境程度 20 ℃左右时,应在 15 min 内灌完,时间过长会凝固。

⑦施工的环境程度为 -5~40 ℃。

习　题

1. 简要叙述填入式密封工艺的流程。
2. 简要叙述机械压紧法密封工艺的基本技术要求。

任务七　电线电缆的连接

[任务描述]

电气工作人员掌握电线电缆连接操作时所应遵循的技术规范及工艺方法。

[任务知识]

根据我国《钢质海船入级与建造规范》的规定："电缆的敷设通常不应有接头,如由于维修或分段造船需要连接接头时,这种接头的导电连接性、绝缘性、机械强度和保护性、接地和耐火或滞燃等特性均应不低于对电缆的相应要求。"

铜芯导线芯线有单股、7 股和 19 股等多种形式,连接方法也因芯线的股数不同而异。

一、单股芯线的连接

(1)一般单股芯线的直接连接方法

先把两线端 X 形相交,互相绕 2~3 圈,然后扳直两线端,将每线端在芯线上紧贴并绕 6 圈,多余的线剪去,并钳平切口毛刺,如图 5-20 所示。

(2)单股铜芯线的 T 形连接

①将除去绝缘层和氧化层的支路线芯线头与干线芯线十字相交,注意在支路线芯根部留出 3~5 mm 裸线,如图 5-21(a)所示。

②按顺时针方向将支路芯线在干线芯线上紧密缠绕 6~8 圈,用钢丝钳剪去多余线头并钳平线芯末端,如图 5-21(b)所示。

(3)单股铜芯线与多股铜芯线的分支连接

先按单股线芯线直径约 20 倍的长度剥除多股线连接处的中间绝缘层,并按多股线的单股芯线直径的 100 倍左右长度剥去单股线的线端绝缘层,并勒直芯线。再按以下步骤进行。

①在离多股线的左端绝缘层切口 3~5 mm 处的芯线上,用一字旋具把多股芯线分成较均匀的两组(如 7 股线的芯线以 3,4 分),如图 5-22(a)所示。

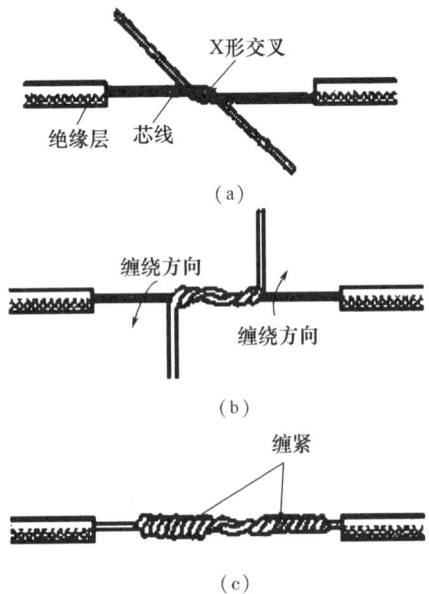

图 5-20 单股芯线的连接方法

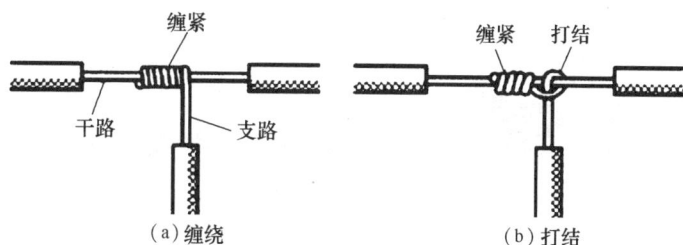

图 5 - 21　单股铜芯线的 T 形连接

②把单股芯线插入多股线的两组芯线中间,但单股线芯线不可插到底,应使绝缘层切口离多股芯线约 3 mm 左右。同时,应尽可能使单股芯线向多股芯线的左端靠近,以能达到距多股线绝缘层切口不大于 5 mm。接着用钢丝钳把多股线的插缝钳平钳紧,如图 5 - 22(b)所示。

③把单股芯线按顺时针方向紧缠在多股芯线上,务必要使每圈直径垂直于多股线芯线的轴心,并应使各圈紧挨密排,应绕足 10 圈,然后切断余端,钳平切口毛刺。如图 5 - 22(c)所示。

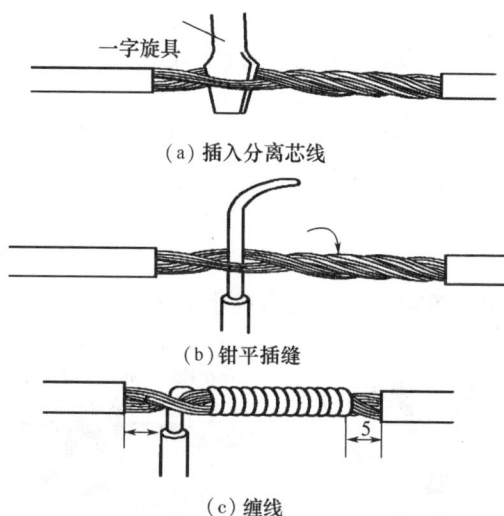

(a)插入分离芯线

(b)钳平插缝

(c)缠线

图 5 - 22　单股铜芯线与多股铜芯线的分支连接

二、多股芯线的连接

多股芯线的连接方法和单股芯线的连接方法基本相同。先将剥去绝缘层的芯线头拉直,然后把芯线头全长的 1/3 根部进一步绞紧,再把余下的 2/3 根部的芯线头分散成伞骨状,并将每股芯线拉直。把两伞骨状线头隔股对插,然后把两端芯线压平。接着把一端的 7 股芯线按 2、2、3 股分成三组,把第一组 2 股芯线扳起,垂直于芯线,按顺时针方向紧贴并缠 2 圈,再扳成与芯线平行状态。按上述办法继续紧缠第二组和第三组芯线,但在后一组芯线扳起时,应把扳起的芯线紧贴住前一组芯线已弯成直角的根部;第三组芯线应紧绕 3 圈。每组多余的芯线端应剪去,并钳平切口毛刺。另一端的连接方法相同。多股芯线的连接方法如图 5 – 23 所示。

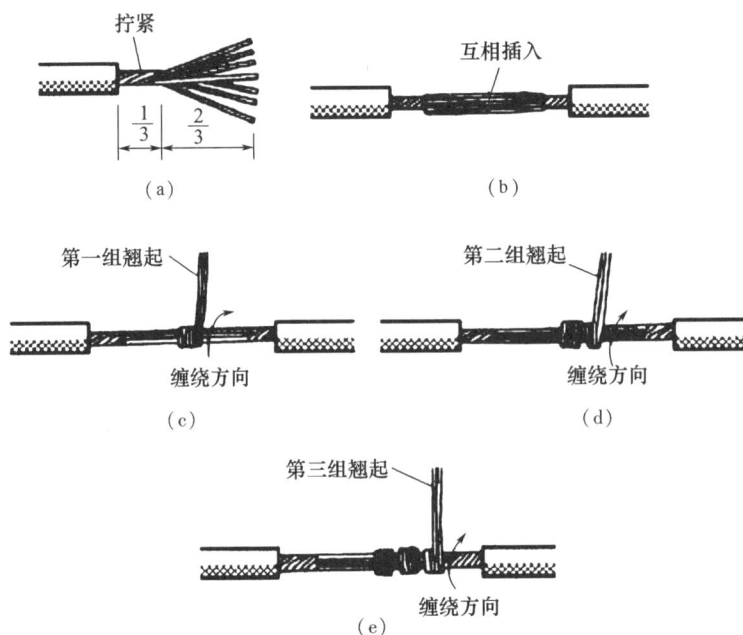

图 5 – 23　多股芯线的连接方法

多股芯线 T 形分支连接法　把分支芯线线头的 1/8 处根部进一步绞紧,然后把 7/8 处部分的 7 股芯线分成两组,再把干线芯线用螺丝刀撬分两组,把支线芯线的一组插入干线的两组芯线中间,然后把 3 股芯线的一组往干线一边按顺时针紧缠绕 3 ~ 4 圈,钳平切口,另一组 4 股芯线按逆时针缠绕 4 ~ 5 圈,两端均剪去多余部分。多股芯线的 T 形连接方法如图 5 – 24 所示。上述接线,如在必要时还可以搪上焊锡,以增加导电性能。

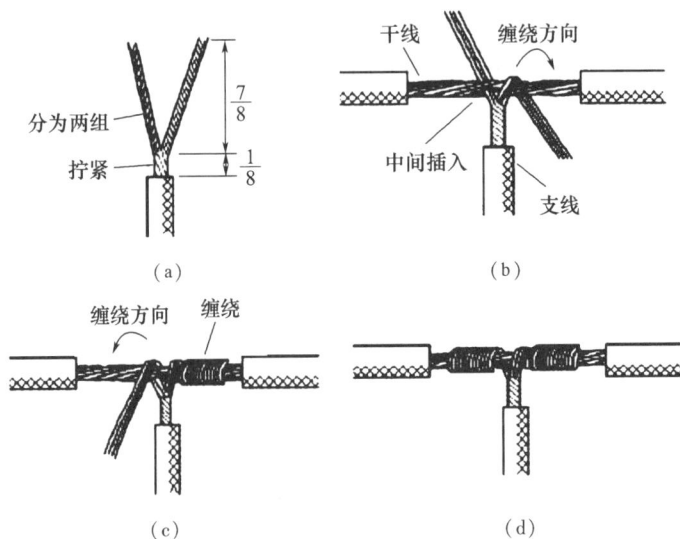

图 5 – 24　多股芯线的 T 形连接方法

三、连接导线绝缘处理

导线连接后,必须恢复绝缘,且恢复后的绝缘强度不应低于原有的绝缘性能。

当导线经过接头后,其绝缘层的处理应根据导线承受的电压而有不同选择。通常可采用黄蜡带、涤纶薄膜带和黑胶带或塑料胶带作为恢复绝缘层的材料。绝缘带的宽度,一般选用 20 mm 的一种比较适中,包缠也比较方便。用在 380 V 线路上的电线恢复绝缘时,必须先包缠 1~2 层黄蜡带(或涤纶薄膜带),然后再包缠一层胶带。胶带与黄蜡带可采用续接的方法衔接。胶带因具有黏性可自包封。对接接点的绝缘层的恢复如图 5-25 所示。

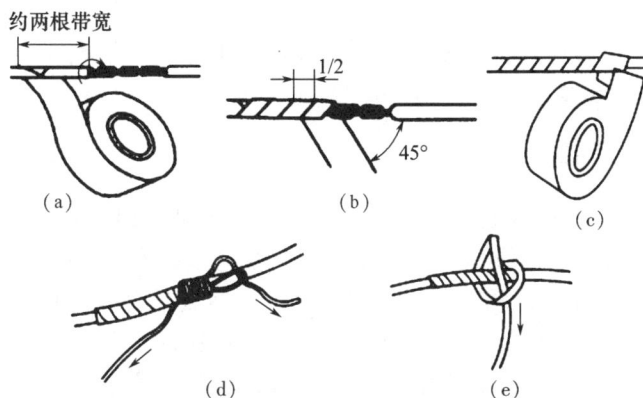

图 5-25　对接接点绝缘层的恢复

四、导线绝缘层的恢复

导线的绝缘层破损后必须恢复,导线连接后也须恢复绝缘,恢复后的绝缘不应低于原有绝缘层。通常用黄蜡带、涤纶薄膜带和黑胶带作为恢复绝缘层的材料。黄蜡带和黑胶带一般选用 20 mm 宽,该尺寸大小适合,包缠也比较方便。

(1)绝缘带的包缠方法

将黄蜡带从导线左边完整的绝缘层上开始包缠,包缠两根带的宽度后可开始包缠无绝缘层的芯线部分。包缠时,黄蜡带应与导线保持约 55°的倾斜角,每圈压叠带宽的 1/2。包缠一层黄蜡带后,将黑胶布接在黄蜡带的尾端,按另一斜叠方向再包缠一居黑胶布,每圈也需压叠带宽的 1/2。

(2)注意事项

①恢复 380 V 线路上导线的绝缘时,必须先包缠 1~2 层黄蜡带后再包缠一层黑胶带。

②恢复 220 V 线路上导线的绝缘时,可以先包缠一层黄蜡带后再包缠一层黑胶带,也可只包缠两层黑胶带。

③绝缘带包缠时,不能过疏,更不允许露出芯线,以免造成触电或短路事故。

④绝缘带平时不可放在高温处,也不可浸渍油类物质。

习　　题

1. 简述单股电缆直接连接的步骤。
2. 简述多股电缆 T 形连接步骤。

3.单股芯线和多股芯线连接时主要工艺区别在哪里?

任务八 锡焊基本工艺

[任务描述]

电气工作人员掌握锡焊操作时所应遵循的技术规范及工艺方法。

[任务知识]

对电工来说,锡焊是一项基本的操作技能,往往由于焊接质量不好,而严重影响设备的使用和检修,因此学好锡焊工艺是相当重要的。

一、焊料与焊剂的选择

焊接电路时常用焊锡作焊料。一般所说的焊锡并不是纯锡,而是由锡、铅和其他一些金属组成的一种软焊料。以不同比例合成的焊锡,其熔点和凝点温度不同。一般采用焊锡的成分大致为:锡 63%,铅 36.5%,其他金属 0.5%,其熔点温度约为 190 ℃。

"焊剂"(亦称助熔剂)的作用是除去油污,防止受焊接的金属受热氧化,增加焊锡的流动性。常用的焊剂是松香,它有黄色和褐色两种,以淡黄色的较好。

用电烙铁吸附固体松香的方法有两大缺点:松香在电烙铁上容易挥发,不能充分发挥焊剂的作用;电烙铁经常接触松香,容易使松香氧化变质。所以最好是将松香溶于酒精中,把松香酒精的溶液点在焊接处,再用电烙铁焊,效果较好。

松香酒精的配制方法:松香(碎米)20%,酒精 78%,三乙醇胺 2%。用市面上销售的松香芯焊锡丝时,把焊锡丝和电烙铁头同时接触焊点,焊接质量较好。一般情况下不要用酸性焊油,因为它对焊点有腐蚀作用。在焊接较粗的导线时则可少量使用,焊完后用酒精将焊油擦掉。

二、焊点质量

焊点的质量直接关系到整个电气设备能否稳定地工作。质量比较好的焊点,如图 5-26(a)所示,在交界面处焊物、焊孔和元件引线三者应较好地熔合在一起。而图 5-26(b)从表面上看,焊锡也把导线包住了,但焊点内部并没有完全熔合,焊完后用万用表测也导通,但是用手拉一下或经过一段时间以后,由于温度、湿度或振动等原因,焊点处就会形成断路,这样的焊点一般称为虚焊点。虚焊点产生的主要原因是元件引线、导线和焊片的表

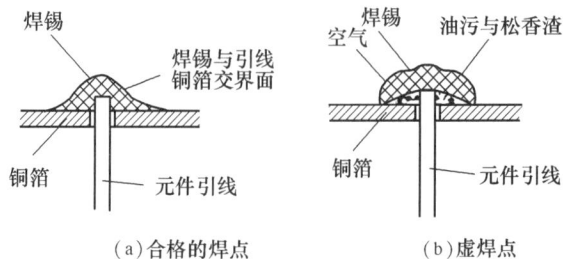

（a）合格的焊点　　　　　　（b）虚焊点

图 5-26 焊接效果图

面不清洁,焊锡或焊剂的质量不好或用量太少,电烙铁头温度低等。而引线清洁得不好往往是主要的方面。

三、焊接方法

1. 电烙铁的使用

常用的电烙铁有 20 W、25 W、45 W、75 W、100 W 等种类,使用时应根据焊接元件的大小和导线的粗细来选择。一般焊接小功率半导体管和小型元件时,可选用 20 W、25 W 或 45 W 的电烙铁;焊接粗导线或大型元件时,可用 75 W 或 100 W 的电烙铁。

电烙铁头的形式和温度对焊接质量有重要的影响。常用的是直形电烙铁头,必要时可以折成弯形,且顶端锉成扁一些、窄一些的形状。电烙铁头的温度要合适,一般在 250 ℃左右,这时接触焊锡后能使之较快熔化,焊锡在电烙铁头上又较容易附着,焊点牢固、漂亮。当发现电烙铁头温度不合理时,可以调节电烙铁头在加热管内的长度。

电烙铁头要经常保持清洁整齐,随时除去表面的黑色氧化物。当电烙铁头顶端因长期氧化出现豁口时,要用锉刀进行修整。

2. 元件的清洁处理

焊接前,先把所用的元件和导线的焊接部分用小刀、砂皮纸或酒精等除去表面的漆层和氧化物,清洁处理后立即镀锡。

3. 焊接次序

先焊细小导线和小型元件,后焊管子和较大的元件。焊接管子引线时,动作要快,最好一次成功。焊接时用镊子夹住引线,使电烙铁头传来的热量沿着镊子散走,待焊锡凝固后再放开。焊接集成电路时,电烙铁头要接地。为了防止电烙铁漏电,在焊接时可将电烙铁插头拔下,利用余热焊接。

4. 安全操作

工作场地布置要有条理,工具、元件和导线要摆放整齐,仪表要放在稳妥的地方,避免摔坏。要经常检查电烙铁电源线和铁壳的绝缘情况,遇到漏电现象要及时修理。在工作中要防止触电、烫伤,不要到处甩锡。电烙铁不要放在木板上,以免着火。离开时,不要忘记拔下电烙铁电源插头,断开电源开关。

习　　题

1. 焊剂(亦称助熔剂)的作用是什么?
2. 虚焊点产生的主要原因是什么?

[任务技能]

技能训练一　电缆的切割与端头处理

本技能训练以船用电缆的切割及端头处理为主。

导线在连接前,必须先剖削导线绝缘层,要求剖削后的芯线长度必须适合连接的需要,不应过长或过短,且不应损伤芯线,下面具体讲解切割步骤。

一、塑料绝缘硬线

1.用钢丝钳剖削塑料硬线绝缘层

线芯截面为 4 mm² 及以下的塑料硬线,一般可用钢丝钳剖削,方法如下:按连接所需长度,用钳头刀口轻切绝缘层,用左手捏紧导线,右手适当用力捏住钢丝钳头部,然后两手反向同时用力即可使端部绝缘层脱离芯线。在操作中注意不能用力过大,切痕不可过深,以免伤及线芯。用钢丝钳剖削塑料硬线绝缘层,如图 5 - 27 所示。

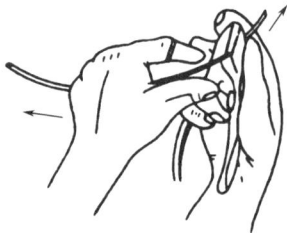

图 5 - 27 用钢丝钳剖削硬线绝缘层

2.用电工刀剖削塑料硬线绝缘层

按连接所需长度,用电工刀刀口与导线成45°角切入塑料绝缘层,注意要使刀口刚好削透绝缘层而不伤及线芯,如图 5 - 28(a)所示;然后压下刀口,夹角改为约15°。后把刀身向线端推削,把余下的绝缘层从端头处与芯线剥开,如图 5 - 28(b)所示;接着将余下的绝缘层扳翻至刀口根部后,再用电工刀切齐,如图 5 - 28(c)所示。

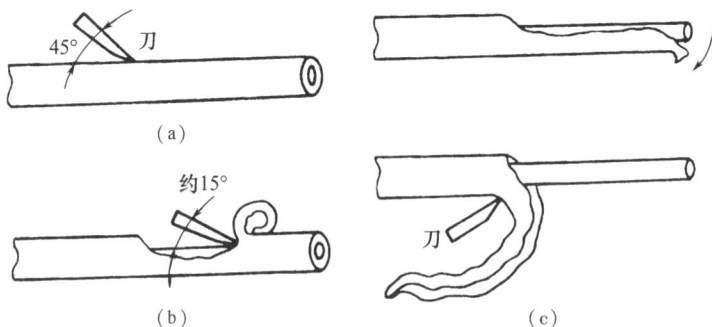

图 5 - 28 电工刀剖削塑料硬线绝缘层

二、塑料软线绝缘层的剖削

塑料软线绝缘层剖削除用剥线钳外,仍可用钢丝钳直接剖削截面为 4 mm² 及以下的导线。方法与用钢丝钳剖削塑料硬线绝缘层相同。塑料软线不能用电工刀剖削,因其太软,线芯又由多股铜丝组成,用电工刀极易伤及线芯。软线绝缘层剖削后,要求不存在断股(一根细芯线称为一股)现象和长股现象(即部分细芯线较其余细芯线长,出现端头长短不齐);否则,应切断后重新剖削。

三、塑料护套线绝缘层的剖削

塑料护套线只有端头连接,不允许进行中间连接。其绝缘层分为外层的公共护套层和内部芯线的绝缘层。公共护套层通常都采用电工刀进行剖削。常用方法有两种:一种方法是用刀口从导线端头两芯线夹缝中切入,切至连接所需长度后,在切口根部割断护套层。另一种方法是按端头所需长度,将刀尖对准两芯线凹缝划破绝缘层,将护套层向后扳翻,然后用电工刀齐根切去。

塑料护套芯线绝缘层的剖削与塑料绝缘硬线端头绝缘层剖削方法完全相同,但切口相距护套层长度应根据实际情况确定,一般应在 10 mm 以上。如图 5 - 29 所示。

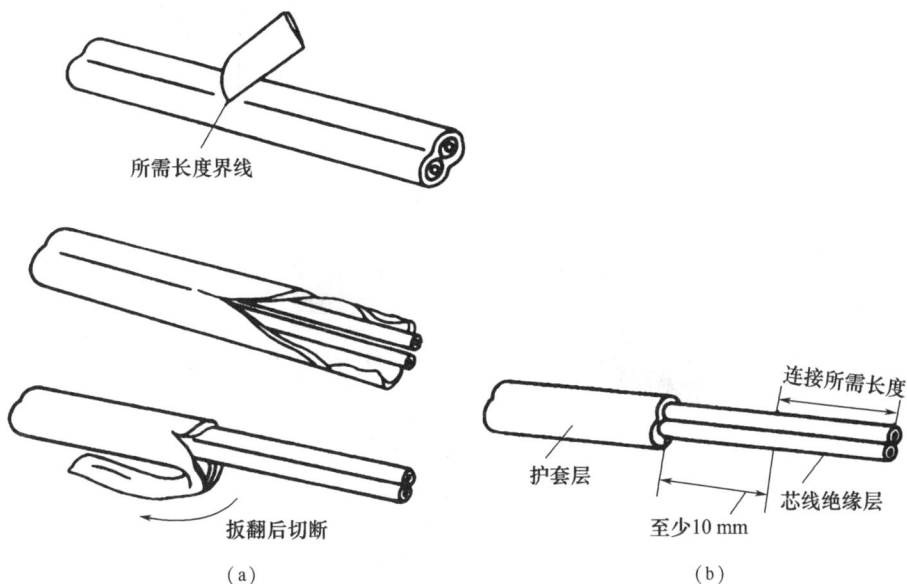

图 5 - 29　塑料护套线绝缘层的剖削

四、花线绝缘层的剖削

花线的结构比较复杂,多股铜质细芯线先由棉纱包扎层裹捆,接着是橡胶绝缘层,外面还套有棉织管(即保护层)。剖削时先用电工刀在线头所需长度处切割一圈并拉去,然后在距离棉织管 10 mm 左右处用钢丝钳按照剖削塑料软线的方法将内层的橡胶层勒去,将紧贴于线芯处棉纱层散开,用电工刀割去。

五、橡套软电缆绝缘层的剖削

用电工刀从端头任意两芯线缝隙中割破部分护套层。然后把割破已分成两片的护套层连同芯线(分成两组)一起进行反向分拉来撕破护套层,直到达到所需长度。再将护套层向后扳翻,在根部分别切断。橡套软电缆绝缘层的剖削如图 5 - 30(a)所示。

橡套软电缆一般作为田间或工地施工现场临时电源馈线,使用机会较多,因而受外界拉力较大,所以护套层内除有芯线外,尚有 2 ~ 5 根加强麻线。这些麻线不应在护套层切口根部剪去,应扣结加固,余端也应固定在插头或电具内的防拉板中。如图 5 – 30(b)所示。芯线绝缘层可按塑料绝缘软线的剖削方法进行剖削。

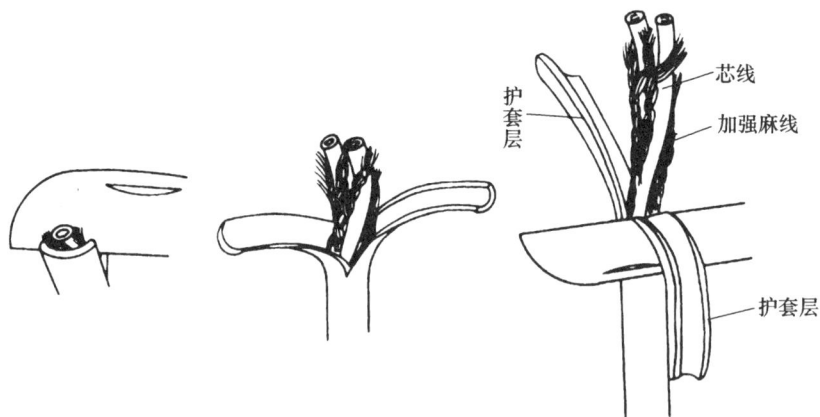

（a）软电缆绝缘层剖削

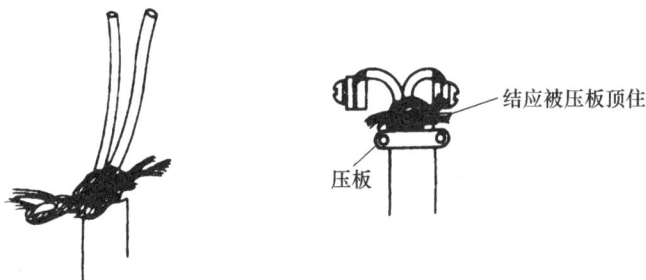

（b）加强麻线的处理

图 5 – 30　橡套软电缆绝缘层的剖削

六、铅包线护套层和绝缘层的剖削

铅包线绝缘层分为外部铅包层和内部芯线绝缘层。剖削时先用电工刀在铅包层上切下一个刀痕,再用双手来回扳动切口处,将其折断,将铅包层拉出来。内部芯线的绝缘层的剖削与塑料硬线绝缘层的剖削方法相同,操作过程如图 5 – 31 所示。

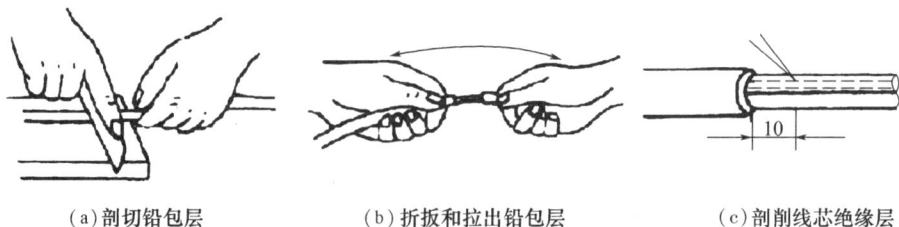

（a）剖切铅包层　　　　　（b）折扳和拉出铅包层　　　　　（c）剖削线芯绝缘层

图 5 – 31　铅包线绝缘层的剖削

技 能 训 练 二　　芯 线 的 捆 扎 与 接 线

本技能训练以船用电缆的切割及端头处理为主。按照任务三的步骤和工艺要求完成技能练习,并填写任务报告书(见附录)。

技 能 训 练 三　　锡 焊 基 本 工 艺

本技能训练以焊接练习为主。

一、训练目的

①掌握电烙铁焊接的方法。
②认识焊剂、焊点的质量。

二、器材

①电烙铁(25 W)一套。
②练习板。
③夹钳、(或剪刀)镊子。
④连接线。
⑤电阻器、电容器、三极管。

三、焊接内容

①分压式电流负反馈单管放大电路。
②焊接练习电路图如图5-32所示。

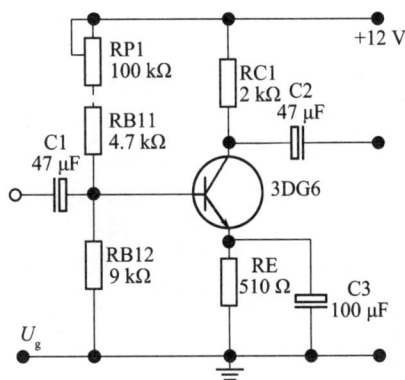

图 5-32　焊接练习电路图

四、步骤

①根据电路图和练习板的焊点设计元件的分布。
②加热电烙铁,由电路的中心部件进行延展焊接。

③焊接完毕,检查各个焊点是否牢固,断开电烙铁电源。

五、填写任务报告书

任务报告书见附录。

项目六　船用电气设备安装与工艺

【知识点】
1. 船舶电气设备安装的原则和基本工艺要求。
2. 船舶电气设备安装的基本方法。
3. 掌握各种电气施工的要点及原则。

【技能点】
1. 能够具备分析各种船舶电气设备安装的基础知识。
2. 能够合理运用电气设备安装的基本方法。
3. 初步具备电气施工的基本能力。

任务一　船舶电气安装工作的特点及内容

[任务描述]

由于船舶航行的特殊性,船舶电气设备的安装除了要有防震要求外,也要求安装质量要牢固、可靠。

[任务知识]

一、船舶电气安装工作的特点

船舶航行的环境中,有盐雾,气候潮湿、气温变化大,同时船内空间小,机舱温度高,有油、水的侵蚀,另外,船舶航行还要受到大风的冲击,电气设备要承受很大的震动。因此,对电气设备本身除了要有防振要求外,对电气安装质量也要求牢固、可靠。

1. 倾斜与摇摆

根据《钢质海船入级与建造规范》的规定,当船舶从正浮位置倾斜到下列各种情况时,电气设备应能有效工作:横斜15°;横摇22.5°;纵斜7.5°。

应急设备在船舶横斜22.5°和(或)纵斜10°时,应能有效地工作。

2. 机械防护

船舶上空间狭小,安装设备时应考虑防护问题。除应安装电、热防护装置外,在走廊、过道等处装有电气设备时,为保护通过人员的安全,应加装防护装置。

3. 安装环境

安装时应考虑到防水、防潮、防盐雾、防霉的影响,须密封的地方应认真密封。

4. 维修

安装设备时必须考虑维修方便,拆装便利。

船舶电气设备数量多,安装要求周期短,因此,根据船舶建造周期来有效地组织、安排安装工作是很重要的一个环节。

二、船舶电气设备安装工作的内容

船舶电气建造的内容与船体建造的各工艺阶段是密不可分的,在船体的不同工艺阶段,其电气建造的特点和内容是不同的。

1. 车间内(内场)进行的工作

车间内进行的工作包括电气设备制作,紧钩、马脚、电缆拖架、板条、吊线架、电缆筒、电缆框等第一道工序制作,电气设备配套、电缆切割配套、工组熟悉资料、备料等工作。

2. 船上(外场)进行的工作:

船上进行的工作包括船内外的第一道工序的烧焊,电缆敷设,强、弱电气设备安装,系泊试验和航海交工。

三、设备的配套

①按照设备配套明细表或施工用图样(布置图、装配图等)进行领料配套。所有电气设备应有制造厂产品合格证。按船检部门规定须经船检检验认可的重要设备,应具有船检检验合格证或船用产品结构形式认可证,并注意出厂年限,如超过设备保用年限应按有关规定办理。

②核对设备及其保护元件的型号、规格和整定值,各项应与配套明细表及图样相符,并检查设备及零件应无缺损。必要时应测量设备的绝缘电阻。

③检查设备填料函的数量和内径,应与图样要求相符。

④按照配套明细表或有关图样,配齐及装好设备的安装底脚(或支架)、减震器及接地附件。

⑤按照配套明细表或有关图样装好设备的识别铭牌,对具有内部接线的设备,应配齐必要的电路图或配电系统的插片图(贴片挂图)。

⑥对于航行灯、信号灯、强光灯、电风扇等使用插接电源的电气设备,应预先接好外接电缆及插头。额定电压超过50 V的设备,应配用具有接地极的插头。

⑦配套好的电气设备,最好按施工区域存放,并防止碰伤和损坏。存放场所应保持清洁、干燥。

习　　题

1. 船舶电气安装的特点有哪些?
2. 船舶电气设备安装有哪些工作?
3. 对于配套的电气设备有什么要求?

任务二 船舶建造工艺阶段的划分及各阶段的电气安装工作

[任务描述]

船舶电气技术人员需要对整个施工完整性进行工艺审定,合理划分工艺阶段,并细化各阶段的电气安装工作。

[任务知识]

一、船舶建造工艺阶段。

船舶建造过程按其工艺可划分为以下七个阶段。

第一工艺阶段 自船体放样到下料装配。

该工艺阶段,船舶电气方面是准备阶段,要求工艺技术人员熟悉资料(图纸),对整个施工资料的完整性进行工艺审定,安排车间内的生产,做好生产用料的统计,提出清单,编配套表。施工人员要熟悉资料,了解全船设备布置、安装情况和要求,了解电缆的走向,干线、舱室线的电缆拉敷册。

第二工艺阶段 分段上船台到大合龙。

在这个工艺阶段,船舶电气方面进行车间的准备工作。

①焊接件,包括紧钩、马脚、电缆托架、电缆筒、电缆柜、填料函、电缆管、灯管、灯板和非标准设备基座等的制作。

②总配电板、分配电板、舱室配电盘、配电箱、控制箱等电气设备的制作。

③电气设备配套。

④打电缆标签,进一步熟悉资料。

⑤到船上,根据各分段电气施工资料,对电缆走向画线、开孔,烧焊第一道的焊接件(紧钩、电缆筒、电缆框、填料函等),部分电气设备的马脚、基座的烧焊。

⑥局部电缆测量、切割、配套及拉敷。

⑦局部电气设备安装。

⑧主干电缆测量,测试主干电缆直径,根据直径选样棒加工电缆筒的电缆孔挡板。

⑨隔舱密封胶块灌注。

第三工艺阶段 电气设备安装到船舶下水。

①全船第一道工序烧焊修补、核对完毕。

②安装密封胶块。

③主干电缆测量和配套工作完成,做好拉敷电缆的准备工作;主干电缆拉敷、紧固,各层甲板、舱室电缆拉敷,电缆拉敷完毕无误后,密封电缆筒。

④大量电气设备安装,电缆端头处理,接线安装。在下水之前90%以上设备都安装完(除下水后安装的设备)。

⑤电缆拉敷和设备安装交工,部分下水前电气设备通电交工(舱底泵、广播、电话等)。

⑥根据船舶安装情况决定下水。

第四工艺阶段 机电设备安装扫尾。

未安装完的电气设备,下水后尽快安装完,如船舵系统等,并做到保质保量的进行安装,全面交工。

第五工艺阶段 船舶进行码头系泊试验。

该阶段通电之前,试验人员应根据电气设备的接线图,细心地进行全面对线检查和测试,并将设备里外清扫干净,将所有的紧固件重复紧一遍,并做好通电所需的一切工装、材料准备。一切准备完好后,根据总厂生产计划安排进行通电。这一阶段是一个关键环节。

第六工艺阶段 航海试验交工。

在出海之前要根据技术要求对电气设备进行全面检查,通过航海试验完成,所有试验项目,通过实际的工作情况考核,交付订货方。

第七工艺阶段 结束扫尾工作,移交备品备件。

在航行试验中存在某些问题,订货方在签字时提出一些要求和修补的项目,还有些扫尾项目都要在此工艺阶段完成,并把备品移交给订货方。

船舶建造工艺阶段示意图如图 6-1 所示。

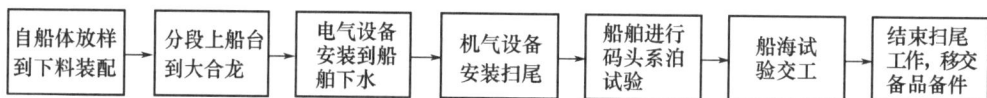

图 6-1 船舶建造工艺阶段示意图

二、船舶电气安装工艺程序

上述工艺阶段内容可用程序图来表示,如图 6-2 所示。船舶电气安装工作环节多、涉及面广,与其他工种的配合又很密切,所以只有周密合理地安排施工工艺和人员调配,才能高质量、高速度地完成生产计划。

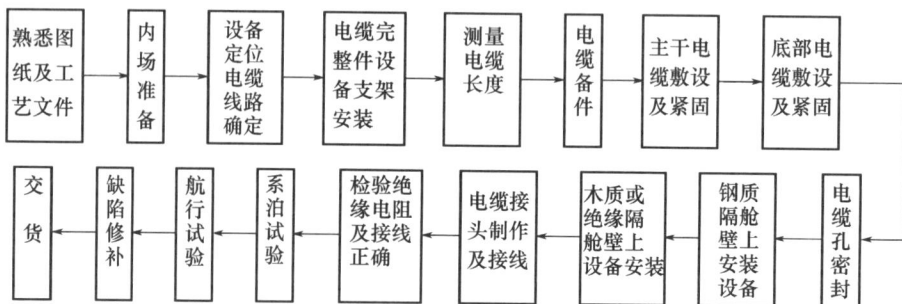

图 6-2 电气安装工艺程序示意图

习 题

1. 船舶建造有哪几个工艺阶段?各工艺阶段具体有哪些电气安装工作?
2. 简要说明船舶电气安装的工艺流程。

任务三　船舶电气施工要点及电气安装工艺原则

[任务描述]

根据设计图纸、工厂的工艺装配和生产管理水平等情况,在生产施工过程中,分阶段选择相应的工艺形式。

[任务知识]

一、船舶电气施工要点

①电缆完整件要选择恰当。

②电缆完整件安装要考虑电缆弯曲半径。

③设备支架与设备要对应。

④电缆线路的考虑既要方便施工,又不与其他管路及设备冲突。

⑤设备安装要考虑操作维修的方便。

⑥设备安装时接地工作不能忽视。

⑦电缆及设备的安装位置要尽量远离热源,并考虑可能存在异常的机械损伤及油水的侵入。

⑧设备安装保证完整性。

⑨蓄电池室、厨房、冷库等特殊舱室的设备及电缆安装具有特殊性。

二、船舶电气安装工艺原则

1. 平行安装工艺

平行安装工艺就是船体各分段合拢后,电气安装工作在各区域同时展开。其工艺顺序仍按前述(图6-2)进行。

平行安装工艺施工展开面大,施工人员集中,施工周期短,和其他工种混合作业,施工环境差,必须保证施工质量。

平行安装工艺一般适用于小型船舶的电气安装。

2. 分区安装工艺

在船体建造过程中,若某一区域已经具备可以进行电气安装的条件,则可着手进行安装。分区安装适合于该区域内电气设备集中与其他区域牵连少,独立性强的安装工作。一般船舶的机舱舱底部分、驾驶室、海图室属于较典型的这类区域。分区安装工艺最理想情况可以实现从开工到电缆端头制作及接线结束。

3. 分段预安装工艺

现代造船广泛采用分段预安装工艺。这一工艺分两种情况:一种是在船体分段制造完成后,翻身吊装之前,进行设备支架和电缆完整件预安装。将原安装在顶部的电缆线路,壁上和肋骨上开孔工作,由高空仰脸作业变为平地焊接安装作业,改善了劳动条件、增加了安全性、减小劳动强度、提高生产率、保证安装质量。这种工艺可以用于舱室电缆拉敷和设备安装接线工作(但须做到文明生产,保护好电缆和设备不受损坏)。另一种是主甲板以上的上层建筑部分,分层建筑未上船台之前把甲板上和壁上的电缆(除干线外)、设备支架等安装上,称为露天安装。这种工艺有利于大重型设备,如副发电机组、配电板等的安装。便于吊装,保证安装质量、提高安装效率、缩短造船周期。分段预安装工艺适宜于大型船舶和批量造船。

4.混合安装工艺

根据设计图纸、工厂的工艺装配和生产管理水平等情况,在生产实践过程中,有时不是单一选择某一种工艺形式,而是按具体情况取各种工艺的有利因素混合使用,称为混合安装工艺。

①主干电缆敷设由于线路长、各区域之间关系密切、投入的人员多,并又分散在各个区域,所以这个工艺阶段的安装工作实际上属于平行安装工艺。

②机舱舱底、报务室、海图室等专用舱室电缆与设备比较集中,与其他工种交叉作业少,则选用分区安装工艺最为理想。

③桅杆的安装选用分段预安装工艺最为理想,能基本完成桅杆上的设备安装、电缆完整件及电缆敷设接线等工作。

④各分段顶部烧焊的安装件(电缆贯穿件、支架等),独立性都相当强,所以均可采用分段预安装工艺。

在编制生产计划及指挥生产时,首先应该考虑的是尽量扩大使用分段预安装工艺,采用合理的工艺可以做到提高安装工作质量、缩短船舶建造周期、减轻劳动强度等。

三、设备安装的基本工艺要求

①设备的安装应考虑安全及便于使用、维修,安装场所有足够的照明,并通风良好。

②设备的安装不应破坏舱壁或甲板原有的防护性能及强度。在水密的舱壁、甲板、甲板室的外围壁上,不应钻孔并用螺钉紧固电气设备。

③电气设备不应安装在船壳板上。

④在易燃、易爆舱室,如蓄电池室、油漆间、煤舱等处,除该处必需的防爆设备外,不应安装其他电气设备。在蒸汽易于积聚的地方,除该处必需的防水设备外,不应安装其他电气设备。

⑤电气设备的外壳防护型式,应符合《钢质海船入级与建造规范》规定的防护等级的最低要求。

⑥舱室的封闭板内一般不应安装电气设备,但线路的分支接线盒(箱)可安装在便于开启的封闭板内,并应有明显的开启标志。

⑦电气设备不应贴近油舱、油柜或双层底、储油舱等的外壁表面安装,若必须安装时,则设备与此类舱壁表面之间,至少应有50 mm的距离;但工作时能产生高温的电气设备(如各类电阻器)禁止在上述位置安装。

⑧安装场所如有剧烈振动,足以影响设备正常、可靠工作时,设备的安装应设有减震器。

⑨露天甲板上安装的电气设备,一般应配有护罩。

⑩当非铝合金设备支架安装在铝质轻围壁上时,中间应用绝缘衬垫(例如橡胶布、涂有白漆的帆布等)隔开,以防直接接触,引起电解腐蚀。

⑪调节电阻器、启动电阻器、充电电阻器、电热器具,以及其他工作时产生高温的电气设备,应尽量远离易燃物体和其他设备安装。当设备外壳温度超过 80 ℃时,应加防护网或在布置上予以适当安排,以防工作人员偶然触及而灼伤。

⑫设备的安装应整齐无歪斜现象,并应不影响设备原有防护及工作性能,也不应使设备箱体受力而变形。

⑬设备的安装均应是可拆卸的,其紧固及连接应牢固,并有防止受震动而松脱的装置。

⑭电气设备平时不带电而在发生故障的情况下易于带电的裸露金属部分应予以接地。但下列情况除外。

a. 工作电压不超过 50 V 的设备。对于交流,此项电压值为均方根值,且不得使用自耦变压器取得此项电压值。

b. 由只供一个用电设备的专用安全隔离变压器供电,且电压不超过 250 V 的设备。

c. 按双重绝缘原理制造的设备。

d. 为防止轴电流的电机绝缘轴承座。

⑮电缆线芯的接线端头应设有清晰而耐久的标记,该标记应与设备接线柱及电路图标记相符。

习　题

1. 船舶电气施工要点有哪些?
2. 船舶电气安装工艺原则有哪些?
3. 设备安装的基本工艺要求有哪些?

[任务技能]

技能训练　居住区电气设备安装调试

本技能训练主要完成居住区电气设备安装练习。

工具与器材:船舶居住区常用的电气设备及安装工具、测量工具。

电气设备安装操作要领总结如下。

①配电板的后面和上方不应装有水、油及蒸汽管,如不能避免时,不能装可拆卸的法兰,并采取有效的防护措施;而油柜及其他液体容器,则不得在上述区域安装。

②配电板应安装在水平底座上(或封闭板的底座上),且与舯线平行或垂直引入电缆的电缆筒应用填料封闭。

③在安装场所条件允许的情况下,控制设备及分配电箱的安装高度下沿一般为 1.2 m(或上沿为 1.8 m)。相邻安装的设备箱体应尽量平齐。

④电动机的启动箱、设备的控制箱、控制按钮盒应尽量安装在电动机附近,以便操作、检修和观察。

⑤控制电器的操作手轮或手柄沿顺时针方向旋转时,应为"电动机的转速增加""收缆";反之,则为"电动机的转速减少""放缆"等。

⑥蓄电池门或专用箱、柜的外面应有"禁止烟火"的标志。

⑦酸性和碱性蓄电池不准安放在同一蓄电池室、箱或柜内。

⑧蓄电池接线应采用专用电缆和专用螺栓,紧固后,所有的接线柱处应用凡士林或其他油脂涂封,以防止腐蚀。

⑨非防水插座的安装位置应避免设在窗口下;防水插座及开关插座的安装,其插口不应向上。

⑩不同电源种类及电压等级的插座,应采用不同结构的插座,并应有标明电源种类及电压等级的标志。

⑪电取暖器必须固定安装。安装场所不应有可燃气体及尘埃积聚。电取暖器如安装在可燃材料附近时,二者之间应离开适当的距离。

⑫工作区(公用室、居住室)的电气设备安装高度如表6-1、图6-3、图6-4所示。

表6-1 居住区的电气设备安装高度 单位:mm

代号	设备名称	安装尺寸	设定面	备注
SW	开关	1 400	地板	设备中心
SR	带开关插座			
SW	带开关插座或开关			上下安装中心
SR	(上下安装)			间距250
R	落地插座	300		设备中心
DS	台灯插座	150	台面	
TV、BT、AJ	电视机、收音机、天线插座			
EB、RB	火警按钮盒、按钮盒	1 400	地板	
BL	床头灯	750	床铺板	
WL	壁灯	1 700	地板	灯下沿
		200	天花板	
ML	镜灯	200 ~ 100	镜面箱	箱上沿
HA	铃、蜂鸣器	1 800	地板	
		200 或 300	天花板	
BA	扬声器	1 800	地板	设备中心
WP	壁式电话	1400		
n、PT	转速表、钟	1 800		
EAP	延伸报警板	1 500 ~ 1 700		
TJ	电脑通信接口	150	台面	

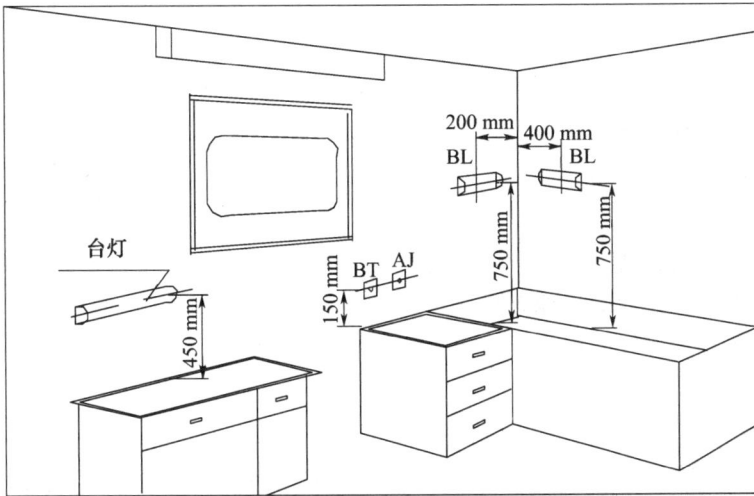

图 6 - 3　居住区电气设备安装高度示例一

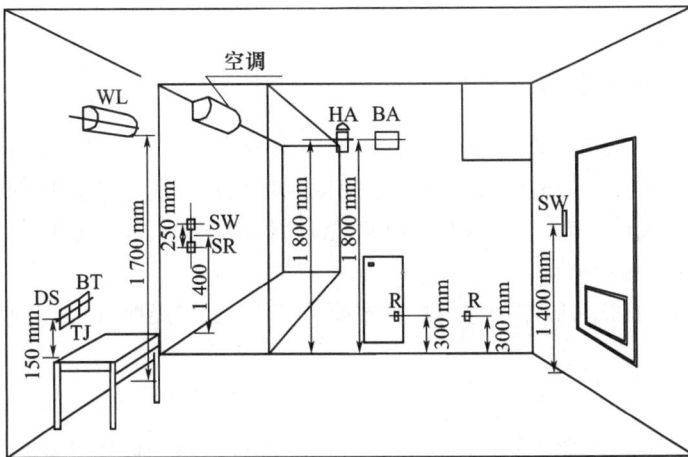

图 6 - 4　居住区电气设备安装高度示例二

项目七　船用电气设备接地

【知识点】
1. 电气设备的接地种类及用途。
2. 船舶电缆的接地方法。

【技能点】
1. 掌握常用电气设备的接地方法。
2. 学会电缆金属护套的接地方法。
3. 掌握专用接地导线的连接方法。

任务一　电气接地概述

[任务描述]

为了保证船舶电气系统的正常工作,及船舶操作人员与设备安全,船舶电气设备需要进行可靠的接地保护。

[任务知识]

一、电气接地的种类及用途

接地就是将电路的某一部分或电气设备的金属外壳、支架等,人为地直接或通过接地装置与大地进行永久性良好的电气连接。船舶接地是指对船舶电气设备的金属外壳、支架和电缆的护套等与大地等电位的金属船体(船壳)所做的永久性良好的电气连接,船舶的接地是一种重要的安全保护措施。

根据接地的不同功用,船舶接地的类型主要有三种:工作接地、保护接地(安全接地)及防干扰接地等。

1. 工作接地

为保证电气设备在正常情况下能可靠的运行所进行的接地叫工作接地。例如,中性点接地的三相四线制系统、电焊机的接地线等。由于它是通过接地线构成回路而工作的,故称为工作接地。工作接地原理图如图7-1所示。

电气设备进行工作接地必须满足《钢质海船入级与建造规范》的要求,主要有以下几点。

①工作接地不能与保护接地共用接地线和接地螺钉。

②工作接地应接到船体永久结构或与船体永久

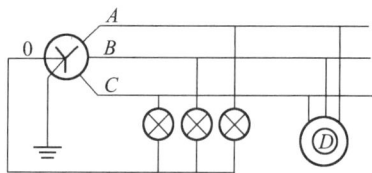

图7-1　工作接地原理图

连接的基座或支架上;铝上层建筑的工作接地,应接到船体的钢制部分。

③接地点的位置应选择在便于检修、维护,不易受到机械损伤和油水浸渍的地方,且不应固定在船壳板上。

④利用船体作为回路的工作接地线的型号和截面应与绝缘敷设的那一级(或相)的导线相同,不能使用裸线。工作接地线的长度应尽量短,并应固定稳妥。接地线与船体连接应贴合良好,接触面必须光洁平整,保证有良好的接触,并应有防止松动和生锈的措施。

⑤平时不载流的工作接地线,其截面应为载流导线截面的一半,但不应小于1.5 mm^2,其性能与载流导线相同,不得用裸线。

⑥工作接地的接地螺钉直径不应小于6 mm,且不应作为设备的紧固螺钉用。工作接地专用接地线的导电能力,至少应相当于接地线的导电能力,且有足够的机械强度。

工作接地装置的装设方法 首先在电气设备的内部装设专用接地螺栓;其次在设备附近的船体金属构件上烧焊接地螺钉;最后选用与电源芯线截面相等或为电源芯线截面一半的绝缘导线,两者连接,即完成装设工作。

船舶在广阔的海洋上航行时,位置较高的桅杆或上层建筑很容易遭受雷击,必须有防雷接地。船舶在航行作业时,因物体间的摩擦而引起静电荷的积聚形成火花放电,还须有防静电接地。

工作接地点位置的选择应考虑便于检修、维护。工作接地不能与保护接地共用接地导体和螺钉,而且不得将设备的紧固螺钉作为工作接地的接地螺钉。

2. 保护接地

保护接地一般用在交流三相三线制、直流二线绝缘制的船舶上。为了防止电气设备外壳偶然带电而造成触电事故,需要把高于安全电压的电气设备和电缆的金属外壳和地可靠连接(由于船壳与大面积的水面相接触,所以这里所说的"地"就是指船壳)。如电动机、变压器、互感器等外壳及互感器次级一端都用导线与地相接,一般接地电阻值不超过4 Ω。电动机采用保护接地后,虽然它的某相绕组因绝缘损坏而碰壳,但当人触及带电的外壳时,因人体电阻值比接地极电阻值大得多,几乎没有电流通过人体,所以此时能保证人身安全。保护接地原理图如图$7-2$所示。船上电气设备和电缆虽然直接固定在船体金属结构上,也还须用专门导体接地。一般工作电压不超过24 V的用电设备不一定要保护接地。

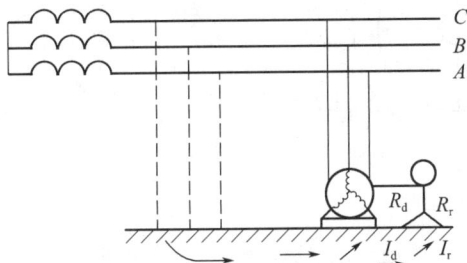

图 7-2 保护接地原理图

3. 屏蔽接地(防干扰接地)

屏蔽接地一般用在交流三相四线制中性点直接接地和直流二线负极接地制的船舶中。这种接地是把用电设备的金属外壳用专门线与电源的零线相接。

为防止电磁干扰,在屏蔽体与地或干扰源的金属机壳之间所做的永久良好的电气连接叫作屏蔽接地(防干扰接地)。屏蔽接地原理图如图7-3所示。

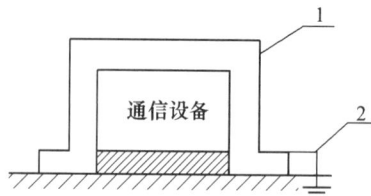

1—屏蔽体;2—接地。

图7-3 屏蔽接地原理图

屏蔽是抑制无线电干扰的一种有效措施。在无线电接收机中,一般要把无线电通信设备装在封闭的金属机壳内(如没有机壳,还须加装密封的金属罩壳),以防止外来的干扰。这是因为任何外来的干扰所产生的电场,其电力线将垂直终止于封闭机壳的外表面上,而不能进入机壳内部。这种屏蔽,将使屏蔽体内的无线电通信设备或导体不受干扰源的影响。另外,这种屏蔽同样也可以使无线电干扰源不至于影响屏蔽体外的任何无线电通信设备或带电体。这时屏蔽体需要与地或干扰源的机壳之间有良好的电气连接。例如,把载有无线电干扰的导体A放在封闭的金属罩内,若导体A带有正电荷,则金属罩内表面上将受感应而带有负电荷,并和A上的正电荷相互束缚而在金属罩的外表面上感应出等量的正电荷,其电力线的分布如图7-4(a)所示,此时金属罩外部的电力线将对其他导体产生干扰。若将金属罩进行接地或接到干扰源的机壳,则罩壳外的正电荷将和从"地"上或干扰源机壳来的负电荷中和,罩壳外的电力线就会消失,如图7-4(b)所示。这样罩壳内有无线电干扰的导体A,对罩壳外就不会发生任何影响。所以静电屏蔽接地的作用,就在于把干扰源产生的电场限制在金属屏蔽的内部,而将金属屏蔽表面上所感应的电荷导入大地中,使外界不受金属屏蔽内干扰源的影响。

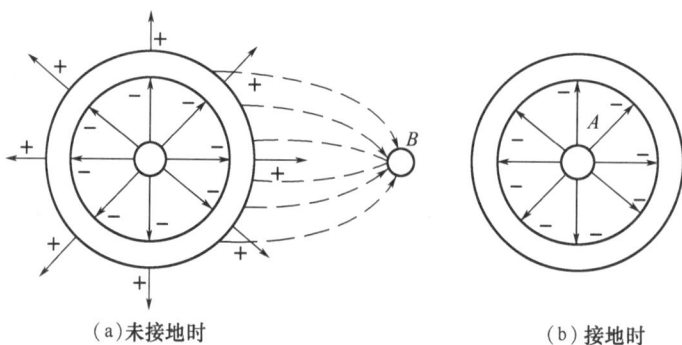

(a)未接地时　　　　　　　　　　(b)接地时

图7-4 屏蔽接地效果示意图

在现代船舶上,都装有无线电通信设备和电航仪等设备,为了抑制其干扰作用,必须进行屏蔽接地。根据《钢质海船入级与建造规范》规定,屏蔽接地的主要要求如下。

①露天甲板和非金属上层建筑内的电缆,应采用屏蔽电缆或敷设在金属管内。

②凡航行设备的电缆和进入无线电室的所有电缆均应连续屏蔽。

与无线电室无关的电缆不应经过无线电室,如必须经过时,应将电缆敷设在金属管道内,此管道于进、出无线电室处均应可靠接地。

③无线电室内的电气设备应有屏蔽措施。

④无线电分电箱的电源电缆,应在进入无线电室处,设置防干扰的滤波器。无线电分电箱和无线电助航仪器分电箱的汇流排上,应设置抑制无线电干扰的电容器。

⑤船舶电气设备所产生的无线电干扰端子电压,应符合国际电工委员会或我国国家标准的有关规定。

⑥内燃机(包括安装在救生艇上的内燃机)的点火系统和启动装置应连续屏蔽。点火系统的电缆可采用高阻尼点火线。

⑦所有电气设备、滤波器的金属外壳、电缆的金属屏蔽护套及敷设电缆的金属管道,均应可靠接地。

二、其他接地

在船舶的接地保护中,除了上述三种常见的接地形式外,尚有避雷接地、保护接零、重复接地等形式。

1. 避雷接地

为了防止雷击事故而进行的接地叫避雷接地。根据《钢质海船入级与建造规范》的规定:当钢桅桅顶上装有电气设备时,就应当设有可靠的避雷针。避雷针应以直径不小于12 mm 的铜杆或直径不小于 25 mm 的铁杆制成。避雷针的高度应至少高出桅顶或桅顶上的电气设备 300 mm。避雷针的装设方式可以直接焊接在钢桅桅杆顶上。因为钢质桅杆是与船体可靠连接的,所以不需要像陆地上那样另设地线。

2. 保护接零

接于电压为 380/220 V 或 220/127 V 的三相四线制系统中的电气设备,可以采用保护接零的方法,即将电气设备在正常情况下不带电的金属部件与系统中的零线相连接,以避免人体遭受触电的危害。

图 7-5 为保护接零原理图,电气设备的外壳直接接在负载的零线上。当发生碰壳短路时,短路电流经零线而成闭合回路,所以电气设备外壳接零的作用,是将碰壳变成单相短路,使保护设备能可靠地迅速动作而断开故障设备。

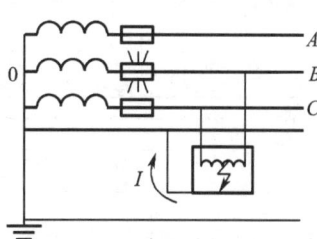

图 7-5 保护接零原理图

采用保护接零时应注意以下几点。

①保护接零只能用于中性点直接接地的供电系统。中性点不接地系统不允许采用保护接零。中性点直接接地的系统中采用保护接地不能防止人体触电的危险。

②零线的截面积应足够大,干线截面不小于相线截面的 1/2,分支线的截面不小于相线截面的 1/3。

③零线上不允许加装刀闸、自动空气断路器、熔断器等保护电器。

④零线或零线连接线的连接应牢固可靠、接触良好。

⑤采用保护接零时,保护零线与工作零线应分开。

⑥同一系统中不允许一部分设备采用保护接地,另一部分设备采用保护接零。

3. 重复接地

在中性点直接接地的低压系统中,为确保接零可靠,防止因零线断裂而造成触电事故,可将零线在其他地方多处接地(或称重复接地),如图 7 - 6 所示。

重复接地的接地电阻值不应大于 10 Ω,它是保护接零系统中不可缺少的安全措施。其主要作用如下。

①降低漏电设备的对地电压。对采用保护接零的电气设备,当其带电部分碰壳时,短路电流经过相线和零线形成回路。此时电气设备的对地电压等于中性点对地电压和单相短路电流在零线中产生电压降的相量和。显然,零线阻抗的大小直接影响到设备对地电压,而这个电压往往比安全电压高出很多。为了改善这一情况,可采用重复接地,以降低设备碰壳时的对地电压。

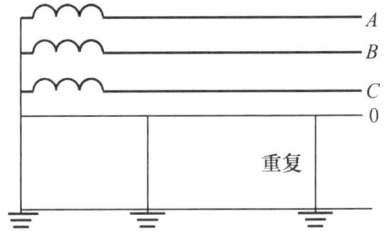

图 7 - 6   重复接地原理图

②降低零线断线后的危险。当零线断线时,在断线后边的设备如有一台电气设备发生碰壳接地故障,就会导致断点之后所有电气设备的外壳对地电压都为相电压,这是非常危险的,如图 7 - 7 所示。

若装设了重复接地,这时零线断线处后面各设备的对地电压 $U_c = I_d R_c$(R_c 为重复接地电阻值),而零线断线处前面各设备的对地电压 $U_o = I_d R_o$。若 $R_o = R_c$ 则零线断线处前后各设备的对地电压相等,且为相电压的一半,即 $U_c = U_o = U_x$(U_x 为相电压),如图 7 - 8 所示,这样可均匀各设备外壳的对地电压,降低危险程度。当 $R_o \neq R_c$ 时,总有部分电气设备的对地电压将超过 $U_x/2$,这将是危险的。因此,零线的断线是应当尽量避免的,必须精心施工,注意维护。

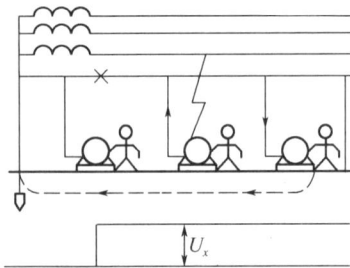

图 7 - 7   无重复接地零线断线后的危险

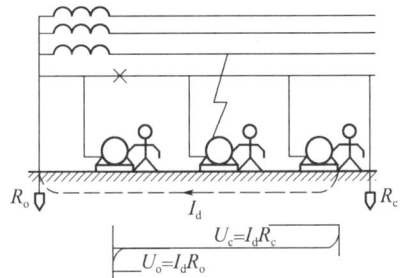

图 7 - 8   有重复接地零线断线后的情况

③缩短碰壳短路故障的持续时间。因为重复接地、工作接地和零线是并联支路,所以发生短路故障时增加短路电流,加速保护装置的动作,从而缩短事故持续时间。

④改善防雷性能。重复接地对雷电有分流作用,有利于限制雷电过电压。

习   题

1. 什么叫工作接地、保护接地、屏蔽接地,各有什么作用?

2. 试述工作接地、保护接地、屏蔽接地应如何装设?

任务二 船舶电气设备接地

[任务描述]

为了保证船舶运行时电力系统及设备安全,船用电气设备同样需要工艺达标及牢靠的接地保护。

[任务知识]

一、电气设备的接地工艺

1. 电气设备的保护接地及工作接地

这种接地应接到船体永久结构或与船体相焊接的基座或支架上。安装在铝质轻围壁上设备的接地,应接到船体的钢质部分。接地点应不易受到机械损伤和油水浸渍,专用接地接线柱(或板)不应固定在上层连续甲板以下的船壳板上。

工作接地点位置的选择应考虑便于检修、维护。工作接地不能与保护接地共用接地导体和螺栓,且不得将设备的紧固螺栓作为工作接地的接地螺栓。

2. 电气设备的保护接地

这种接地一般应设有专用接地导体。专用接地导体可以是电缆中的接地导本或单独固定的接地导体。如果设备直接紧固在船体金属结构或紧固在与船体有可靠电气连接的支架(或基座)上时,可利用设备的金属底脚进行接地,而不另设专用接地导体。

凡具有电源插头的设备,应采用插头的接地极进行接地的接地形式。

3. 固定安装的设备保护接地的基本形式

①设有专用接地线柱的专用接地导体结构如图7-9所示。

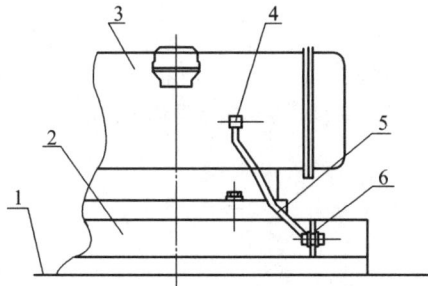

1—甲板;2—设备公共底座;3—电机;4—接地柱;5—接地线;6—接地块(附座)。

图7-9 专用接地线柱结构

②利用设备底脚接触的专用接地导体结构如图7-10~图7-12所示。

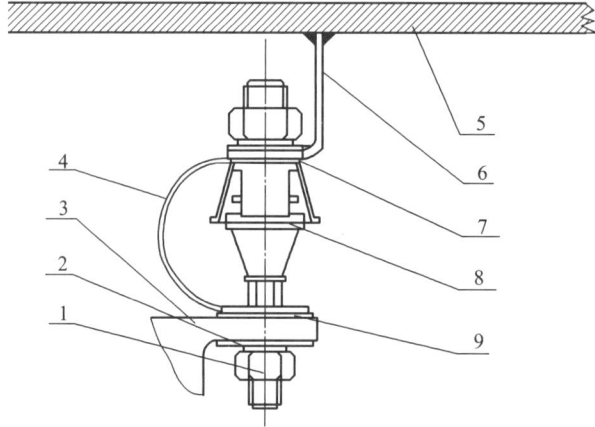

1—螺母;2—弹簧垫圈;3—设备底脚;4—接地跨接片;5—船体或金属构件;

6—支架;7—锡箔;8—平板减震器;9—平垫圈。

图 7-10　专用接地导体结构(一)

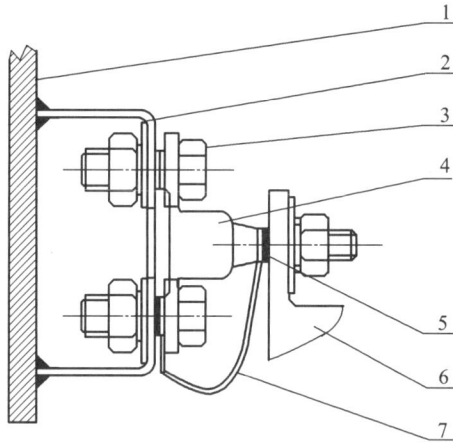

1—船体或金属构件;2—支架或基座;3—螺栓、螺母、平垫圈和弹簧垫圈;

4—保护式减震器;5—锡箔;6—设备底脚;7—接地跨接片。

图 7-11　专用接地导体结构(二)

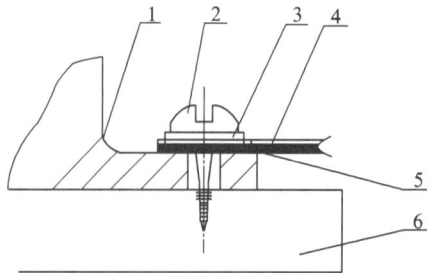

1—设备底脚;2—木螺丝;3—平垫圈;4—接地导体;5—锡箔;6—木质板壁(或硅酸钙板)。

图 7-12　专用接地导体结构(三)

③设备底脚直接接地。这种接地的引脚结构如图 7 – 13 ~ 图 7 – 17 所示。

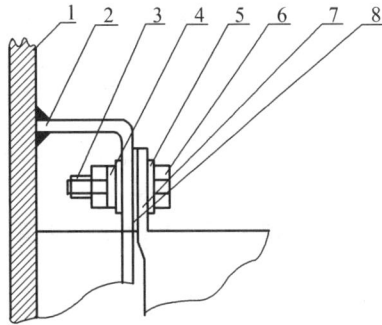

1—船体或金属构件;2—支架;3—螺母;4—弹簧垫圈;
5—平垫圈;6—螺栓;7—设备底脚;8—锡箔。

图 7 – 13　设备底脚直接接地引脚结构图(一)

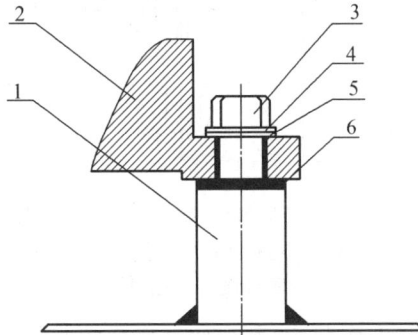

1—支架;2—设备底座;3—螺栓;4—弹簧垫圈;5—平垫圈;6—锡箔。

图 7 – 14　设备底脚直接接地引脚结构图(二)

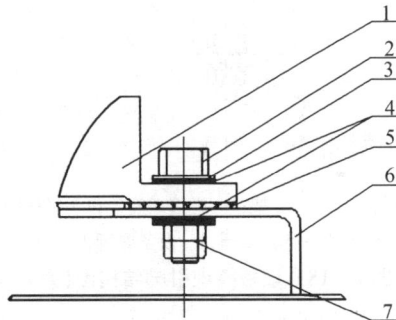

1—设备底脚;2—螺栓;3—平垫圈;4—锡箔;
5—橡皮;6—基座;7—螺母。

图 7 – 15　设备底脚直接接地引脚结构图(三)

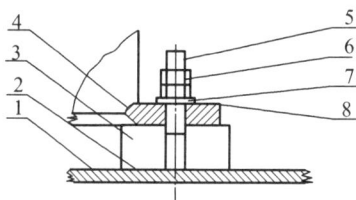

1—甲板;2—厚白漆;3—木垫;4—设备底脚;5—螺栓;
6—螺母;7—平垫圈;8—锡箔。

图 7 – 16　设备底脚直接接地引脚结构图(四)

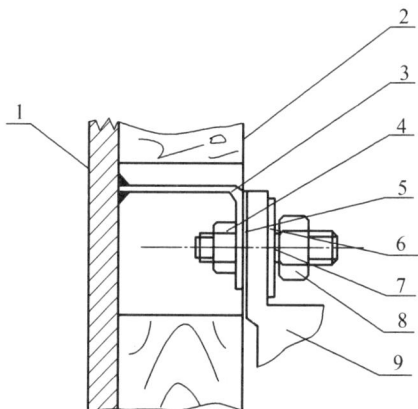

1—舱壁;2—木质板壁;3—支架;4—螺母;5—锡箔;
6—平垫圈;7—弹簧垫圈;8—螺栓;9—设备底脚。

图 7 – 17　设备底脚直接接地引脚结构图(五)

④设备底脚接地,经弹簧减震器导电的引脚结构如图 7 – 18 所示。

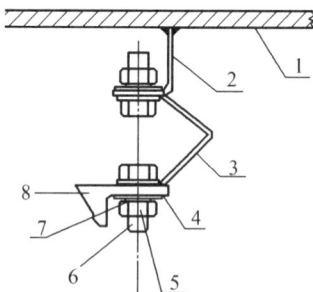

1—船体或金属构件;2—支架;3—弹簧减震器;4—平垫圈;5—螺母;
6—螺栓;7—弹簧垫圈;8—设备底脚;9—锡箔。

图 7 – 18　设备接地引脚结构图(六)

4. 固定安装的电气设备保护接地专用接地导体的选择

①导体材料应用表面镀锡的纯铜或导电良好的耐蚀金属制成。

②专用接地导体一般应采用多股软线,并在两端设有接头。

③纯铜专用接地导体的截面积应符合表 7 – 1 的规定。采用其他材料时,导体的电导应不小于纯铜导体的电导。

表7-1　接地导体截面积　　　　　　　　　　　　　　　　单位:mm

接地导体的形式	相关的载流导体截面积 S	铜接地导体的最小截面积 Q
电缆的接地导体	≤16	$Q = S$,但不小于1.5
	>16	$Q = S/2$,但不小于16
单独固定的接地导体	≤2.5	$Q = S$,但不小于1.5
	>2.5～120	$Q = S/2$,但不小于4
	>120	$Q = 70$

5. 可携式电气设备保护接地用铜导体的截面积

①当电源线截面积小于或等于 16 mm² 时,铜导体的截面积应与电源线截面积相等。

②当电源线截面积大于 16 mm² 时,铜导体的截面积应为电源线截面积的 1/2,但不小于 16 mm²。

6. 工作接地导体的选择

①利用船体作为回路的工作接地导体的型号和截面积应和绝缘敷设的那一极(相)的导线相同,不得使用裸线。

②用于平时不载流的工作接地导体,其截面积应为载流导体截面积的 1/2,但不应小于 1.5 mm²,其性能应与载流导体相同,不得使用裸线。

7. 保护及工作接地的接地接线柱螺纹的直径

该直径应不小于 6 mm。专用接地接线柱或接地板的导电能力,至少应相当于专用接地导体的导电能力,具有足够的机械强度。

二、电气设备接地工艺要求

①所有的接地接触面应刮去油漆及锈斑,露出金属光泽,并应光洁平贴,以保证有良好的接触。

②利用底脚接触接地的设备,应在设备底脚与支架(或基座)之间垫以厚度不小于 0.5 mm,大小略等于接触面的锡箔或镀锡铜片。如果是专用接地导体利用设备底脚接触连接,则锡箔或镀锡铜片应分别垫在专用接地导体的两侧。

③接在接地接线柱的专用接地导体,其铜接头的两侧应垫镀锡铜垫圈。

④所有接地装置的紧固应牢靠,并均应设有弹簧垫圈或锁紧螺母,以防松动。

⑤接地装置紧固后,应随即在接触面的四周涂以防锈漆,以防生锈。

⑥采用设备底脚接地时,有 4 个或 4 个以上底脚的设备,应取对角两脚接地;3 个或 3 个以下底脚的设备,则任选一脚接地。

⑦工作接地导体的长度应尽量短,并固定稳妥。必要时应有防止机械损伤的措施。

三、电气设备的避雷

①具有木桅杆或木桅顶的船舶,应设有可靠接地的避雷针。

②避雷针应以直径不小于 12 mm 的铜杆或直径不小于 25 mm 的铁杆制成,其表面应镀锡或镀锌,避雷针应至少高出桅顶或桅顶上的电气设备 300 mm(避雷针的类型和尺寸按 CB 393—1976 避雷针标准选用)。

习　题

1. 设备保护接地的工艺要求有哪些?
2. 电气设备如何避雷?

任务三　船舶电缆接地

[任务描述]

各国的海船规范都规定:一般的超过安全电压的设备的金属外壳和电缆的金属外护层都应可靠接地。

[任务知识]

一、电缆接地工艺

①除工作电压不超过50 V及具有单点接地要求的电缆外,其他电缆的金属护套均应两端可靠接地。但最后分支电路的电缆金属护套,允许仅在近电源一端可靠接地。对于控制和仪表设备的电缆,按其技术要求可单点接地。电缆和电气设备接地系统示意图如图7-19所示。

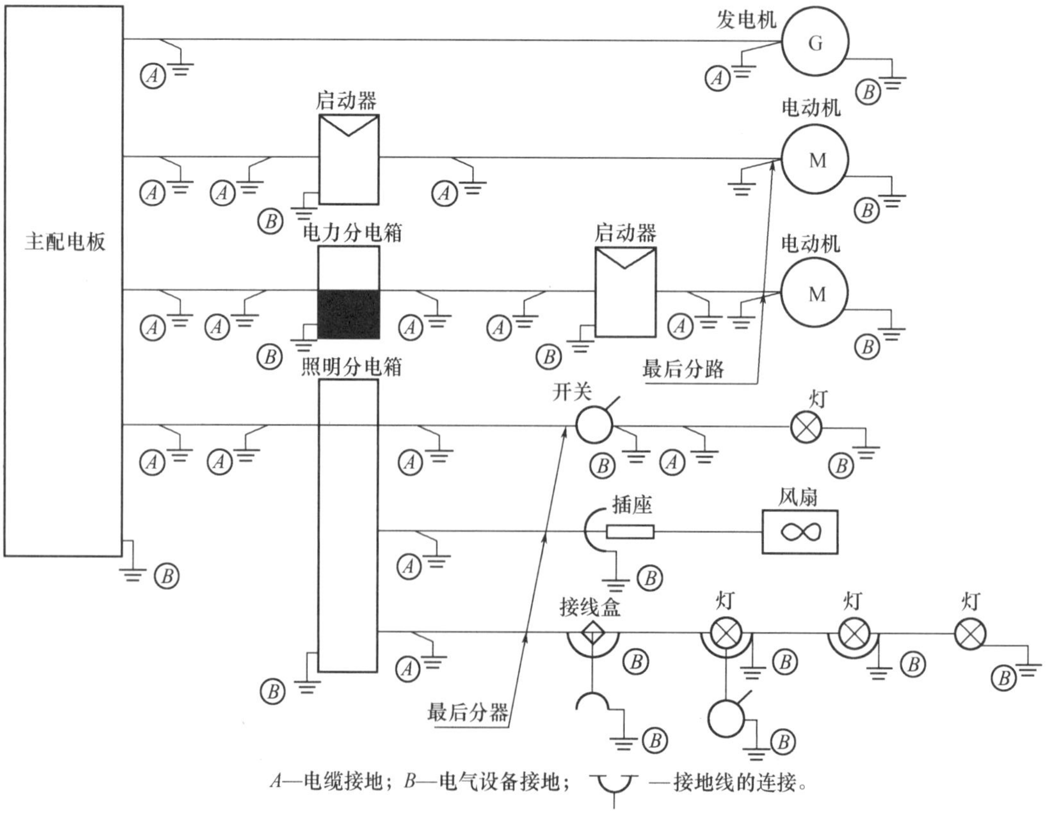

A—电缆接地;B—电气设备接地; ⏝ —接地线的连接。

图 7-19　电缆和电气设备接地系统示意图

②所有电缆的金属护套,在其全长上(特别是在电缆经过电缆分配或连接设备时)应保证有电气上的连续性。

③电缆金属护套接地的形式有以下四种。

a. 用金属夹箍进行接地,多根电缆接地如图7-20所示,单根电缆接地如图7-21所示。

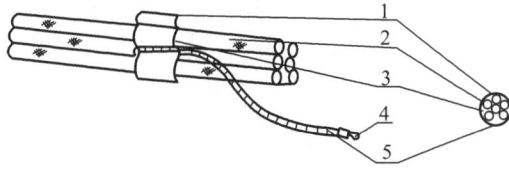

1—金属夹箍;2—电缆;3—锡箔;4—电缆接头;5—接地导体。

图7-20　多根电缆接地图

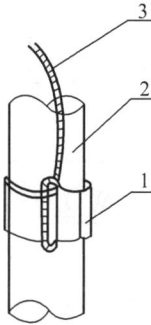

1—金属夹箍;2—电缆;3—锡箔。

图7-21　单根电缆接地图

多根电缆接地金属夹箍可用船用金属电缆扎带,按 CB*3125 选用,单根电缆接地夹箍,按 CB*3128—1982 选用。

b. 用铜丝编织层编成辫子进行接地,如图7-22所示。

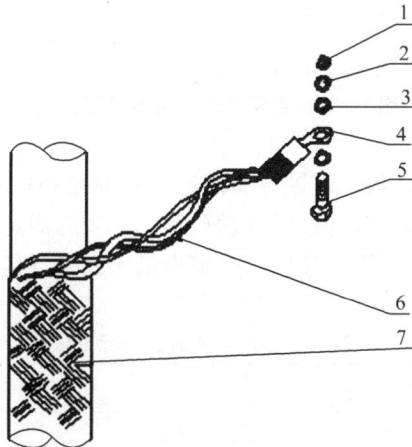

1—螺母;2—弹簧垫圈;3—镀锡铜垫圈;4—电缆接头;5—接线柱;6—铜丝辫子;7—电缆。

图7-22　铜辫接地方式图

c.用金属填料函螺母压紧金属护套进行接地,如图 7-23 所示。

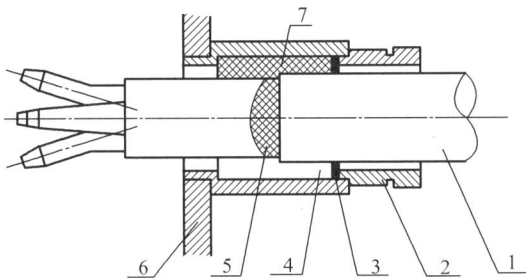

1—电缆;2—填料函螺母;3—垫圈;4—填料;5—锥形垫圈;

6—填料函座;7—电缆金属编织层。

图 7-23　金属护套接地方式图(一)

d.用电缆卡子或紧钩压紧金属护套进行接地,如图 7-24、图 7-25 所示。

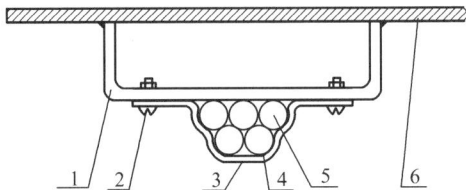

1—电缆支架;2—螺钉、螺母;3—电缆卡子;4—锡箔;5—电缆;6—船体。

图 7-24　金属护套接地方式图(二)

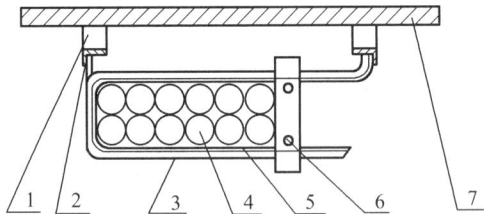

1—底脚;2—角钢;3—紧钩;4—电缆;5—锡箔;6—螺栓、螺母;7—船体。

图 7-25　金属护套接地方式图(三)

④接地导体应由纯铜或其他抗腐蚀金属制成。其他材料的接地导体的电导,应不小于纯铜接地导体的电导。接地导体的截面积应符合表 7-2 的规定,成束电缆如采用公共接地导体接地,则该接地导体的截面积应按该束电缆中最大载流导体的截面积选择。

表 7-2　接地导体截面积标准值　　　　　　　　　　　　　　单位:mm²

电缆导体截面积	专用接地铜导体截面积
≤25	≥1.5
>25	≥4

⑤防干扰接地。

a. 对于经过无线电室敷设在金属管道内的电缆于进出无线电室处均应可靠接地。

b. 对于无线电分电箱,无线电助航仪器分电箱,无线电室内的电气设备,滤波器的金属外壳,电缆的金属屏蔽护套及敷设电缆的金属管道,均应可靠接地,其电缆至少应在两端可靠接地。

二、电缆接地的工艺要求

①接地导体应接到船体永久结构或与船体相焊接的基座、支架上;亦可接至已可靠接地的设备的金属填料函或外壳上。

②专用接地螺柱应设在不易受到机械损伤和有油、水浸渍的地方,用黄铜或其他耐腐蚀材料制成,直径应不小于 M4。

③金属护套与接地导体的接触面处应除去油漆及金属氧化层,并在两者之间垫以厚度不小于 0.5 mm 的锡箔或镀锡铜片,也可垫以镀锡铜丝编织,以保证良好的接触。

④对接地导体与接地螺柱连接的一端,其两侧应垫以镀锡铜垫圈,并应设有防止松脱的弹簧圈或螺母。

⑤接地装置紧固后,应随即在接地处四周涂以防锈油漆涂封。

习　　题

1. 电气设备及电缆为何要接地?
2. 接地导体应如何选择?

任务四　电气设备安装附加要求

[任务描述]

除了上述要求外,船用电气设备在安装时还需要符合以下要求。

[任务知识]

一、油船电气设备安装的附加要求

1. 油船电气设备安装的基本要求

①在任何危险区域或处所,原则上不应安装电气设备,若确属无法避免,则仅允许安装有证的防爆电气设备。

②危险区域或处所禁止装设插座。

③在危险区域或处所使用的可携式照明灯应满足

a. 带有独立蓄电池的本质安全型、增压型、隔爆型;

b. 空气驱动型。

不应使用由电缆供电的可携式照明灯。

④油船上的开关和保护装置应能分断全部的极或相,而且应设在安全区域或处所内,

设备、开关和保护装置应有清晰而耐久的标志。

　　⑤安装在露天甲板安全区域的插座,应与开关连锁,使开关在接通位置时,插座不能插入和拔出,且该开关应能分断电路所有的极或相。

　　⑥油船上禁止采用可换熔体式熔断器。

2. 危险区域允许安装的电气设备

这些区域允许安装的电气设备如表7 – 3的规定。

表7 – 3　危险区域可安装的电气设备

序号	危险区域或处所名称	可安装的防爆设备
1	货油舱	本质安全型
2	毗邻货油舱的隔离空舱,双层底、箱形龙骨、管隧;与货油舱毗邻且在货油舱顶板下面的处所(如围壁通道、走道、货舱)	a. 本质安全型。 b. 隔爆型或空气驱动型灯具。 c. 电测深装置的传感器,应为全封闭型,且放在一个离开货油舱舱壁的坚固气密围井内
3	货泵舱	a. 同本表上述 a、b、c。 b. 照明:隔爆型灯点应至少分成两个独立分路,两个分路的灯点应相互交错,照明应由安装在非危险处所内的单独控制箱控制,每个分路均应设有接通指示灯。灯具开关和保护电器应适当标明
4	直接在货油舱之上(例如甲板间)或具有在货油舱壁之上并与之成一直线的舱壁的封闭和半封闭处所;直接在货泵舱上面或与货油舱毗连的垂直隔离空舱上面而不用气密甲板分隔且无适当的机械通风的封闭或半封闭处所以及贮放输油软管的舱室等处。	a. 本质安全型设备。 b. 照明灯具: 空气驱动型设备; 隔爆型; 增安型; 通风、充气型
5	离任何货油舱口或气体、蒸气出口(例如货油舱的舱口、窥察孔、洗舱开口等)3 m范围以内的露天甲板区域,或露天甲板上的半封闭处所;货油舱透气口和呼吸阀出口的周围和上面半径为10 m以及从该处向下直至甲板为止的圆柱体区域	适用于露天甲板的有证防爆设备

3. 扩大危险区域允许安装的电气设备

扩大危险区域允许安装的电气设备如表7 – 4所示。

表7-4　扩大危险区域可安装的设备

扩大危险区域及处所名称	可安装的防爆设备
全部露天甲板区域及上层建筑的上面和后面,货油舱以前,位于甲板上和(或)以下,并有开口直接开向主甲板的处所	a. 采用防爆电气设备。 b. 工作时不会产生火花或电弧和不会产生不允许的表面温度的电气设备。 c. 在爆炸危险存在的短暂期间无须使用的电气设备应能在控制中心站切断

4. 防爆电气设备要求

对本质安全型和隔爆型合格防爆电气设备的级别和组别至少应为ⅡAT3;增安型和增压型合格的防爆电气设备的组别至少为T3;本质安全型电气设备的等级至少应为ia。此外,合格防爆电气设备还应考虑船用环境条件及存在的化学腐蚀的情况。

二、防爆电气设备安装的附加要求

①检查防爆电气设备,其防爆形式应符合规定要求(油船见表7-3、表7-4),并具有防爆合格证方能上船安装。

②设备安装前应仔细阅读相关产品说明书,按照说明书所规定的要求和方法安装。

③不该动的部件,严禁无故拆装。

④电气设备安装必须可靠紧固并应有防止松脱措施。

⑤防爆电气设备的进线装置,应具有防松和防止电缆拔脱的措施。

⑥防爆型设备的防爆面处理。

a. 设备安装时,船厂一般只拆动其静止部分,故须对拆动部分的隔爆面的间隙负责。安装完毕后,必要时用塞规检查其间隙,应符合产品说明书中规定的技术条件。

b. 拆装时,严禁敲打隔爆面,避免隔爆面上受到任何损伤。

⑦对多余进线孔的处理。进线完毕后,如有多余的进线孔,则应在密封垫前加装2 mm厚的圆金属垫片,将进线孔封闭。

⑧螺纹隔爆结构。防爆电气设备如采用螺纹隔爆结构,螺纹最少结合牙数为6牙,拧入深度不小于8 mm。

⑨防爆接线盒内壁和可能产生火花部分的金属外壳内壁涂有耐弧漆,如拆装时偶有损伤,应予以涂覆。

⑩若安装增强安全型接线盒时,盒内须充填硅橡胶填料。

⑪照明灯具铭牌上应清楚地标明允许使用灯管的最大功率。

⑫随附在设备(包括照明灯具)上的电缆进入的填料函或其他密封装置,严禁拆换或拆除。

三、中压电气设备(交流相间电压为 1 kV 以上至 11 kV)安装的附加要求

①安装在下列处所中的压电气设备的外壳防护等级不应低于表7-5规定。

表 7 - 5　电气设备外壳防护等级

设备	外壳防护等级	
	仅专职人员进出的处所	一般人员可以进出的处所
发电机	IP23	—
电动机	IP23	IP4X
电力变压器	IP23	IP54
配电板和控制设备	IP22	—

②中压电气设备和电缆应在显眼处做出标志,便于识别。

③中压电气设备的金属外壳均应以铜质软导线可靠接地,其截面积应按最大接地故障电流确定,但不得小于 16 mm^2;接地螺钉不得小于 M10。

④中压电缆引入电气设备后,其剥除护套的绝缘线芯至接头处全长,应用滞燃的、耐潮的、电压等级高于电路额定中压的自黏性橡胶带加以绕包(一般为半搭式绕包)及密封,其外层再绕一定的绝缘黏性橡胶带或热缩性套管作为外护层,以保护线芯绝缘并防止潮气进入线芯内部。

四、检查项目

①检查电气设备的型号、规格,应符合图样规定。设备及其零、附件应完整无损,并应有必要的铭牌和电路图。

②检查设备的安装场所及相应的工艺措施,应符合本工艺要求。

③检查设备的安装位置、方向、高度,应符合本工艺要求。

④检查设备的安装及支架的焊接,应牢靠、平整。

⑤检查设备的接地,应良好、可靠,必要时抽验接地电阻值,应不大于 0.02 Ω。

⑥检查引入设备的电缆线芯绝缘,应无损坏;线芯的长度及处理应符合项目五的有关要求。

⑦检查设备的接线,应正确牢靠、整洁;标记应清晰、耐久;接头工艺应符合要求。

⑧检查油船电气设备、防爆电气设备、中压电气设备的安装,应分别符合上一条所述之要求。

习　　题

1. 油船电气设备安装的具体要求是什么?
2. 船舶电气设备需要进行哪些检查才可使用?

[任务技能]

技 能 训 练　绝 缘 指 示 灯 的 安 装

本技能训练的目的是通过绝缘指示灯的安装,熟练判断单相接地的故障点,并用兆欧表测量验证。

工具与器材为通用电工工具、万用表、RC - 5A 熔断器 3 只、插式灯座 3 只、插头 15 W 灯泡 3 只、木质安装板(能组装上述全部器材)、螺丝、导线适量、兆欧表。

训练步骤与工艺要点如下。

①将熔断器、灯座安装在板上,并将有关信息填入表 7 - 6 中,熔断器与灯座安装方式如图 7 - 26 所示。

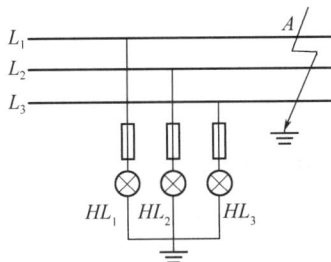

图 7 - 26　绝缘指示灯接线原理图

表 7 - 6　器件型号规格登记表

内容	熔断器	灯座	灯泡	导线
型号				
规格				

②绝缘指示灯安装完毕,经教师检查无误后通电观察 3 只灯的亮度,并用万用表测量 3 只灯端电压,并填入表 7 - 7 中。

表 7 - 7　指示灯电压、亮度记录表

元件	电压/V		亮度		U'/U
	正常 U	不正常 U'	正常 U	不正常 U'	
HL_1					
HL_2					
HL_3					

③将 L_1 相与地相通(将电源总开关拉掉,用导线将 HL_1 灯短接再合上总开关),看 HL_2、HL_3 两灯的亮度变化,并有万用表测 3 只灯的端电压,并填入表 7 - 7 中。

拉掉总开关,用兆欧表测量线路间的绝缘电阻值,并填入表 7 - 8 中。

表 7 - 8　各相与地之间的绝缘电阻

项目	L_1 与地之间	L_2 与地之间	L_3 与地之间
数据			

项目八 电气设备系泊试验

【知识点】

1. 船舶电气设备的基础知识。
2. 船用电气设备系泊试验的基本内容。
3. 船舶电气设备系泊试验。

【技能点】

1. 能够掌握船舶电气设备的基本调试技能。
2. 能够完成船舶电气设备的基本试验。
3. 能够掌握船舶电站系泊试验的方法。

任务一 电气设备系泊试验前准备

[任务描述]

通过本任务的学习使船舶电气施工人员掌握船用电气设备试验前应做的准备,为后续的船舶电气设备及系统调试奠定良好的基础。

[任务知识]

船舶上的所有电气设备安装结束后,都应进行通电试验。尽管各种设备在出厂时已经做过各种试验,但是装船后,仍然要做试验,目的是检验设备在拆卸、运输、安装到船上后其性能的完好性。试验的时间和程序,可以根据设备试验完成的程度来确定。有些与船舶航行保障没有直接关系的设备,原则上可以在系泊试验时完成检验;有些设备在系泊试验后仍然需要在航行试验中做效用试验。电气设备的系泊试验一般包括三个过程,即外观检验、绝缘检查和性能试验。

一、外观检验

外观检验控制的要素包括保护层的光洁度、所有指示牌指示的正确性、设备外壳的保护等级是否符合安装场所的要求。外观检查的重点是检查电气设备的防护型式和等级是否符合要求。对此,各国船级社都有具体、明确的规定。中国船级社规定:"电气设备的外壳防护型式,应符合各国电工委员会《外壳防护型式的分级》或其等效的国家标准的规定",并且标出外壳防护等级的最低要求。具体内容如表 8 - 1 所示。表中的 IP□□为防护等级,IP 是表示特征的字母,首位数字表示潮湿防护等级,第二位数字表示触摸防护等级;表中的"×"表示在该类场所一般不应安装此类电气设备。另外,对于危险粉尘场合,应选择防护等级不低于 IP66 或符合防爆要求的电气设备。

表 8 - 1　外壳防护等级的最低要求

处所	环境条件	设备						
		配电板启动器	发电机	电动机	变压器	照明设备	电热器	开关接线盒
干燥的居住室和控制室	只有触及带电部分的危险	IP 20	×	IP 20	IP 20	IP 20	IP 20	IP 20
舵机室、储藏室	滴水或中等机械损伤危险	IP 22	×	IP 22	IP 22	IP 22	IP 22	IP 44
浴室	有较大的机械损伤危险	×	×	×	×	×	IP 44	IP 55
压载泵舱	有较大的机械损伤危险	IP 44	×	IP 44	IP 44	IP 34	IP 44	IP 55
冷藏舱	有较大的机械损伤危险	×	×	IP 44	×	IP 34	IP 44	IP 55
露天甲板	浸水危险	IP 56	×	×	×	IP 55	×	IP 56

二、绝缘检验

绝缘检验是所有电气设备通电以前必须完成的工作。它既是为了使用者的人身安全，又是为了设备的安全。所以在通电检验前首先应做绝缘检验。目前一般采用兆欧表来进行测量。其基本原则是：对于额定电压 36 V 以下的设备，应选择 100 ~ 250 V 的兆欧表测量；额定电压在 36 ~ 500 V 的设备，用 500 V 的兆欧表测量；额定电压在 500 ~ 1 000 V 的设备，用 1 000 V 的兆欧表测量；额定电压在 1 000 V 以上的设备，用 2 500 V 的兆欧表测量。

对于绝缘程度的标准，国际电工委员会的标准中指出："要给出最低限度的绝缘电阻值是不现实的，由于绝缘电阻值取决于试验的气候条件，但一般情况下应达到 1 MΩ 的最低限度。"所以对于新设备来说，其测量的绝缘电阻值应该越大越好，在试验中要充分考虑气候、温度、湿度等条件的影响。

三、性能检验

由于各类电气设备在出厂前均有相应船级社颁发的证书，所以检验时应按照不同设备技术规格书的要求逐项进行试验。

习　题

1. 船舶电气设备的系泊试验主要内容有哪些?
2. 船舶电气设备的系泊试验需要考虑哪些因素?

任务二　充放电板与蓄电池试验

[任务描述]

通过本任务的学习使船舶电气施工人员对船舶充放电板与蓄电池有较深入的了解,掌握充放电板与蓄电池试验所遵循的技术规范及工艺方法。

[任务知识]

充放电板和蓄电池在船上是作为一个系统来进行试验的。当船上装有应急发电机时,这个系统是作为备用应急电源的。其作用是在应急发电机启动失败后,为船上需用直流24 V 的重要设备提供电源,以满足逃生照明、发出救生信号等应急需求。

充电板的作用是平时给蓄电池充电,使之处于备用状态。在充放电板上,可以观察到充电的情况,并可以随时根据实际情况调整充电的电压和电流。须注意的是,报务室的应急设备应单独配备蓄电池组。

一、试验前应具备的条件

在进行充放电板和蓄电池试验以前应完成以下工作。

①充放电板和蓄电池应具有相应船级社的产品质量证书。蓄电池必须有充电记录,以保证蓄电池的充电状态在有效期内。

②充放电板和蓄电池组应安装检查完毕。要做到安装牢固、接线正确、接地良好。充放电板上的各类指示仪表均经校准有效。

③同充放电板有连锁的设备均能正常工作,以保证试验和检验的正常进行。

④准备好检验所需的检测工具,如兆欧表、密度计、万用表。

二、检查充放电板的安全保护装置

①测量充放电板的绝缘电阻值。用500 V 兆欧表测量,其绝缘电阻值应不小于1 MΩ。届时应考虑气候的影响。

②测试充放电板的安全保护装置。检查保护装置动作的正确性和声光报警、延时报警的可靠性。测试的内容包括过载保护及报警、短路保护及报警、逆流报警、断相报警、失电报警和充放电板绝缘能力降低报警。报警一般要求延伸到集控室。

③测试充放电情况。充电是使蓄电池保持可用状态的唯一措施。充电电压和充电电流的大小同蓄电池工作情况有直接关系,所以要求充电电压和充电电流均能手动调节,方便灵活。充电电压调节范围为1~1.2 V。

对蓄电池浮充电与补偿充电的效用试验要求为:对蓄电池浮充电时,充电电压为

$(26.2 \pm 1.5\%)$ V；补偿充电时，充电电压为$(28.8 \pm 1.5\%)$ V。

④测试放电情况。在开始放电时，检查和记录放电电压、蓄电池密度和放电电流。放电半小时后，重新测量蓄电池电压、蓄电池密度和放电电流。试验结束后，将记录结果填入记录表内。记录表格见表 8 - 2 所示。

表 8 - 2　充放电板与蓄电池放电记录表

船名：　　　　　　　　　　　　　　　　　　　　　试验日期：　　年　　月　　日

记录时间	电压/V	电流/A	电解液密度	
			放电前	放电后

在试验过程中，应注意蓄电池的电压降，其下降率应符合公式

$$\Delta U\% = \frac{U_1 - U_2}{U_N} \leq \pm 12\%$$

式中　$\Delta U\%$——蓄电池的电压降；

U_1——开始放电时蓄电池的电压值；

U_2——放电半小时后蓄电池的电压值；

U_N——蓄电池额定电压值。

蓄电池电解液密度应在 1.25 ~ 1.29 g/mL 范围内。

⑤测试蓄电池的自动放电装置是否能在充电或不充电的任一状态下，均能随时自动向应急电路供电。

⑥对于同类型的首制船，应进行放电时间确认试验，按批准的图纸要求接通所有用电设备，确认蓄电池的放电时间应满足现行规范要求。

⑦试验结束时，测量充放电板热态绝缘电阻值，应不小于 1 MΩ。

习　　题

1. 充放电板需要完成哪些试验？
2. 蓄电池需要完成哪些试验？

任务三　照明设备及专用灯具试验

[任务描述]

通过本任务的学习使船舶电气施工人员对照明设备及专用灯具有较深入的了解，掌握照明设备及专用灯具试验所遵循的技术规范及工艺方法。

[任务知识]

安装在船上的船用灯具有两类：一类是作为照明用的，另一类是作为信号用的。前者

以亮度为主,用于各类工作场所,后者既有亮度要求,又有角度和颜色要求,用于航行和进出港信号。对于特殊场所的灯具,应满足防水、防爆或防摸的要求。

船舶灯具配电方式一般有两种:由主配电板供电的,一般称为正常供电;由应急配电板供电的称为应急供电。应急供电的电源来源可以是应急发电机,也可以是蓄电池组。大型船舶要求两种供电方式均有。

一、对照明质量的要求

照明环境应当使人能分辨出所从事工作的细节,应当消除或者抑制那些会造成视觉不适的有害因素。特别是首制船,船东要求对船舶照明质量进行测量。经测试,刚好能辨认人脸特征的亮度约为 1 cd/m^2。在水平照度为 20 lx 左右的普通照明环境下,可以达到这个亮度,所以 20 lx 是所有非工作房间的最低照度。对各种作业和活动推荐的照度如表 8 - 3 所示。

表 8 - 3 照度范围参考表 单位:lx

照度范围	作业和活动种类
20 ~ 30 ~ 50	室外进、入口区域
50 ~ 75 ~ 100	交通区域,简单判断方位
100 ~ 150 ~ 200	非连续工作间、储藏间、衣帽间、门厅
200 ~ 300 ~ 500	有简单视觉要求的作业,如开阀、粗加工等
300 ~ 500 ~ 750	有中等视觉要求的作业,如控制室、办公室等
500 ~ 750 ~ 1 000	有一定视觉要求的作业,如绘图、检验或试验等
750 ~ 1 000 ~ 1 500	有精密视觉要求的作业,如辨色、精密加工等
750 ~ 1 000 ~ 2 000	有特殊视觉要求的作业,如很精细的工件检验等
> 2 000	需要完成严格视觉要求的作业,如微电子装配等

对于工作房间,表内的中间值表示为应当采用的推荐亮度。具体安装时,可根据实际情况进行细微调整。

二、试验方法

1. 测量冷态绝缘电阻值

一般用 500 V 兆欧表进行测量,各冷态绝缘电阻值如下。
①照明分电箱的绝缘电阻值应不小于 1 MΩ。
②工作电压大于 100 V 的照明分电箱的最后分支冷态绝缘电阻值应不小于 1 MΩ。
③工作电压不大于 100 V 的照明分电箱的最后分支冷态绝缘电阻值应不小于 0.5 MΩ。
④照明变压器冷态绝缘电阻值应不小于 1 MΩ。
⑤各信号灯、航行灯的冷态绝缘电阻值应不小于 1 MΩ。

2. 通电试验

（1）照明系统试验

①对于首制船,应测量各工作场所、扶梯口、走道等区域的照度是否符合设计要求。

②每一个照明分电箱内均应设有与设计相符的每一分支所提供照明处所或区域的铭牌标志。分别检查每一分支线路的各个灯具的工作情况,并检查各灯具控制开关的可靠性。

③检查照明变压器的三相负载是否平衡。

④当主电源失电后,在45 s以内应急发电机自动启动,应急配电盘主开关自动合闸对外供电或蓄电池电源接通对外供电。检查应急照明灯的工作情况,并检查应急照明灯具体布置的合理性,各灯具控制开关的可靠性。

⑤检查室外灯、工作灯在驾驶室遥控开关控制的可靠性。

⑥检查甲板灯、舷梯灯、船名灯的照光角度。

（2）各种航行灯、信号灯的试验

①通电检查并测试各航行灯和信号灯工作的可靠性及每盏航行灯是否能发出正确的声光报警信号,并有由于信号故障而导致航行灯熄灭的措施。

②测试两路电源的转换是否正确可靠。对于装有逆变器的船舶,还应检查逆变器供电的可靠性。检查手提式白昼信号灯的工作情况。检查其自带的可充电式蓄电池的使用有效期是否符合标准。

③检测航行灯的颜色和角度。航行灯角度示意图如图8-1所示。

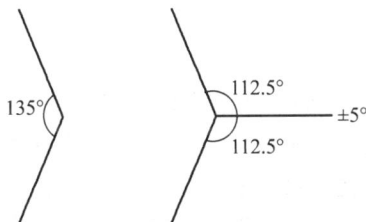

图8-1　航行灯角度示意图

a. 前、后桅灯。白色,水平弧光总角度为225°,能见距离6 n mile。

b. 左舷灯。红色,水平弧光总角度为112.5°,能见距离3 n mile。

c. 右舷灯。绿色,水平弧光总角度为112.5°,能见距离3 n mile。

d. 尾灯。白色,水平弧光总角度为135°,能见距离3 n mile。

e. 前、后锚灯。白色,水平弧光总角度为360°,能见距离3 n mile。

3. 测量热态绝缘电阻值

通电结束后,应测量所检验的设备的热态电阻值。其热态绝缘电阻值的测量方法、部位及其电阻值的要求与冷态绝缘电阻值测量的要求相同。

4. 焊接次序

先焊细小导线和小型元件,后焊管子和较大的元件。焊接管子引线时,动作要快,最好一次成功。焊接时用镊子夹住引线,使电烙铁头传来的热量沿着镊子散走,待焊锡凝固后再放开。焊接集成电路时,电烙铁头要接地。为了防止电烙铁漏电,在焊接时可将电烙铁插头拔下,利用余热焊接。

5. 安全操作

工作场地布置要有条理,工具、元件和导线要摆放整齐,仪表要放在稳妥的地方,避免摔坏。

要经常检查电烙铁电源线和铁壳的绝缘情况,遇到漏电现象要及时修理。在工作中要防止触电、烫伤,不要到处甩锡。电烙铁不要放在木板上,以免着火。离开工作场所时,不要忘记拔下电烙铁电源插头,断开电源开关。

习　题

1. 简要叙述照明系统的试验方法。
2. 简要叙述船用照明质量的具体要求。

任务四　船内通信系统试验

[任务描述]

通过本任务的学习使船舶电气施工人员对船内通信系统有较深入的了解,掌握船内通信系统试验所遵循的技术规范及工艺方法。

[任务知识]

船员在船上工作时需要互相联络、传达上级的命令和了解各部分的情况,为此船上装有通信联络或信号传递的装置。船舶通信系统一般分为两类:一是船内语言通信装置,如船上的各种电话机、对讲机、广播系统等;二是船内信号通信装置,如各类呼叫装置、传令钟、火灾报警器、通用报警铃等。上述设备的作用在于其能够迅速传递工作指令,以便船员了解发生的问题并准备采取的措施。由于这类信息的传播只限于本船内,所以将之通称为船内通信系统。

船内通信系统因其用途、联络对象的不同,其特点也各不相同。但总的说来,对它们的共同要求如下:

①音响信号的布置应能在相应的地点易于听到。
②灯光信号的布置应使人便于看到,但应不妨碍驾驶人员的视线。
③不同用途的通信和信号装置,其声响信号应有不同的音色,以利区别。

一、语言通信装置的试验

语言通信是指联络双方以话音为媒介来传递信号的方式,联络双方可以用语言进行交流,无须做出判断。它包括两类:一类是专门对象或固定岗位之间的通信联络,如声力电话、本质安全型电话、对讲装置等;另一类则具有广泛性的特点,如广播、自动电话等。

1. 试验要求

①所有此类设备的安装位置均应符合设计图样的要求。声力电话由于不受船上供电

的影响,一般安装在较重要的岗位,如驾驶室、机舱控制室和舵机舱;本质安全型电话具有防爆的特点,要求安装在货油泵舱或防爆区内;对讲装置一般用于船舶进出港,船长或引水员指挥时用,安装在驾驶室、船艏部;广播和自动电话,应安装在船员岗位或船员所能达到的部位。

②由于设备传递的是音频信号,所以屏蔽是很重要的。应该做到接地良好,以防止受到外部信号的干扰。

③要求此类设备均能达到话音清晰可辨,没有杂音干扰,使受话者明白对方所表达的意思。

④语言通信装置安装在噪声分贝较高的场所时,为防止影响通话质量,一般要求设置隔音室或隔音罩。对机舱主机等特殊场合,应该配有防噪声的头戴式耳机。

⑤通话者离通话部位较远时,应该设置延声音响,使受话者在较短的时间内即可知道对方的呼叫。

2. 试验方法

①检查声力电话时,应该在每一个电话位置进行通话试验。要重点检查电话回铃灯和增音。当一方摇铃,另一方拿下话筒时,摇铃方的电话指示灯应该闪亮,以表示对方已经听到铃声并做好通话的准备,可停止摇铃。增音是通过加装电池,使通话声音增大。电话的摇柄应没有机械阻碍。

②在对非本质安全型电话进行检验时,须重点注意电话的连接应使用本质安全型电缆。由于本质安全型电话安装在防爆区内,所以没有振铃,一般用防爆闪光灯和气笛,控制汽笛的电磁阀应安装在防爆区外。当一方呼叫另一方时,在防爆区内闪光灯闪光,并能听到汽笛鸣响。

③检查自动电话时,不应有串号或串线现象。尤其是对于自动电话系统的特殊功能,应根据技术说明书所提供的条件逐条进行实际效用试验。

a. 优先功能。这一功能是指当两部电话通话时,上一级岗位和领导的电话可以优先插入。

b. 转移功能。这一功能是指将本人所使用的专用号码转移到要去的场所。

c. 扩展功能。这一功能是指当打电话寻找某船员,而船员不在房间时可以拨动一个专用号码,启动扩音机,通过广播呼叫某船员。船长也可通过扩展功能召开电话会议。

④广播扩大机的收音和信号传输要良好、没有外部干扰,每个扬声器均能调节音量和切断广播,一般位置均能听到广播的声音。其控制要点如下。

a. 当船长要求发布重要命令时,各扬声器无论在开还是关的位置,都可以收到船长的命令。

b. 当多种报警器均与扩音机连接,且出现几个报警器同时报警时,其优选权的选择顺序一般应为人员呼救→通用警铃→火警信号。

c. 广播扩音机的遥控站,应备有足够长的话筒线,以便于使用。

二、信号通信装置的试验

信号通信装置是指以某一种音响或灯光来传递一定的信息,使受信者可以根据信号了解某种意义或信息。不同的音响装置应该具备不同的声音,以使受信者可以立刻分辨出信号源。

1. 轮机员呼叫试验

根据开关位置的转换,机舱值班人员可以随时呼叫所需的轮机员或电机员。当机舱呼叫时,被呼叫对象房间的呼叫铃或蜂鸣器应当发声,被呼叫者可以通过按钮应答对方。这一组装置的主机安装在机舱集控室。

2. 病房呼叫试验

这类呼叫应联通病房、医生办公室、驾驶室。信号以铃声或蜂鸣器音响为主。驾驶室应有向病房呼叫的按钮铭牌。

3. 冷库呼叫试验

此类呼叫用于当有人进入冷库作业时,冷库门被误锁上时进行对外呼叫。呼叫信号送入厨房和驾驶室。按钮装在每一个单元冷库内。信号以警铃或烽鸣器表示,并标有可以识别的铭牌标志。

4. CO_2 报警试验

报警装置处附近均应有红底白字且醒目 CO_2 报警系统接通电源的压扣(或微动开关)标志,接通电源即可进行声光报警。此时,检查 CO_2 报警装置的声、光报警情况,应保证使被保护区域的驾驶室或机控室内的人员听到和看到。同时,检查在报警时能否切断机舱的风机和油泵。计量从报警开始到释放灭火剂的时间,一般在 10 s 左右,以保证该区域任意处的所有人员能够及时撤离,脱离危险。

5. 火警报警试验

船上一般安装有固定式失火报警系统和抽烟式失火报警系统。固定式失火报警系统用于机舱火警和起居处所、服务处所、控制站等舱室火警信号的传递,有感温式和感烟式两种探头。抽烟式失火报警系统用于货舱火警信号的传递,采用管路抽风方式。

(1)机舱火警和舱室火警试验

①按照设计图纸的要求,检查其控制板、手动报警按钮、感烟探测器或感温探测器的安装情况。

②检查报警装置的电源和电路在断电或故障时,其控制板上能否发出声、光故障报警信号,这一信号应与火灾信号有明显区别。

③控制板上应有所属火警报警区域的铭牌标志。试验火警报警之前,在安装感烟或感温探测器的处所不得有烟雾。按照设计要求对每一路的每一探测器进行模拟(点烟)试验,检查对应的声、光报警信号,应正确无误。

④检查全船通用警铃的自动启动功能。控制板和指示装置发出声、光火警信号后,如果在 2 min 内未引起注意,则应向所有船员起居处所和服务处所、控制站以及 A 类机器(主机、辅机、锅炉、惰性气体发生装置等)处所自动发出声响报警。

⑤按照设计图纸分别检查各区域、各手动报警按钮的功能,以及全船通用警铃发出的声响报警信号。

⑥自动探火和失火报警系统的供电电源应不少于两套,其中一套应为应急电源供电,在其控制板上装有电源自动转换开关,通过电源转换,检查其转换的可靠性。

(2)抽烟式探头系统试验

①按照设计图纸的要求,检查安装在货舱的抽烟式探火报警系统的安装情况。要求控

制板(台)面板上设有失火报警位置的图表及铭牌标志,聚烟器安装的位置、数量应符合有关规范要求。

②试验前,货舱聚烟器处所的环境不得有烟雾。按照设计要求,在货舱各聚烟器处贴上纸条,在各聚烟器连接管路的另一端(控制板或控制台内)进行吹风试验,检查确认管路中无多余物阻隔而且畅通。检查各管路与图样相符的失火报警位置图、铭牌、标志相对应的正确性。

③检查报警装置的电源和电路在断电时或故障时,其控制板(台)能否发出声、光故障报警信号,这一信号应与火灾信号有明显的区别。

④在每一聚烟器处进行模拟(点烟)试验,检查相互对应的声、光报警信号,应正确无误。

⑤抽烟式火警报警装置应有两套电源供电,其中一套应是应急电源供电。检查电源转换的正确性、可靠性。

⑥抽烟式火警报警装置应配有压缩空气清洗取样管的装置。检查该装置的效用是否良好。

6. 全船通用警铃试验

检查两路电源的供电情况,使每一个船员无论在任何部位工作,均能听到警铃的声音。全船通用警铃的音响应能覆盖其他所有报警的音响。

7. 可燃气体检测系统试验

①按照设计图样要求,检查可燃气体检测系统的安装情况。一般可燃气体检测系统控制箱安装在货油控制室。可燃性气体检测头的安装要求:主甲板左右舷入口门里,且距地面 1.2 m 处;泵舱底层左右侧距船体中心线 1.5 m,且距泵舱底层天棚上方 500 mm 左右。控制箱上的指示仪表均应进行校核,并有合格标志。

②检查控制箱报警功能及电源转换情况。

③检查电源报警。电源报警有三种情况:断相、失压和开路。当上述三种情况发生时,报警系统应有声、光信号,并区别于火警信号。

④由于可燃气体的爆炸与气体的质量、含量和闪点有关,试验时,将配好的混合气体分别对准可燃气体检测探头,施放混合气体。当可燃气体超过规定的标准时,检测控制箱内报警单元应发出声光报警信号。

上述各设备的检验均应测量其绝缘程度。若工作电压大于 100 V,绝缘电阻值应不小于 1 MΩ。若工作电压不大于 100 V,绝缘电阻值应不小于 0.5 MΩ。

8. 主机传令钟试验

①检查主机传令钟外部接线,应整齐、牢固,符合设计图纸要求,接地要良好、可靠。

②用 500 V 兆欧表测量冷态绝缘电阻值,其最低绝缘电阻值应不小于 1 MΩ。

③主机传令钟应具备复示装置。分别在驾驶室控制台与机舱集控台互相摇动传令钟和驾驶室控制台与机旁操纵台互相摇动传令钟,检查传令钟指针所指示的刻度的一致性及准确性。

④检查与传令钟相配合的声光信号的响度和亮度,并检查面板照明和光度调节器的效用情况。

⑤检查发讯转换及连锁装置的正确性、可靠性。

⑥主机传令钟应由主电源及应急电源两路电源供电,检查两路电源的转换情况,要求正确、可靠。

⑦主机传令钟报警装置一般由蓄电池供电。检查报警装置的效用情况。

a.当电源失电时,失电声光报警装置应能发出声光报警。

b.当驾驶室控制台发出前进或后退信号,而机舱集控台回令方向正好相反时,主机错向报警装置应能发出声光报警信号。

c.当船上设有应急主机传令钟时,应检查应急传令钟的效用情况。

习　题

1.简述语言通信装置需要完成的试验。

2.简述信号通信装置需要完成的试验。

任务五　应急切断系统及雾笛、刮水器、扫雪器试验

[任务描述]

通过本任务的学习使船舶电气施工人员对应急切断系统及雾笛、刮水器、扫雪器有较深入的了解,掌握应急切断系统及雾笛、刮水器、扫雪器试验所遵循的技术规范及工艺方法。

[任务知识]

一、应急切断系统试验

当船内局部发生火灾时,为了防止受灾范围的扩大,必须以最短的时间和最快的速度切断风源和助燃的油源,这就是船上设置应急切断装置的目的。应急切断装置的工作原理是通过切断按钮为所需切断的开关的脱扣线圈提供电源,使开关迅速切断。应急切断装置控制的范围,是船上所有的风机、油泵系统。例如,机舱或者舱室的动力通风设备,燃油泵、货油泵等。考虑到引起火灾危险程度的差异,一般把机舱应急切断装置与舱室动力通风应急切断装置完全分开,形成独立的系统。

1.试验前应具备的条件

①机舱内动力通风装置、燃油驳运泵、锅炉燃油泵及其他类似的燃油泵等均应安装完毕,并投入正常运转。

②舱室内(包括起居处所、服务处所、装货处所、控制站等)的动力通风装置均应安装完毕,并投入正常运转。

③应急切断装置安装、接线完毕,并符合设计图纸的要求,要求接线正确、完整。

2.试验方法

①检查主配电板上属于应急切断的风机、油泵的电源开关铭牌上是否有红色的标志。

②检查机舱两边出口的外侧是否都装有风机切断按钮和油泵切断按钮。其安装的位置应不会由于机舱处所失火而被隔断。按钮上方应该有红底白字的铭牌,标明所切断的风机或油泵。

③驾驶室控制板上应装有风机切断按钮(红色),按钮上方应有标明所属风机的应急切断铭牌。

④做应急切断试验时,检查风机、油泵能否正常运转。若没有投入运行时,均应投入运行,使之正常运转。

⑤当每一个切断按钮动作时,应切断相应的风机或油泵电源开关,并分别检查相应的风机或油泵是否停止运转。如果船上装有 CO_2 灭火系统,在试验释放 CO_2 灭火系统的灭火剂之前,应自动切断被保护处所的所有通风机。因此,在检查该切断装置动作时,应切断相应风机的电源开关,并检查相应的风机是否停止运转。

⑥对于油船,还应进行货油泵的应急切断试验。

⑦对于冷藏船,还应进行制冷压缩机及通风的应急切断试验。

二、雾笛、刮水器及扫雪器试验

海上航行时的天气变幻莫测,风天、雨天、雾天、雪天,各种天气对航行的安全都有直接的影响。为了帮助驾驶人员瞭望并防止船舶间的碰撞,在驾驶室均装有雾笛控制板、刮水器和扫雪器。驾驶人员根据气候的变化使用不同的设备。大型船舶一般在驾驶室的正面装有 3 ~ 4 个刮水器,两个扫雪器和一套雾笛控制装置。雾笛是号笛和自动雾号控制装置的总称,也是一种船舶航行信号装置,在雾天及海上能见度极差时,利用雾笛的声响通知来往的船只船舶所处的位置。

1. 选择与安装的基本要求

(1)号笛的选择

①船舶长度大于或等于 200 m 时,应装大型号笛,频率范围为 70 ~ 200 Hz,声压为 143 dB,可听距离为 1.5 n mile。

②船舶长度小于 200 m 而大于或等于 75 m 时,应装大型号笛,频率范围为 130 ~ 350 Hz,声压为 138 dB,可听距离为 1.5 n mile。

③船舶长度小于 75 m 而大于或等于 20 m 时,应装中型号笛,频率范围为 250 ~ 700 Hz,声压为 130 dB,可听距离为 1 n mile。

④船舶长度小于 20 m 时,只装小型号笛,频率范围为 250 ~ 700 Hz ,声压为 120 dB,可听距离为 0.5 n mile。

(2)号笛的安装

号笛的最大声强方向应对着船艏方向,并应尽量安装于船上高处,使发出的声音少受遮蔽物的阻截。如配备两个号笛为一组的联合号笛时,各号笛的水平间距应不大于 100 m。驾驶室内必须设有一个直通号笛本体用的机械传动的拉手装置,安装必须牢固,拉手的位置、高度必须适当,便于操作。

(3)雾号的鸣放

雾号控制装置应设有手动与自动转换开关,将开关转到自动位置,按照设计的要求应具有如下的功能。

①每次不超过 2 min 的时间间隔鸣放一长声。

②每次不超过 2 min 的时间间隔连续鸣放二长声。二长声的间隔约 2 s,并应能立即停止鸣放雾号。

③雾号应能发出 4 ~ 6 s 的长声与 1 s 左右的短声。号笛鸣放的声响应无抖动与忽高忽

低的现象,每一响声的始末应明显可辨。

(4)扫雪器的安装

扫雪器的高度应适合一般人的眼睛直视的范围,使驾驶人员能较清楚地看见船的前方,以保证船舶航行的安全。

(5)刮水器的安装

刮水器的运行应做到匀速运动,接触面压力适度。既能清除雨雪,又不会刮伤玻璃。

2.试验方法

①测量各个设备的冷态绝缘电阻值,要求绝缘电阻值应不小于 1 MΩ。

②检查供号笛用的控制风气压,是否达到设定的压力值,检查手动动力号笛的效用情况,声响应达到设计要求。在驾驶室和驾驶室两侧分别按下电动号笛按钮,检查电动号笛的效用情况。若设有联合号笛时,要求两个号笛应同时鸣放,声响均应达到设计要求。

③雾号控制装置应由两路电源供电,其中一路应急电源可以由蓄电池组供电。检查电源的转换情况,应正确、可靠。

④检查玻璃喷水的情况,要求喷水均匀。检查玻璃加热的情况(若设有时),要求加热均匀,能有效地使其上面的水汽蒸发。

⑤检查刮水器和扫雪器通电时,微电机运行时有无杂音,往返行程中有无异常声响及玻璃表面的清洁程度。

⑥试验结束后测量热态绝缘电阻值,要求绝缘电阻值不应小于 1 MΩ。

习　题

1.应急切断系统试验前需具备哪些条件?

任务六　无线电设备试验

[任务描述]

通过本任务的学习使船舶电气施工人员对无线电设备有较深入的了解,掌握无线电设备试验所遵循的技术规范及工艺方法。

[任务知识]

无线电通信设备是船舶在海上航行时与陆地联系的唯一工具,是海上航行安全的重要保证。随着无线电事业的飞速发展,无线电通信设备包括的种类也越来越多。由中、近距离的高频(VHF)、甚高频、中短波收发信机到环球航行的卫星通信;由摩斯电码的点与划到直接电话和数字通信,集成化的水平越来越高。各国均把无线电通信设备的试验列入法定试验项目。

无线电通信设备的系泊试验,其目的是检验通信设备种类的配备和通信手段的实际效用。它是船舶申请海上航行试验的必备条件。

一、试验前应具备的条件

无线电通信设备的系泊试验应在安装施工全部结束以后进行。由于无线电通信设备不同于一般的电气设备,所以各造船厂都有一支由专业人员组成的队伍从事这项工作。现以 CZ－6G 电台为例,说明在对无线电通信设备实施试验前应具备的条件。

1. 安装工程结束

安装的场所位置应该符合设计的要求和规范的要求。

①无线电室时钟的直径大于或等于 125 mm,,有同心秒针,并标有静默时间和每隔一秒的四秒分度上的红色标志。

②水平拉索天线应采用天线保安装置以防止拉断;天线的材料应采用铜或铜合金制成的多股绞合线;平行天线的间距不小于 700 mm;天线的弧垂不应超过两悬挂点距离的 6%;保安装置的线径应小于天线的截面积。为了不影响工序的衔接,有时这种检查在施工过程中进行。

2. 图样和技术资料的准备

检验前应首先备齐并熟悉图样和技术资料。图样包括无线电设备布置图、无线电设备系统接线图、天线布置图、无线电电缆分布图等。技术资料主要有设备的技术说明书和使用说明书等。要仔细了解设备的工作特性和工作频率范围。

3. 检测仪表的准备

准备好检测时需要使用的各类检测仪表。例如 500 V 兆欧表、100 V 兆欧表、万用表、功率计、频率计、秒表等。对于所使用的各类检测仪表应注意具有检定合格证书,且合格证书在有效期内。各类检测仪器测量不准确度应已知且满足被测量的要求。

4. 单机设备调试结束

单机设备经专业调试人员试验证明符合技术规格书的各项指标,根据船上环境的特点调整完毕。这类调试可由设备制造厂负责,也可以由船厂专业调试人员完成。

5. 掌握基本无线电知识

对于没有报务或无线电专业资历的试验人员,在试验前首先要了解清楚无线电通信的一些常规知识。下面介绍一些标志符号和代码的意义。

工作种类的标志符号及意义如下。

A1A	双边带等幅键控报
A2A	双边带调幅键控报
H2A	单边带全载波调幅键控报
A3E	双边带调幅话
H3E	单边带全载波话
R3E	单边带减幅载波话
J3E	单边带抑制载波话
F3E	调频话
DSB	双边带
USB	上边带

LSB	下边带
CW	等幅报
TELEX	电传

二、检验方法

无线电通信设备的种类较多,而且各个设备的使用方法均不相同,在检验中要根据不同设备的工作种类、技术要求分别进行检验。

1. 收、发信设备检验

①检查主、备用发射机的供电方式,其中备用发信机应由应急电源或蓄电池直接供电,调谐时应使用备用电源,并且注意观察蓄电池组的放电情况。

②检查主、备用发射机在不同天线的状态下的匹配调谐情况,并根据不同发信机调谐方法的特点绘制调谐表。需要记录的内容如表 8 - 4 所示。

表 8 - 4　主、备用发信机调谐表

船　名_____　　型号_____　　　　　试验日期_____年____月____日

天线种类	频率/kHz	天线耦合	末级调谐	工作种类	电流/A			输出指示
					阴流	栅流	屏流	
主天线								
副天线								
主天线								
副天线								

③在调谐试验的同时,检查输出功率的情况,一般不得小于额定功率的 85%。在 500 kHz 和 2 182 kHz 频率工作时,调谐输出应该最大。

④可以根据发射机的功率选择通信种类,以及调谐时的气候条件进行实际效用试验。同中、远距离的已知岸台进行报频和话频的联系,由对方的信号评价来观察所检验的设备的工作情况。

⑤检查当发射机发射时收信机控制照明变压器(BK)线路的工作情况是否正常。如果是键控时,应能听到继电器工作时的声音。

⑥检查收信机在工作情况下,各个波段的接收情况及使用扬声器或者耳机接收的情况。备用收信机工作时应使用蓄电池组供电。对于具有自动扫描的收信机,可以选择任一信道进行编程,然后启动,根据程序逐一进行循环扫描,每个信道监听 4 s。如果同 DSC 配套的话,可按开关,检验扫描是否在选呼频率:2. 187 5 kHz、4. 207 5 kHz、6. 312 kHz、8. 445 MHz、12. 577 MHz、16. 804 5 MHz,各频率逐一循环扫描接收。每一个频率监听时间约 0. 33 s。

2. 窄带直接印字报(NBOP)终端试验

对于海上作业的长篇幅报文的发送,窄带直接印字报的优点在于可直接进行人工编辑、打印、纠错等优点,大大降低了报务员的工作量和人为出错的概率,是一种新型的无线电报终端。NBOP 的工作方式一般有自检(TEST),自动请示重复(ARQ),前向纠错(FEC),选择前向纠错(SFEC),直接印字(Direct)等。由于使用上的特点,在系泊试验的阶段,一般只做 TEST 试验,即通过自检程序,观察设备处于工作状态时各部分工作的情况。在有条件的情况下,可直接同相应岸台联系,检查 NBOP 的发射与接收状态。应该注意的是,NBOP 本身并不带有发射和接收功能,而是使用组合电台的公共通道,所以发射与接收设备的调谐情况会有直接影响 NBOP 工作的情况。当 FEC 的收发均正常时,说明电传接口正常,收发天线(TX、RX 天线)信道正常和键控正常。

3. 卫星通信设备的试验

卫星通信设备安装在船上一般有 A 站和 C 站。A 站一般具有电话、电传、传真功能;而 C 站一般作为备用设备,备有 24 V 直流电源,仅有电传的功能,可作为值班设备或者在应急情况下使用。

由于卫星通信设备一旦启动登记入网后,仅有很短的试验时间,而使用的费用很高,所以在试验中,须向船东讲清楚,征得船东意见后,方可进行实际通信效用试验。试验时应注意以下几点。

①天线安装的位置是否符合设备技术要求的规定。

②由于卫星通信天线工作时有角度要求,所以应检查外接信号是否正确和工作是否正常。例如,来自电罗经或卫星导航系统(GPS)的信号;天线自动跟踪情况;格林尼治时间显示的精度。

③打印设备和显示设备启动后,检查设备工作是否正常和自动记录时的清晰度。

④利用整机自检的功能,检查设备工作状态。表 8 - 5 是日本 JRC 公司的JUE - 45AMⅡ型卫星通信功能自检内容,可供参考。

表 8 - 5　JUE - 45AMⅡ型卫星通信功能自检表

代　码	内　　容
QBF	对视频显示单元的显示和打印功能的检测
ROM	对只读存储器的功能检测
RAM	对随机存储器的功能检测
A/D	数模转换功能的检测
E/B	对天线单元、显示单元和操作单元 CPU 之间的线路检测

4. 数字选呼(DSC)设备试验

该设备是实现岸对船、船对岸、船对船之间的呼叫,发送接收/遇险报警和进行有关业务的应急通信系统。这种设备使过去那种无目标的遇险呼救变成有指定对象的呼叫和信号传递。

数字选呼设备的工作种类一般具有以下几种:

①遇险呼叫。这种工作方式只需按一个键即可自动发出遇险呼叫。

②所有船呼叫。当采用这种工作方式时,所有装有数字选呼设备的船只和岸台均能收到并做出相应的反应。

③单船或区域性呼叫。这是指一条船对另一条船或指定某一定区域内的船均能收到的呼叫。

④群呼。这是指一条船对某一船队的指定呼叫。

数字选呼设备的发射方式可以由中、短波发射机发射,也可以由 VHF 电话发射,不同的发射设备的选择是根据发射频率所确定的。

由于数字选呼设备不一定在所有船只和岸台安装,所以试验时,应以本机自检功能的测试为主,来确定本机的工作状态。某些设备的发射试验也可以利用仿真天线进行。例如:某公司 CB-3 型数字选呼设备试验时,即可利用仿真天线,将遇险呼叫键按下 5 s 内,按住负载灯直到发亮为止,以检验设备的发射情况。检验后应按复位键,使设备恢复到无人值班状态。自检时,可以对调制解调环路测试;TTL 环路测试;空号测试;传号测试;点图循环测试;点图传输测试;打印机测试;液晶显示屏测试和收、发信机遥控功能测试。通过上述测试可以确定设备的工作状态是否正常。

由于数字选呼设备发出的地理位置信号均来自外部设备,所以应检查外部方位信号输入的情况。CB-3 型数字选呼设备的外部信号来源于罗兰-C 定位仪。这是确定该设备能否发出正确船位的关键。有些设备的外部信号来源于 GPS 定位仪。

当数字选呼设备联网后,在可能的情况下,可以向某一固定岸台进行单船呼叫,来确定设备的工作状况。

5. 无线电自动拍发器、自动报警试验

在试验此类设备时,均应使用仿真天线,并避开无线电规定的静默时间,试验时应尽量做到信号接通的时间越短越好。

①当接通自动拍发器电源时,利用测试按钮,启动发射机的发射回路,利用接收设备监听所发出的 12 长划的正确性。每长划为 4 s,间隔 1 s,总时间为 59 s,即可切断电源。

②当接通自动报警电源时,利用试验按钮发出警报信号,当信号为 3~4 画时,自动启动报警装置,将信号传到无线电工作室、驾驶室和报务人员卧室,确认上述三处均能收到报警号后切断电源。

6. 甚高频无线电话试验

①检查双套电源供电时,设备是否能够自动转换并且正常工作。

②利用功率测定仪检查发射功率,要求不大于 25 W,并同时检查将发射功率立即降低至 1 W 时的转换情况。

③检查各个频道的发射情况,可与所在港的岸台进行通信试验联系,检查是否有足够的频道。

④检查无线电话转换频道时,是否能相应的自动转换为单工或双工工作制。

⑤检查收信机是否可以在 16 频道和其他任一频道同时进行自动搜索和接收。

7. 频率为 2 182 kHz 的无线电话值班接收机和 518 航行警告器试验

检验内容如下:

①检查设备的供电情况,为保证连续工作,主电源与应急电源应能自动切换。

②检查设备的接收情况,设有自检系统的可利用自检功能进行检测。

③利用试验按钮,产生人工报警信号,以便试验静默装置的功能。

④收听双音信号的报警,频率为 1 300~2 200 kHz 音频信号。

518 航行警告器主要播发一般气象预报和海上安全信息,也可根据船员的需求只接收自己认为需要的安全信息。各发射台在 4 h 内播发 10 min,但收到遇险报警时除外。表 8 - 6 是 518 航行警告器的中国台站和部分工作时间表。

表 8 - 6 航行警告机台站工作表

覆盖区	台 站	国家	城市	时间表
XI	M N O R Q S L	中国	湛江 广州 福州 大连 上海 天津 香港	0200,0600,1000,1400,1800

8. 双向无线电话、雷达应答器、应急示位标和救生电台试验

①检查手持双向无线电话配置的数量、充电设备的效能以及电池的使用有效期。

②雷达应答器应安装在船东指定的位置。检查电池的使用有效期,并利用试验按钮检查试验发射,可利用船上的 9 GHz 导航雷达来观察发射的状态,时间应限制在 3 s 之内。

③检查应急示位标的配置数量、安装位置。如有自动释放装置,检查能否自动投入工作(手持应急示位标的安装位置由船东确定)。检查电池安放的时间,有效期不得少于 1.5 a。手持应急示位标安装电池使用期为 12 个月。可利用极短的时间做接通发射试验,试验时必须使用仿真天线,时间不得超过 30 s,并可利用值班接收机监听。

④试验救生电台时,必须使用电台配制的折叠天线和手摇发电机。当手摇发电后,检查 2 182 kHz、8 364 kHz 和 500 kHz 调谐的状况,并可利用无线电室的收信机进行监听。调谐时,应是天线最大输出功率状态。用最短的时间检查自动拍发的报警信号,收听500 kHz、8 364 kHz 的接收状况,根据噪声对接收状况做出判断。

根据验船师和船东的要求,将救生电台安装在指定位置,并检查安装的可靠性。

根据有关要求,装有双向无线电话和雷达应答器的船舶可以不配备救生电台,所以在试验中应根据实际配套进行检验。

习　题

1. 简述无线电设备试验前应具备的条件。
2. 无线电设备的试验方法有哪些?

任务七　助航设备试验

[任务描述]

通过本任务的学习使船舶电气施工人员对助航设备有较深入的了解,掌握助航设备试

验所遵循的技术规范及工艺方法。

[任务知识]

助航设备是指船舶在海上航行时,协助驾驶人员对船舶的航行、船舶周围海况做进一步了解的设备,是驾驶人员在复杂海况下的耳目。特别是在远洋航行中,航行设备是驾驶人员的主要助手,所以也称这类设备为助航设备。

目前海船所使用的电子助航设备一般包括:用于观察和避碰的雷达;用于保证航向的罗经;用于了解海底状况的测深仪;用于掌握航速的计程仪;用于了解船位的定位系统;用于救生或导航的测向仪;用于了解气象的风向风速仪和气象传真接收机,其他非电子设备的仪器,如六分仪、天文钟等。这里主要讨论电子助航设备的一般试验程序和内容。

一、试验前应具备的条件

助航设备的试验应该在安装工作结束、对安装情况检验完毕并经专业人员调试结束后进行。被试验的设备应符合设计位置、安装要求和环境空间的技术要求。由于助航设备的安装位置较分散,有的在船桅上,有的在船底,考虑各道工序的衔接,所以安装期间的检验约涉及船只建造周期的 2/3 进程。由于设备之间的差异,在安装上应严格按技术要求执行。例如,两台不同波段的雷达,S 波段的天线应高于 X 波段的天线 1 m 以上,雷达性能监视器应该安装在技术要求的角度之内等。

助航设备的试验需要各工序的密切配合。在其他工序施工过程中,试验人员应该在此期间加强中间检验,熟悉各设备的技术特点。由于系泊试验是在静态状况下对设备进行技术标准的考核,所以在时间上没有具体的要求。

二、试验方法

1. 雷达设备检验

(1)接地电阻和绝缘电阻检查

检验时,要先进行接地电阻和绝缘电阻检查。雷达冷态启动后,应能够在 4 min 内正常工作。在准备状态转入工作状态时,应能在 15 s 内进入工作状态。供电后,检查发射机的磁控管电流和晶体电流,电流指数应在规定范围之内。注意观察天线的旋转应没有抖动,转速均匀,转向符合技术说明书的要求,转速为 12 r/min。

(2)雷达显示部分的检查

①检查面板照明、屏幕亮度调节、增益调节、海浪和雨雪抑制调节旋钮的功效。

②检查显示屏上船艏线、电子方位线、扫描线的长度和线性的显示情况,船艏线的宽度应该不超过 0.5°。

③检查固定距标环的显示情况和活动距标的量程选择功能正确与否,其测距误差应不超过表 8 - 7 的要求。

表 8 - 7　测距误差表

序号	项目	误差
1	最小作用距离	50 m ~ 1 n mile

表 8 – 7（续）

序号	项目	误差
2	距离分辨力	50 m
3	方位分辨力	2.5°
4	测距误差	1.5% 或 70 m 取大值
5	测角误差	±1°
6	艏向误差	±1°

④在天线高出海平面 15 m 以上，没有杂乱回波的情况下，其显示物体的清晰度即分辨率优于表 8 – 8 所列的要求。

表 8 – 8　显示图像的清晰度表

序号	项目	清晰度
1	海拔 60 m 高的海岸	20
2	海拔 6 m 高的海岸	7
3	5 000 总吨的船舶	7
4	10 m 长的小船	3
5	具有 10 m² 有效反射面的航标	2

⑤检查雷达方位角的测定。可利用已知方位的地面固定目标来校准，也可利用校准好的方位分罗经上的方位圈对固定目标的测定为参考量。要求测定的方位角误差在 ±1° 范围内。

⑥检查外接数据信号的显示与正确性。数据信号主要来自计程仪的速度数据（系泊试验可采用模拟量数据）和罗经的方位数据。该数据的既可手动输入又可自动输入，其罗经发送的匹配精度应在 0.5° 以内。

（3）雷达自动标绘装置（ARPA）的检验

在对 ARPA 检验时，应根据技术说明提供的技术条件进行自检测试和实际测试。重点注意以下几方面。

①ARPA 既可同雷达并用，也可与雷达分开单独使用，其显示应包括雷达所提供的全部数据。共用时，不能影响雷达的使用功能，并能提供相对运动和真运动两种工作方式的图形显示。相对运动时，一般的显示图象表现为"船艏向上，正北向上，航向向上"的稳定显示状态。

②ARPA 应能够迅速捕获出现的目标并测出距离和方位。同时在自动跟踪、处理、显示并不断更新信息的目标数量上，具有自动/人工捕获功能时应大于等于 20 个目标，仅具有人工捕获功能的应大于等于 10 个目标。

③设置警戒圈。当目标接近时能发出声光告警信号，当被跟踪目标丢失，应标出该目标的跟踪位置。

④对任何跟踪目标，需要时应能立即以字母和数字形式提供下列信息：

a. 现在至目标的距离;

b. 现在目标的方位;

c. 预测目标的最接近点(CPA)距离;

d. 预测至 CPA 的时间(TCPA);

e. 计算的目标真航向;

f. 计算的目标真速度。

⑤检查以矢量和图形显示的被捕获目标的航向和速度。所显示的矢量应为时间比例可调的或具有固定时间比例的真矢量与相对矢量两种选择的明确标示。

2. 磁罗经和电罗经的试验

(1)磁罗经试验

由于磁罗经需要在海上实际校验,所以在系泊试验期间只做安装检验。磁罗经安装位置应做到视野开阔,便于观察水平方位和天体方位,为防止吸收甲板应力,应该垫 25 ~ 50 mm磁罗经厚的木垫,要求磁罗经首尾方向的中心线与船体中线的角度偏差应在 ±0.5° 以内。检查磁罗经液体是否装满、平衡环是否灵活、反光照明是否清晰可见。磁罗经同驾驶室应有直接通话的传声筒,固定罗经的螺栓须采用非磁性的材料,应尽量远离磁性材料结构,其间隔距离应大于 3 m 以上。

磁罗经的试验内容如下。

①灵敏度检查。用磁棒使罗盘转向 1° ~ 2°,然后将磁棒移走,罗盘应回到原来的刻度,允许误差 ±0.2°。

②半周期检查。人为地使磁针偏离平衡位置20° ~ 30°,然后让其自由返回,用秒表测量磁针绕平衡位置摆动的半周期时间。

③自差消除。采用适当的方法将固定自差、半圆自差、象限自差和倾斜自差消除,以减小由于地区磁场不同所引起的自差。

④反光照明应备有双套电源。

(2)电罗经试验

电罗经的试验应注意下列情况:

①主罗经首尾基线与船舶纵中剖面的平行度误差不超过 ±0.5°。两舷分罗经应尽可能安装在可以得到180°以上的最大视野的位置。

②测试罗经的供电情况。应备有两套电源,并且能够自转换;当主电源失电时,能够发出声光报警。

③测试罗经进入工作状态后,是否可以在 6 h 内稳定。所谓稳定是指在不改变航向的情况下,在罗经没有外界影响时应是一条直线。试验时可以利用已知码头已测定的度数作为参考量,从航向记录器上观察罗经的稳定情况。

④利用测定太阳方位来检查主罗经的安装误差。测量时应选择观察太阳与地面夹角较低的时间,如早上日出后2 h,傍晚日落前2 h,这时测量的值精度较高。

⑤检查主罗经和分罗经之间的跟踪和匹配精度。分罗经一般分为两舷分罗经、测向分罗经、操舵分罗经、船长室分罗经和舵机室分罗经等。匹配精度允许误差为 ±0.5°。

⑥检查罗经信号输出的情况,罗经信号输出一般有同步式和步进式两种,信号送至雷达、测向仪、卫星导航接收机、卫星通信设备等。

⑦罗经正常工作时,在任何航向上的误差都不应该超过 ±0.75°×纬度的正割值。每次

启动后的重复精度应在 $0.25° \times$ 纬度的正割值的范围内。

⑧随动系统检查。测量和记录随动球失配后返回的时间及跟踪时间差。

3. 测深仪试验

测深仪的应用是为了帮助驾驶人员在进出港或航行在较复杂的海域时,了解海底状况的辅助工具。测深仪的换能器一般安装在船底吃水最深的部位,而显示器安装在驾驶室或海图室。测深仪的工作原理同鱼探仪的工作原理差不多,都是利用换能器发射和接收电磁波,所以换能器安装的好与坏直接影响到测深仪的技术性能。

船舶下水以前,应该对换能器的安装位置及表面粗糙度进行检验,换能器对水平面的倾斜角不应超过 $\pm 3°$,其中心线同船舯线的平行度不超过 $1°$。考虑船底涡流和空气泡的影响,如果换能器安装在船体曲线较大处,应加装导流板。换能器的表面不得被油漆或其他涂层覆盖,安装结束后,应做水密试验。

对于换能器的绝缘性能检查,可以用万用表的高阻挡进行测量,以免下水后更换坏的换能器所引起的麻烦。

在测试显示器时应完成以下步骤:

①检查设备的接地电阻和线路的绝缘电阻。

②测定电动机转速的稳定性,用秒表测定记录器和指示器的电动机转速。

③设备接通电源后,检查零位信号和零位线及定位标志;检查增益调节、量程选择、辉度显示和浅水报警等功能。利用测深锤进行实际显示误差的校核。

④连续工作时间考核,一般约为 4 h。

4. 计程仪试验

计程仪是为驾驶人员提供速度数据和距离数据的工具。目前船上安装的计程仪有拖曳式、水压式、电磁式和声相关式。在系泊试验中,由于水流相对船只是由于潮汐的原因有微小的运动,所以系泊试验的重点应放在安装和数据传递方面。

①电磁式计程仪的传感器安装检验基本与测深仪传感器相同,但需要在以传感器为中心的 $4 \text{ m} \times 2 \text{ m}$ 范围内涂以高效防污材料。传感器表面和与船体结合处的密性试验应能承受 6 MPa 的水压。首尾标志应与船舶艏艉标志一致或平行。

②拖曳式计程仪如果用电气传递数据信息的话,其航程复示器应安装在海图室内,并配备有水密性插座。安装在船艉部两舷墙板外侧的航程指示器滑座,应注意能使指示器在其座内自由的转动和摇摆,以保证计程仪绳的平顺。其滑座的轴线应平行于船舶的纵舯剖面。

③水压式计程仪进水管应尽量安装在靠近船舶回转的中心处,进水管的升降应自如,没有机械障碍,进水口处应有明显的标记。位于机舱底部的计程仪升降杆周围应便于使用和维护。

④电磁式计程仪试验时,首先测试设备的接地电阻和线路的绝缘电阻。电磁式计程仪供电后,按照产品技术文件检查操作功能、静态时情况、调光功能和里程累计复位归零功能。同时测定主显示器和复示器的读数误差。例如 TD501 式计程仪,可以将开关置于模拟状态,经 20 min 稳定后,应显示出 14.8 kn 的模拟速度,说明计程仪收发机工作正常。当开关置于工作位置时,应有微弱的变化,显示在 0.1 kn 左右,说明计程仪发射正常。如果船舶相对水流是处于静止状态,计程仪仍有 10 kn 左右的指示,说明计程仪发射不正常,或传感

器表面受污而影响发射,这时应对计程仪做进一步的检修。

电磁计程仪一般为雷达、定位系统或者自动操舵系统输出外信号,信号的形式有每海里 200 脉冲的开关信号,可以用万用表在计程仪的输出端测量。

5. 定位系统检验

定位系统是为了帮助驾驶人员在任何时候确定本船在海上的准确位置提供数据。驾驶人员可以根据定位系统所提供的信息在海图上标明所处位置,便于对后续航行路线的推算。现代化定位设备不但可以确定船位,也可以推算船位,或制定转向点,最先进的定位设备甚至可以操纵指挥舵机,使船舶自动地向预定方位行驶。目前船上装有的定位系统有:罗兰 A、罗兰 C、奥米加定位仪、台卡定位仪和卫星导航定位仪。前四种都属于双曲线定位原理,双曲线导航的有效范围取决于用接收机测定的时间差,具有足够的信号强度,位置线的精度在要求的范围内。为了确定位置,必须能稳定地接收一个主台和两个副台的信号,电波的接收距离取决于频率、发射功率、天线的高度、陆地的状态、电离层的状态和接收机的灵敏度等因素。

双曲线定位是利用时差来计算出船位的。由于使用的频率比较低,所以其受天波、地波干扰较重,所以在台链覆盖区内定位较准,而出了覆盖区定位精度就较差。卫星导航接收机是根据多普勒频移的原理进行定位的,使用 400 MHz 的信号,定位精度较高,特别是目前使用的全球定位系统(GPS)定位精度更准确。表 8-9 为常用定位系统一览表。

表 8-9 常用定位系统一览表

系统名称	罗兰 - A	罗兰 - C	奥米加	GPS	NNSS
频率	1 750 ~ 1 950 kHz	100 kHz	10 ~ 13 kHz	1 227.6 ~ 1 572.4 kHz	150 ~ 400 MHz
有效距离	昼:700 n mile 夜:1 400 n mile	昼:1 700 n mile 夜:2 400 n mile	7 000 n mile	全世界	全世界
精度	1 ~ 3 n mile	1/4 ~ 1/3 n mile	1 ~ 2 n mile	15 m	昼:±0.3 n mile 夜:±0.1 n mile
基线长	300 ~ 500 n mile	1 000 ~ 1 500 n mile	5 000 n mile	—	—
测定方式	脉冲比较	脉冲比较 周波重合	相对比较	多普勒频移	多普勒频移
应用对象	船舶、飞机	船舶、飞机	船舶、飞机	船舶、飞机	船舶、飞机

注:NNSS 指海军导航卫星系统。

由于上述设备的信号均来自外部,所以接收信号的质量直接影响到定位精度。在系泊试验时,天线安装的位置应该是检验的重点,要求各类天线均应尽量远离发射天线;卫星导航接收机天线应该高于卫星通信天线。罗兰 - C 天线应采用无方向性天线,奥米加天线应该尽量远离船体立式结构。

设备安装位置应该靠近海图作业处,高度便于操作人员的观察。阳光不得直接照射显示部位。各个设备应该设有单独的、可靠的接地线。对于有存储功能的设备应备有两套电源,失电时能够自动切换,且有声光报警和消音复位功能。对于输入或输出的信号接口,应进行检查,保证接口信号的匹配和正确。

罗兰-C接收机应该具有自动或者半自动搜索及自动周期选择、自动稳定和自动跟踪的功能。

奥米加接收机应该具有手动或者自动与发射格式取得同步的功能,连续监听同步状态的功能,同时能处理至少来自4个发射台的信息。

台卡定位仪在我国没有岸台,仅在欧洲使用。

卫星导航接收机经初始化后应能自动捕捉卫星信号,更新定位信息,并指出卫星角度、信号质量等,在工作中随时可以显示下列定位信息:

①格林尼治时间,精确到1 s。

②航速(手动或自动输入)。

③航向(手动或自动输入)。

④推算船位距更新定位的时间。

⑤预报下次可用卫星通过的格林尼治时间。

⑥手动和自动的自检测情况,有故障时显示故障部件的代号。

⑦目前船位的最新信息。卫星导航接收机的定位精度在静态时应不超过0.1 n mile,动态定位精度应不超过0.3 n mile(其中包括每节航速引起的0.2 n mile误差)。

⑧GPS是新一代的卫星导航设备,其系统工作时有18颗卫星平均配置在6个轨道上,可以达到三维定位能力。对此类定位仪进行检验应注意三个环节:第一是初始化输入,即开机后最初的人机对话方式的输入,包括速度和航向的输入、经纬度、格林尼治时间的输入、天线高度数据的输入以及各类修正数据的输入等。第二是功能的检测,包括定位及推算航行路线等。第三是各类接口的检查,包括外信号的输入和GPS定位信号的输出。图8-2是较典型的几个卫星导航仪显示图。

```
SAT    DRT   01   40E   N1
   LAT    N    38   50   467
   LON    E   121   30   262
        GMT   18   08   44
G01       R   2216.2   B   260.6
SPEED   15.5         HDG   258.6
M     DRIFT 1.0    SET   330.0
                   D12    0.1
MAGNAVOX                  NAV1
```

(a)

N 33	50.533	E 118	20.237		
29/08/93		GMT21	38	55	
		V			
00	322	221	100	000	
04	000	000	022	221	
08	222	211	222	210	
12	000	000	000	000	
16	222	333	344	555	
20 >	666	555	555	333	
				CURRNT	

(b)

GPS		NAV	
LAT	N 38	50.533	
LON	E118	20.237	
GMT	21	51	20
ASPEED 4.6	A	HDG	205.9
SOG	4.8	COG	208.2
		D12	1.8
MAGNAVOX		HDOP3	

(c)

图 8-2 卫星导航仪器显示图

6. 测向仪试验

测向仪最早的作用是定位,后来用于救生,所以目前还没有完全取消测向仪。测向仪的安装位置应该面向船首方向,并且能够清楚地看到船钟、计程仪和分罗经的读数。测向仪所使用的天线是一个双环交错的天线,安装位置应该高于发射天线 2 m 以上,如果不能满足此条件,在水平方向上与发射天线的间隔应该大于 4 m。天线上都有船首标志,此标志应该对准船首或平衡,以免引起测向时的误差。

①检查设备的接地电阻和线路的绝缘电阻。

②测试测向仪同无线电室的连锁控制。只有将发信天线置于天线开路位置时,测向仪才可以进行工作。一般情况是测向仪上有一允许测向指示灯,当发信天线打到测向位置时,天线开路,此灯亮后,测向仪才进入工作状态。

③没有测向电电源接通后,应该在 60 s 内投入工作。检查收听到的信号是否清晰,可以利用已知岸台的坐标位置和发出的测向信号,检查自动、手动测向的工作情况和 2 182 kHz 搜索装置的工作情况。

④定边。由于环状天线具有"8"字形方向特点,在测向时会出现两个哑点,所以必须定边。定边时,将寻向线圈按规定方向转 90°(顺、逆时针方向),这时一个哑点上声音变得很响,而另一个哑点上没有声音或者声音很轻,后者应是所测电台的方向。

⑤当场强足以确保信噪比不低于 50 dB 时,从哑点向任何一侧改变方位指示 5°,音频输出至少增加 18 dB,改变到 90°时,增加 35 dB。

7. 气象传真机和风向风速仪试验。

此两类设备均是为海上航行提供气象数据信息的。前者以卫星云图或气象图出现,后者是船只周围的当时气象指示。检验中可以根据技术说明书提供的要求进行测试,例如:气象传真机的自动起动、频率预定、图像清晰度、色泽的可调性,以及 BK 线路的工作情况。

风向风速仪的传感器应安装在船上最高处,至少周围没有遮物以形成涡流。可根据说明书的要求,检查瞬时风速、平均风速、风向、干湿度、温度等技术指标,也可以用手动风向风速仪做对比试验,但所取得的数值仅是参考值。

习　题

1. 助航设备试验前应具备哪些条件?
2. 定位系统检测具体方法有哪些?

任务八　船舶电气设备试车试航实例大纲

[任务描述]

通过本任务的学习使船舶电气施工人员对船舶电气设备试车试航有完整的了解。

[任务知识]

一、总则

①本试验大纲参照《海船系泊及航行试验通则》(GB/T3471—1995)和《柴油机动力内河船舶系泊和航行试验大纲》(GB/T3221—1996)(以下简称《大纲》)的规定并结合本船舶电气设备的配置情况而编写。如有出入处,以《大纲》为准。同时还应满足现行船舶规范和法规等规定的要求。

②本船舶系泊和作业试验的具体要求应由船检部门、船东、船厂、设计院根据本试航大纲共同商定。

③在试验前,船厂应提供有关电气设备的出厂技术说明书、产品检验合格证及自制设备的试验报告。

④在试验前,船厂应检查各电气设备安装及接线的正确性、操纵正确性及运转安全性,并消除在检查中发现的各种隐患。

⑤在试验中,船厂应做好试验记录,完善试验报告,作为检验和交船的技术资料,提交有关验船部门、设计院和用船单位。

二、系泊试验

1. 电动起锚机试验(配合甲板机械专业进行)

(1)电动起锚机空载试验

试验过程中,检查电气控制设备各挡调速和电磁制动器的可靠性,对空载各挡的转速、启动电流、工作电流和电压进行测量并记录;空载运转试验后,测量电动机及控制设备的热态绝缘电阻值,应不小于 1 MΩ。

(2)负荷试验

检查电动绞车控制设备的零位保护,过载保护的完整性及调载保护动作的可靠性。

(3)试验完成后,由船厂整理试验记录,填写试验报告。

2. 电动辅机试验(配合轮机专业进行)

(1)电动辅机的机械对象

①空压机;

②轻柴油输送泵、重油输送泵、滑油输送泵、主机燃油供应单元;

③污燃油泵、渣油泵;

④燃油分离机、滑油分离机、燃油分离机输油泵;

⑤齿轮箱备用滑油泵、污滑油泵、主机滑油预供泵

⑥凝水冷却泵、锅炉给水泵、燃油废气组合锅炉;

⑦消防总用泵;

⑧舱底压载泵、舱底总用泵、应急消防泵;

⑨淡水泵、卫生水泵、卫生水泵淡水泵备用泵;

⑩舱底水油水分离器;

⑪生活污水处理装置;

⑫机舱通、抽风机及其他舱室风机;

⑬空调冷水机组、风机盘管等。

(2)各电动辅机效用试验

各电动辅机做 30 min 的效用试验,测量电动机的启动电流、工作电流、转速、温升等数值。试验后,测量控制设备、电动机及其连接电缆的热态绝缘电阻值,应不小于 1 MΩ。

(3)电动辅机有自动控制及连锁控制时的试验

若电动辅机有自动控制及连锁控制的,须做自控元件、联锁元件动作值调整试验及手、自动控制转换可靠性试验。

(4)风机和油泵的遥断试验

对风机和油泵进行遥断试验,检查其工作的可靠性。

3. 信号设备试验

①核对号灯种类、数量;检查安装的正确性,并进行 1h 效用试验。

试验时检查航行、信号、闪光灯控制单元的完整性;检查航行灯控制单元的完整性;检查航行灯控制单元三路电源供电转换的可靠性;试验后,测量各系统的热态绝缘电阻值。

②核对号灯备品规格、种类、数量。

③自动雾笛、雾灯系统做效用试验,并检查手控的效用及两路电源转换的可靠性。

4. 航行设备试验

①核对航行设备的种类、数量,检查安装的正确性。

②磁罗经。

a. 磁罗经必须备有完整的自差校正系统,并附有适量的备用磁棒。

b. 检查磁罗经照明指示的可靠性。

③测深仪。

a. 做测深效用试验,要求测深及零点准确、信号清晰、增益控制良好。

b. 检查各仪器及屏蔽管的接地质量。

c. 测量线路绝缘电阻值。

④雷达。

a.检查各部件接线的正确性,电缆型号应符合产品说明书的要求。

b.测量雷达天线电动机及馈线的绝缘电阻值。

c.做效用试验,检查天线旋转器和显示器扫描的同步性,检查各控制按钮的效果,显示器图像应清晰。

⑤GPS 定位仪。

a.检查各部件接线的正确性,电缆型号应符合产品说明书的要求。

b.测量卫星导航系统天线及馈线的绝缘电阻值。

c.做效用试验,检查各控制键的效果;显示器图像应清晰。

⑥气象仪。

a.对风向、风速传感器、指示器、气象接收传真机进行效用试验,检查其工作可靠性。

b.测量风向、风速传感器、指示器、气象接收传真机的绝缘电阻值。

⑦船载自动识别装置(AIS)。按产品说明书的要求进行自检功能及效用试验。

5.船内通信设备试验

①广播及对外喊话系统做效用试验,遥控站功能应正常,扬声器话音应清晰。

②声力电话及程控电话系统应通话试验。

③检查失火手动按钮、探测器的布置是否符合图纸要求;火警控制器、集合报警控制器的功能应正常;通用报警系统进行效用试验,检查报警器工作是否正常。

④应急车钟系统效用试验。

⑤轮机员值班呼叫系统做效用试验。

6.无线电通信设备试验

(1)试验前检查各装置的安装

①检查天线的型号、安装高度、引入线等应符合图纸及产品说明书的要求;测量天线对船体的绝缘电阻值,做好记录。

②检查无线电分电单元,主用与备用(或应急)电源的工作情况,电源转换装置的工作情况,应满足设计图纸的要求。

③检查独立的高频接地及保护接地,应符合规范要求,高频接地线应尽可能短。

④无线电设备的布置及数量应符合图纸要求。

(2)VHF 无线电话的试验

①检查 VHF 的各功能键和控制器工作应准确、可靠。

②在第16 频道和第6 频道等工作频道进行通话效应试验,话音应清晰。检查在第16 频道和其他任一频道的自动搜索功能。

③在数字选呼工作状态下进行各种功能的试验。

④在备用应急电源工作状态下,重复上述各项试验。

(3)可携式 VHF 电话试验

①检查电池的可用性及有效期,专用充电器工作应正常。

②在第6 频道、第16 频道等工作频道上进行通话效用试验,话音应清晰。

(4)中、高频无线电台的试验

①检查中、高频无线电台的各功能和控制器的工作应准确、可靠。

②按产品说明书的要求进行效用试验。

（5）无线电示位标的试验

①检查示位标的电池是否在有效期内。

②按其产品说明书检查、试验发射的状态指示灯闪亮或工作指示灯闪亮。

（6）航行警告接收机（NAVTEX）的试验

按产品说明书的要求进行自检功能及效用试验。

7. 照明、电热及生活系统试验

（1）试验前准备

试验前，应检查主照明、应急照明、电热器具、生活电器及开关、插座的安装应符合设计图纸的要求。

（2）效用试验

①各照明分电箱（单元）负荷电器均应做 0.5 h 效用试验，检查开关装置（插座）通断（拔插）工作的可靠性。

②试验后，测量各分路的热态绝缘电阻值，应不小于 1 MΩ。

8. 充放电板及蓄电池组供电系统试验

（1）试验前准备

试验前应检查临时应急蓄电池组、应急发电机自启动装置蓄电池组、主辅机蓄电池组、无线电各用蓄电池组的安装，应符合设计要求。蓄电池应处于充满电状态。

（2）充放电试验

①检查充放电板及充电器上各转换开关、负荷开关、电流及电压表、指示灯工作应可靠正确。

②当船舶主电源、应急电源失电时，临时应急蓄电池组应能自动接入各临时应急线路。检查应急供电指示、主电源失电声光报警装置及消音按钮工作的可靠性。

③检查对地绝缘监测装置的工作可靠性。

④临时应急蓄电池组应进行 1 h 的放电试验。试验时，应在实船最大临时应急负荷状态下进行。试验终止时测量蓄电池的电压，应不小于 88% 标准电压。

（3）试验后，测量系统的热态绝缘电阻值

该值应不小于 1 MΩ。

9. 主配电板、应急配电板及分配电箱系统试验

（1）主配电板、应急配电板试验

①试验前检查配电板的安装，应符合规范和设计图纸的要求。板前及板后的通道应有足够宽度并铺有绝缘垫（板），板的两侧及底部应有封闭板。

②检查配电板的主开关、分路开关、按钮等控制电器，动作应灵活、可靠。

③检查对地绝缘监测装置的工作可靠性，绝缘指示和声光报警功能应正常。

④试验主板、应急配电板与充放电板、岸电箱之间的连锁工作的可靠性。

⑤过载保护试验。将发电机的负载电流调整到配电板原理图上标注的整定值时，过载保护装置应动作（在整定延时时间内），主开关跳闸。

⑥欠电压保护试验。欠电压保护装置应调整到发电机额定输出电压值的 70% 时，2 开关跳闸，且不能再合闸。

⑦逆功率保护试验。当任一台发电机处于逆功率状态时,其保护装置调整在主板原理图整定的逆功率保护值时,延时整定时间动作,主开关跳闸。

（2）检查交流三相配电系统主电源（包括发电机及主照明变压器）

各相负载不平衡度应不小于15%,各相额定负载电流不超过各相额定电流。

（3）进行上述试验后,应分断各分路开关,测量主板的热态绝缘电阻值

该值应不小于1 MΩ。

（4）驾控台各分电单元效用试验（0.5 h）

测量其热态绝缘电阻值（断开各分路开关）,不小于1 MΩ。

10. 发电站试验

（1）柴油发电机组的负载试验

柴油发电机组负荷试验应在主配电板调整试验后进行。其试验的程序、负荷率、时间或次数、试验要求应参照轮机专业进行,并记录电压、功率、励磁电流、转速等数据。

额定负载试验后,立即测量电机的热态绝缘电阻值,应不小于1 MΩ;并应测量发电机各绕组等部件的温升,其值应不超过规定的温升限度。

（2）稳态电压变化率的测定

该值应不超过额定电压值的±2.5%。

（3）超负载试验

发电机组不应有不正常的噪声和振动（发电机的温升不做考核）。

（4）启动最大功率电动机试验

选择船舶电站最大设计工况,做启动该工况最大功率消防泵电动机（18.5 kW）的试验。试验时应不致使运行中的交流电动机失步、停转或电器自行脱扣。

（5）转速遥控试验

在主板上做转速遥控效用试验。其试验调节范围至少应保证在柴油机额定转速值的±10%的范围以内。

（6）负载转移试验

将空载发电机与已在额定功率状态下运行的发电机接入并联,并转移负载,检查发电机负载转移的可靠性。

（7）试验记录

试验结束后,由工厂整理试验记录。

11. 机舱自动化系统的试验

（1）主机遥控装置的试验

①检查驾驶室与机舱所设仪表工作的准确性和一致性。

②检查失步、错车、备车、完车、失电等工作信号及报警信号元件工作的可靠性。

③检查驾驶室与机舱的主机遥控发令、回令、指示及声光信号的正确性。

④试验备用传令钟的效用,并检查信号元件工作的正确性、可靠性。

⑤根据设计要求进行主机启动、调速、换向、停车、紧急停车等功能的效用试验各2～3次。

⑥紧急停机效用试验。

⑦主机由遥控转换为机旁直接操纵主机的效用试验。试验进行2～3次,转换应迅

速可靠。

（2）显示、报警设备试验

①检查报警箱上主机转速表、推进器换向指示灯等与机舱、驾驶室的相应仪表、指示灯的显示是否一致。

②检查船舶所设各报警项目是否与设计图纸一致，安装的完整性及动作的准确性，并做效用试验或模拟试验。

③检查应急电源供电的可靠性，并做效用试验。

三、航行试验

电气部分的航行试验，主要是配合船体、轮机和甲板机械部分在航行状态中进行各项试验，其中电气配合进行主机遥控试验，舵机性能各项操纵试验，锚机的抛锚、起锚试验及其余电气部分试验是以效用试验为主的试验，进一步考核各系统电气设备的实用状态，有无异常现象出现。航行试验结束后，检查各系统电气设备，并分别进行热态绝缘电阻值测量和温升检查。出现异常现象须分析并查出原因，修复解决后再进行试验，直至完好为止。

习　题

1. 测向仪的海上航行试验的内容有哪些？
2. 测深仪的海上航行试验的内容有哪些？
3. 无线电通信设备的海上航行试验的内容有哪些？
4. 机舱集控台检测报警点海上航行试验的内容有哪些？
5. 主机遥控海上航行试验的内容有哪些？

[任务技能]

技能训练一　柴油发电机组启动试验

一、试验内容

通过柴油机的冷态启动，来检验其启动灵活性、启动时间及启动次数。

①用压缩空气启动的柴油机。试验前将一只副空气瓶充气至额定工作压力，在中途不补充气的情况下对冷态柴油机进行启动试验，当柴油机启动至柴油燃烧后立即停车，然后再次启动。试验时应记录每次启动前、后的空气瓶压力及最低启动压力。启动次数不少于6次。

②用蓄电池启动的柴油机。试验前将蓄电池组（两组）充足电源，在中途不补充电的情况下对冷态柴油机进行启动试验，当柴油机启动至柴油燃烧后立即停车，然后再次启动。试验时应记录蓄电池启动柴油机的次数。启动次数不少于10次。

③自动启动的应急柴油发电机，做主发电机停电状态下的自动启动试验。试验时，记录从主电源切断到应急发电机自动启动运行所需要的时间。对于应急柴油发电机，要求在

0 ℃以下的环境状态下具有冷态启动的能力。试验时气温条件一般较难满足,可以选择环境温度较低的条件下进行试验。

④对于自动启动的应急发电机组,每台机组应能具有连续3次启动的能源。此外,还应具有第二能源,在30 min 内能启动3次(除非柴油机能用手工启动)。在试验时,启动的次数应不小于上述规定。

二、试验要求

柴油发电机启动试验须记录启动前后副空气瓶压力、启动次数及最低启动压力;用蓄电池组启动的柴油机则要记录启动次数。

技能训练二　安全报警装置试验

一、试验内容

①冷却水低压、高温的声光报警装置采用模拟方法进行试验。将低压和高温报警传感器从机上拆下分别接至手动油泵和电加热的液体容器中,分别进行降压或加温操作,观察相应报警器的动作情况,当达到其设定值时,安全报警装置应立即发出声光报警信号。

②滑油低压采用模拟方法试验。将滑油传感器从机上拆下接至手动油泵,使滑油压力达正常值,然后启动柴油机,并用手动泵控制滑油压力,当滑油压力降低到报警压力时,应发出声光报警信号,如继续降低到低压停车压力时,柴油机应能自动停车。

③冷却水高温停车装置采用模拟方法试验。用电通过水加热温度传感器,加热前启动柴油机,当传感器达到报警温度时,应发出声光报警信号,如温度继续上升至高温停车的温度时,柴油应能自动停车。

对于额定功率大于220 kW 的柴油发电机组,应进行超速保护装置试验。在柴油机空载运转情况下,将柴油机转速从额定转速向上加速,当超过额定转速的15%时应能自动停车。

二、试验记录

试验时应对每一压力、温度安全报警测点做好报警及停车记录。

技能训练三　船舶电站绝缘电阻值的测量

一、试验内容

发电机组和配电板绝缘电阻值测量的内容包括:
①配电板汇流排对地的绝缘电阻值;
②发电机电枢绕组对地的绝缘电阻值;
③发电机励磁绕组对地的绝缘电阻值;
④发电机空间加热器对地的绝缘电阻值;
⑤调速电动机对地的绝缘电阻值。

二、试验的实施和记录

在柴油发电机组和配电板试验之前,应进行冷态绝缘电阻值的测量。可用兆欧表来测量,将兆欧表的一端接地,另一端接所要测量的部位。测量时要求验船师和船东在场。

对于柴油发电机组和配电板的热态绝缘电阻值,应该在设备试验后立即进行测量,测量方法与检验冷态绝缘电阻值的方法相同。无论何种状态,其最低绝缘电阻值应不小于 $1\ M\Omega$。

项目九　船用电机维护与日常管理

【知识点】

1. 船用三相异步电动机的基本组成。
2. 船用三相异步电动机的故障检测及排除方法。

【技能点】

1. 掌握船用三相异步电动机的结构及参数。
2. 学会船用三相异步电动机的拆装和检测。
3. 掌握船用电机日常维护技能。

任务一　船用三相异步电动机的结构及铭牌数据

[任务描述]

船舶运行中需要很多电力拖动设备,这些都需要电动机驱动。因此船舶电气工程师必须具有电动机的基本知识。

[任务知识]

一、三相异步电动机的基本结构

电动机的作用是将电能转换为机械能。电动机可分为交流电动机和直流电动机两大类。交流电动机又分为异步电动机(或称感应电动机)和同步电动机。由于三相交流异步电动机结构简单、价格低廉、坚固耐用、使用和维修方便,在工农业生产中得到广泛的应用。三相异步电动机外形如图9-1所示。

图9-1　三相异步电动机外形

三相异步电动机由定子、转子、气隙组成,各部分结构如图9-2所示。

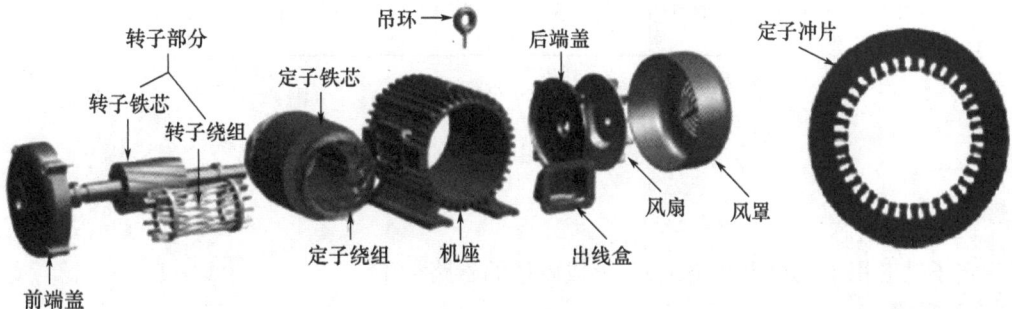

图9-2　三相异步电动机的各部分结构

1.定子

定子由端盖、机座、定子铁芯、定子绕组、接线盒等组成。

（1）定子绕组

①特点。定子绕组结构对称（三相绕组每一相的几何尺寸完全一致）、绕组对称放置（每相绕组的槽数相等、分步区域间隔相同、电角度完全一样）、通入三相对称电流（三相电流频率相同、幅值相同、相角两两相差120°）。

②作用。定子绕组根据不同的串接个数产生不同极对数的旋转磁场。

③连接方式。定子绕组有星形连接和三角形连接两种，如图9－3所示。

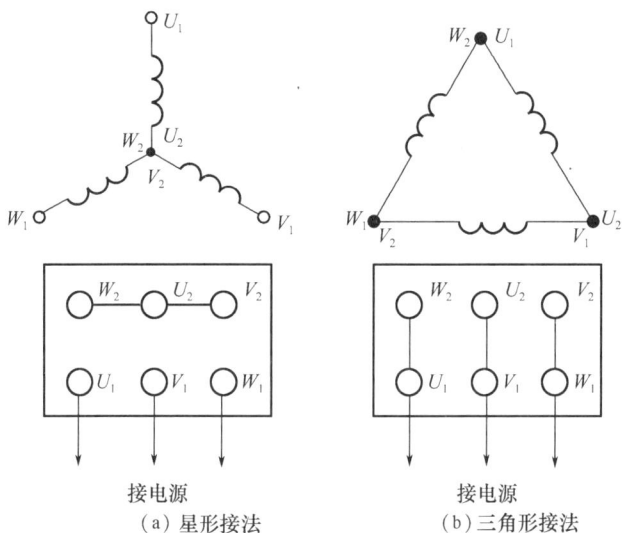

（a）星形接法

（b）三角形接法

名称	笼型三相 异步电动机	绕线型三相 异步电动机
图 形 符 号		
文字 符号	M	

（c）电路符号

图9－3 定子绕组的联结

（2）定子铁芯

定子铁芯用于镶放定子绕组,并形成磁场的磁路。

（3）端盖

端盖用于前后端整体封闭,同时起到防尘、防异物掉入电机内部的作用。

（4）吊攀

吊攀用于电机安装时吊装着力。

（5）机座

机座对电机起支撑作用。

（6）接线盒

对于笼型电动机,只有定子绕组一组接线盒;对于绕线型电动机同时还有一组转子绕组,在使用接线时,应注意连接的正确性。

（7）风罩

风罩用于使大功率电动机散热风机工作时保证空气与外界的对流。

2. 转子

转子由转子绕组、铁芯、转轴等组成。

（1）转子绕组

对于笼型电机,转子绕组就是封闭的笼型转子中的导体,其上、下端盖被短接;对于绕线电动机,其转子在定子铁芯上同样为三相,通过滑环与接线柱相连,同时使得每相绕组可以通过外接调速电阻器进行电动机速度调节,其连接方式采用星形连接方式。

旋转磁场切割转子绕组,在转子中产生感应电势,通过转子回路形成转子电流,与磁场共同作用,产生电磁转矩,推动转子转动。

由于相对运动产生电势,因此定子磁场和转子之间的旋转具有不同步的特征,因此,交流电机常被称为异步电机;同时转子电势由磁场感应而来,交流电机常被称为感应电机。

（2）转子铁芯

转子铁芯用于镶放转子绕组,同时形成转子磁路。

（3）转轴

转轴对转子结构起支撑作用,同时向外输出转矩。

（4）风扇

风扇工作时使电动机进行散热,防止电机绕组过热损坏。

3. 气隙

气隙指存在于定子和转子之间的空气,气隙与定子铁芯和转子铁芯一起形成电机的磁路,使磁力线闭合。合适的长度会使磁路的磁阻为合理值的同时,防止定子与转子之间由于接触产生磨损。

绕线型转子绕组与定子绕组相似,也是用彼此绝缘的导体按一定的规律联结成三相对称绕组,极数与定子绕组的极数相同,嵌放在转子铁芯槽中,联结成星形。如图9-4所示,每相绕组的出线端分别联结在彼此绝缘的铜质滑环上,通过滑环与安装在端盖上的电刷构成滑动接触,把转子绕组的出线端与外部电路联结起来(启动或运行时必须保持转子绕组与外部电路接通)。

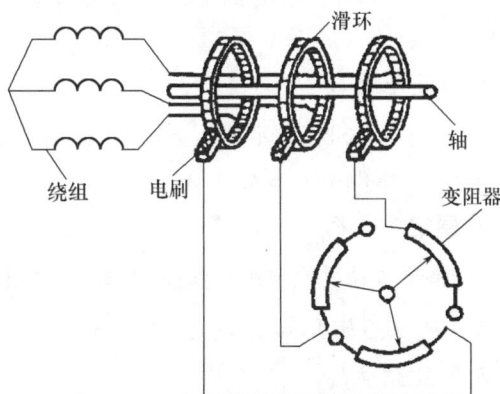

图9-4　绕线型转子与外部变阻器的联结

二、三相异步电动机的铭牌参数

每台电动机的机座上都有一块铭牌。铭牌上面标明了电动机的型号、额定值和有关技术数据,以供人们正确地选择和使用。Y160M－2 三相异步电动机的铭牌数据如表 9－1 所示。

表 9－1　Y160M－2 三相异步电动机的铭牌数据

三相异步电动机					
型号	Y160M－2	功率/kW	11	频率/Hz	50
电压	380	电流/A	21.8	接法	三角形
转速/(r·min⁻¹)	2 930	绝缘等级	B	工作方式	连续
年　　月		编号		×××制造	

1. 型号 Y160M－2 的含义

Y 指笼型三相异步电动机。

160 指电动机的机座中心高度。本例电动机的机座中心高度为 160 mm。

M 指电动机的机座号。本例 M 表示中号机座(L、S 分别表示长、短号机座)。

2 指磁极数为 2 极,(即 1 对磁极,$p=1$)。

目前,常用电动机的系列基本为 Y 系列,该系列又派生出各种特殊系列,如具有绕线型转子的 YR 系列,具有高起动转矩的 YQ 系列,能电磁调速的 YC 系列,具有隔爆能力的 YB 系列等等。

2. 额定电压 U_N 和接法

U_N 是指电动机额定运行状态时,定子绕组应加的线电压,单位为伏(V)。一般规定电源电压波动不应超过额定值的 5%。本例 $U_N=380$ V。

若电压低于额定值,这时将引起转速下降,电流增加。若在满载或接近满载时,电流的增加将超过额定值,使绕组过热。同时,在低于额定电压下运行,最大转矩 T_{max} 会显著降低,这对电动机的运行是不利的。

Y 系列三相异步电动机规定,额定功率在 3 kW 及以下的为星形连接,4 kW 及以上的为三角形连接。

3. 额定电流 I_N

I_N 是指电动机在额定电压下运行,输出功率达到额定值时,流入定子绕组的线电流,单位为安(A),本例中 $I_N=21.8$ A。

4. 额定功率 P_N

P_N 是指电动机额定运行状态时,轴上输出的机械功率,单位为千瓦(kW)。本例 $P_N=11$ kW。$P_N=\sqrt{3}U_N I_N \cos\varphi_N \eta_N$,其中,$\cos\varphi_N$ 为额定功率因数,η_N 为额定机械效率。

5. 额定频率 f_N

f_N 是指加在电动机定子绕组上的允许频率。我国电网频率规定为 50 Hz。

6. 额定转速 n_N

n_N 是指电动机在额定状态下运行时转子的转速,单位为转/分(r/min)。本例电动机的额定转速 $n_N = 2\,930$ r/min。

7. 绝缘等级

绝缘等级是指电动机内部所用绝缘材料允许的最高温度等级,其决定了电动机工作时允许的温升。各种等级所对应的温度关系,如表 9-2 所示。本例电动机为 B 级绝缘,定子绕组的允许温度不能超过 130 ℃。

表 9-2　电动机允许温升与绝缘耐热等级关系

绝缘耐热等级	A	N	B	F	H	C
允许最高温度/ ℃	105	120	130	155	180	>180
允许最高温升/ ℃	60	75	80	100	125	>125

在规定的温度内,绝缘材料保证电动机在一定期限内可靠地工作(一般为 15~20 a),如果超过上述温度,绝缘材料的寿命将大大缩短。

8. 工作方式

电动机工作方式分为三种:

①连续工作方式,用 S1 表示,这种工作方式允许电动机在额定条件下长时间连续运行;

②短时工作方式,用 S2 表示,这种工作方式允许电动机在额定条件下只能在规定时间内运行;

③断续工作方式,用 S3 表示,它允许电动机在额定条件下以周期性间歇方式运行。

在铭牌上除了给出以上的主要数据外,有时还要了解其他一些数据,一般可从产品资料和有关手册中查到。

习　题

1. 在能量转换上,电动机是将_____转换为_____;发电机是将_____转换为_____。

2. 一台三相异步电动机,其额定转速为 1 450 r/min,这台电动机有_____个磁极。

3. 本任务介绍的电动机为什么称为异步电动机?

任务二　船用三相异步电动机的拆装

[任务描述]

船舶电气技术人员需要具备记录三相异步电动机的铭牌参数;测量定子绕组的直流电阻值,绘制其连接电路图;电动机拆卸,测量各部分的相关参数;进行整机装配,测量其绕组的相间绝缘电阻值、绕组对外壳的绝缘电阻值;通电试运行等技能。

[任务知识]

一、三相异步电动机拆卸步骤

拆卸步骤如图9－5所示。

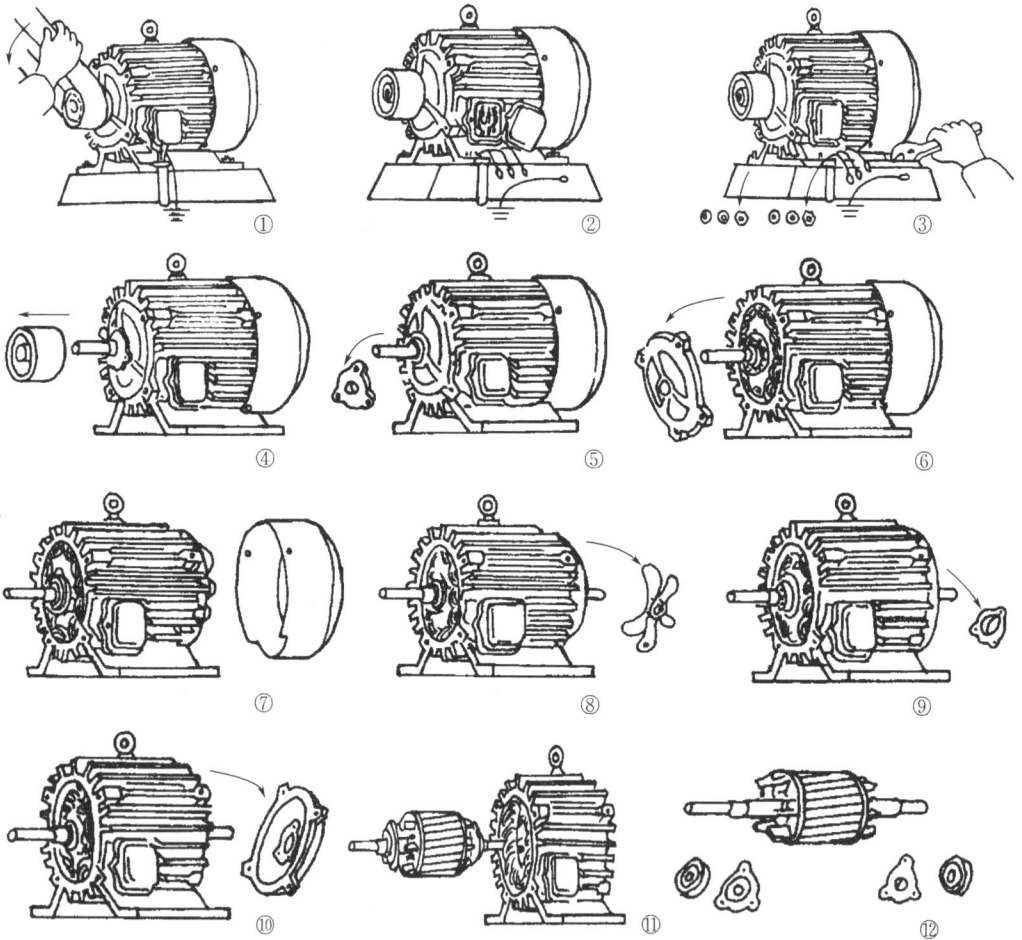

图9－5 三相异步电机的拆卸步骤

①切断电源,卸下皮带。

②拆去接线盒内的电源接线和接地线。

③卸下底脚螺母、弹簧垫圈和平垫片。

④卸下皮带轮。

⑤卸下前轴承外盖。

⑥卸下前端盖,可用大小适宜的扁凿,插在端盖突出的耳朵处,按端盖对角线依次向外撬,直至卸下前端盖。

⑦卸下风叶罩。

⑧卸下风叶。

⑨卸下后轴承外盖。

⑩卸下后端盖。

⑪卸下转子。在抽出转子之前,应在转子下面和定子绕组端部之间垫上厚纸板,以免抽出转子时碰伤铁芯和绕组。

⑫用拉具拆卸前后轴承及轴承内盖。

三相异步电动机的装配步骤是拆卸的逆过程,顺序与拆卸步骤相反。

二、皮带轮或联轴器的拆装步骤

①所有的接地接触面应刮去油漆及锈斑,露出金属光泽,并应光洁平贴,以保证有良好的接触。

②利用底脚接触接地的设备,应在设备底脚与支架(或基座)之间垫以厚度不小于0.5 mm,大小略等于接触面的锡箔或镀锡铜片。如果是专用接地导体利用设备底脚接触连接,则锡箔或镀锡铜片应分别垫在专用接地导体的两侧。

③接在接地接线柱的专用接地导体,其铜接头的两侧应垫镀锡铜垫圈。

④所有接地装置的紧固应牢靠,并均应设有弹簧垫圈或锁紧螺母,以防松动。

⑤接地装置紧固后,应随即在接触面的四周涂以防锈漆,以防生锈。

⑥采用设备底脚接地时,有四个或四个以上底脚的设备,应取对角两脚接地;三个或三个以下底脚的设备,则任选一脚接地。

⑦工作接地导体的长度应尽量短,并应固定稳妥。必要时应有防止机械损伤的措施。

三、轴承盖和端盖的拆装步骤

1. 轴承盖和端盖的拆卸步骤

①拆卸轴承外盖的方法比较简单,只要旋下固定轴承盖的螺丝,就可以把外盖取下。但要注意,前后两个外盖拆下后要标上记号,以免将来安装时前后装错。

②拆卸端盖前,应在机壳与端盖接缝处做好标记。然后旋下固定端盖的螺丝。通常端盖上都有两个拆卸螺孔,用从端盖上拆下的螺丝旋进拆卸螺孔,就能将端盖逐步顶出来。

若没有拆卸螺孔,可用大小适宜的扁凿插在端盖突出的耳朵处,按端盖对角线依次向外撬,直至卸下端盖。但要注意,前后两个端盖拆下后要标上记号,以免将来安装时前后装错。

2. 轴承盖和端盖的安装步骤

(1)轴承外盖的安装步骤

①装上轴承外盖。

②插上一颗螺丝,一只手顶住螺丝,另一只手转动转轴,使轴承的内盖也跟着转动,当转到轴承内外盖的螺丝孔一致时,把螺丝顶入内盖的螺丝孔里,并旋紧。

③把其余两个螺丝也装上,旋紧。

(2)端盖的安装步骤

①铲去端盖口的脏物。

②铲去机壳口的脏物,再对准机壳上的螺丝孔把端盖装上。

③插上螺丝,按对角线一先一后把螺丝旋紧,切不可有松有紧,以免损伤端盖。

注意事项 在固定端盖螺丝时,不可一次将一边端盖拧紧,应将另一边端盖装上后,两边同时拧紧。要随时转动转子,看其是否能灵活转动,以免装配后电动机旋转困难。

四、风罩和风叶的拆卸步骤

①选择适当的旋具,旋出风罩与机壳的固定螺丝,即可取下风罩。

②将转轴尾部风叶上的定位螺丝或销子拧下,用小锤在风叶四周轻轻地均匀敲打,风叶就可取下。若是小型电动机,则风叶通常不必拆下,可随转子一起抽出。

五、转子的拆装步骤

1. 转子的拆卸方法

①拆卸小型电动机的转子时,要一手握住转子,把转子拉出一些,随后用另一只手托住转子铁芯渐渐往外移。注意,不能碰伤定子绕组。

②拆卸中型电动机的转子时,要一人抬住转轴的一端,另一人抬住转轴的另一端,渐渐地把转子往外移。

③拆卸大型电动机的转子时,要用起重设备分段吊出转子。具体方法如下:

a. 用钢丝绳套住转子两端的轴颈,并在钢丝绳与轴颈之间衬一层纸板或棉纱头;

b. 起吊转子,当转子的重心移出定子时,在定子与转子的间隙中塞入纸板垫衬,并在转子移出的轴端垫支架或木块搁住转子;

c. 将钢丝绳改吊转子,在钢丝绳与转子之间塞入纸板垫衬,就可以把转子全部吊出。

2. 转子的安装方法

转子的安装是转子拆卸的逆过程。安装时要对准定子中心把转子小心地往里送。注意不能碰伤定子绕组。

六、轴承的拆装步骤

1. 拆卸轴承的几种方法

①用拉具拆卸。应根据轴承的大小,选好适宜的拉力器,夹住轴承,拉力器的脚爪应紧扣在轴承的内圈上,拉力器的丝杆顶点要对准转子轴的中心,扳转丝杆要慢,用力要均匀。

②用铜棒拆卸。轴承的内圈垫上铜棒,用手锤敲打铜棒,把轴承敲出。敲打时,要在轴承内圈四周的相对两侧轮流均匀敲打,不可偏敲一边,用力不要过猛。

③搁在圆桶上拆卸。在轴承的内圆下面用两块铁板夹住,搁在一只内径略大于转子外径的圆桶上面,在轴的端面垫上薄板或纸,用手锤敲打,着力点对准轴的中心。圆桶内放一些棉纱头,以防轴承脱下时摔坏转子。当敲到轴承逐渐松动时,用力要减弱。

④轴承在端盖内的拆卸。在拆卸电动机时,若遇到轴承留在端盖的轴承孔内时,把端盖止口面朝上,平滑地搁在两块铁板上,垫上一段直径小于轴承外径的金属棒,用手锤沿轴承外圈敲打金属棒,将轴承敲出。

⑤加热拆卸。因轴承装配过紧或轴承氧化不易拆卸时,可用 100 ℃ 左右的机油淋浇在轴承内圈上,趁热用上述方法拆卸。

2.安装轴承的方法

（1）安装前的准备工作

① 将轴承和轴承盖用煤油清洗后,检查轴承有无裂纹,滚道内有无锈迹等。

② 再用手旋转轴承外圈,观察其转动是否灵活、均匀,来决定轴承是否要更换。

③ 如不需要更换,再将轴承用汽油洗干净,用清洁的布擦干,待装。更换新轴承时,应将其放在 70~80 ℃的变压器油中,加热 5 min 左右,待全部防锈油溶去后,再用汽油洗净,用洁净的布擦干待装。

（2）安装方法

在安装轴承时,可在内套上涂上一层薄薄的润滑脂,用铁锤击打轴承冲筒的飞开口端,轴承冲筒的端面与轴承内套的端面接触面积大、受力均匀,这样安装省工、省力,对操作者又安全,更不会损坏、损伤轴承。经过几年的实际使用,可提高工效数倍,保证了轴承、电机的使用寿命。

七、检查方法

1.一般检查

检查所有紧固件是否拧紧,转子转动是否灵活,轴伸端有无径向偏摆。

2.测量绝缘电阻值

测量电动机定子绕组每相之间的绝缘电阻值和绕组对机壳的绝缘电阻值,其绝缘电阻值不能小于 0.5 MΩ。

3.测量电流

经上述检查合格后,根据铭牌规定的电流电压,正确接通电源,安装好接地线,用钳形电流表分别测量三相电流,检查电流是否在规定电流的范围(空载电流约为额定电流的1/3)之内;三相电流是否平衡。

4.通电观察

上述检查合格后可通电观察,用转速表测量转速是否均匀并符合规定要求,检查机壳是否过热,轴承有无异常声音。

习　　题

1.三相异步电动机的定子铁芯和转子铁芯为什么要用硅钢片叠成? 定子和转子之间的间隙为什么要做得很小?

2.简述电动机拆装时的注意事项。

任务三　船用三相异步电动机故障及排除

[任务描述]

电动机经过长期运行,难免会出现故障,尤其船舶在大海中航行,电动机出现了故障,无法靠岸修理或更换,只得由轮机员突击排除,使电动机恢复正常并投入运行,所以轮机员掌握电动机的故障排除技能是非常重要的。

一、三相异步电动机的故障分析

电动机的故障是多种多样的,作为轮机员,应能根据电动机的故障现象,分析其产生的原因,并采取正确的恰当方法排除故障。

1. 常见的故障现象

(1)合上闸刀[或按下启动箱的启动按钮(蓝色)];电动机接通电源后不能启动或有异常响声

这种现象由于电动机外部故障导致的有:

①断相运行,电源一相或两相断路;

②启动设备发生故障;

③电动机过载;

④电源电压过低。

由于电动机机械结构方面故障导致的有:

①机壳破裂;

②轴承损坏,以致转子与定子相擦;

③轴承的滚珠磨损,轴套间隙过大,轴承内严重缺油;

④轴承内有异物卡住,转不动;

⑤定子在机座内松动或其他零件松动。

由于电动机绕组故障导致的有:

①绕组连接有错误;

②定子绕组断路或短路。

(2)电动机启动后无力,转速较低

这种现象属于外部因素导致的有:

电源电压严重偏低。

一般属于电动机本身的原因有:

①将三角形接法误接为星形接法;

②鼠笼转子的端环、鼠笼条断裂或脱焊;

③定子绕组局部短路或断路;

④绕线转子的绕组断,电刷规格不对,滑环表面粗糙不平或有油污。

(3)电动机启动后过热、冒烟

这种现象属于外部原因导致的有:

①电源电压过低或三相电压相差过大,以致电流增大;

②电动机过载;

③电源一相断路或定子绕组一相断路,造成电动机缺相运行(俗称跑单相)。

属于电动机本身原因导致的有:

①定子绕组局部短路,相间短路,绕组通地;

②转子与定子相擦;

③绕线式转子电动机的电刷与滑环接触不良,转子绕组断路。

（4）轴承发热

这种现象说明了轴承内有额外的严重摩擦,原因有:

①电动机与传动机构连接偏心;

②转轴弯曲;

③轴承磨损,轴承内有异物,轴承缺油;

④轴承规格标准不适用。

轴承与轴颈、端盖轴承座孔配合过松,轴承走内圆或外圆。

2. 故障的分析、检查

三相异步电动机的故障虽然繁多,但故障产生总是和一定的因素相联系的。例如电动机绕组绝缘烧坏是与绕组过热有关,而绕组的过热总是和电动机绕组中电流过大有关。只要根据电动机的基本原理、结构和性能,以及有关各方面的情况,就可对故障做出正确的判断。因此在电动机修理前,要对电动机做必要的检查。

①对电动机进行观察,有无异常响声和剧烈振动,开关及电动机绕组内有无窜火、冒烟及焦臭味等。

②电动机的外部检查,包括机械和电气两个方面。

a. 机座、端盖有无裂纹,转轴有无裂痕或弯曲变形,转轴转动是否灵活,有无不正常的声响,风道是否被堵塞,风扇、散热片等是否完好。

b. 测量绝缘电阻值和直流电阻值。检查绝缘是否损坏,绕组中有否断路、短路及通地现象。

c. 可进行通电试验检查。用三相调压变压器施加约 30% 的额定电压,再逐渐上升至额定电压。若发现声音不正常,或有焦味,或不转,应立即断开电源进行检查。当启动未发现问题时,要测量三相电流是否平衡,若不平衡,电流大的一相可能是绕组短路,电流小的一相,可能是多路并联绕组中有支路断路。若三相电流基本平衡,可使电动机连续运行 $1 \sim 2$ h,随时用手检查铁芯部分及轴承端盖,若发现有烫手的过热现象,应立即断开电源,拆开电动机。用手摸绕组端部及铁芯部分,若线圈过热,则是绕组短路;若铁芯过热,说明绕组匝数不足,或铁芯硅钢片间的绝缘损坏。

③电动机内部检查。经上述检查后,确认电动机内部有问题,就应拆开电动机,进一步检查。

a. 检查绕组部分。查看绕组有无烧伤,若有烧坏,其颜色会变成暗黑色或烧焦,且有烧焦味。若烧坏一个绕组几匝线圈说明由相间短路造成,若烧坏几个线圈,多半原因是相间或连接线(过桥线)的绝缘损坏所致。若烧坏一相绕组,原因多为定子绕组三角形接法,是有一相电源断电所引起的。若烧坏两相绕组,这是由于一相绕组断路而产生的。若三相绕组全部烧坏,其原因大都是由于长期过载,或启动时转子被卡住引起的,也可能是绕组接线错误引起的。同时查看绕组的导线是否烧断和绕组的焊接处有无脱焊、假焊现象。

b. 检查铁芯部分。查看转子、定子铁芯表面有无擦伤痕迹。如果发现转子表面只有一处擦伤,而定子表面全部擦伤,原因大多是轴弯曲或转子不平衡所造成。若为转子表面一周全有擦伤痕迹,定子表面只有一处伤痕,这是由于转子、定子不同心所造成。

c. 检查轴承部分。查看轴承的内外套与轴颈和轴承室配合是否合适,同时也要检查轴承的磨损情况。

二、定子绕组故障的排除

1. 断路故障的排除

断路故障多数发生在电动机绕组的端部,各绕组元件的接线头,或电动机出线端等处附近。故障原因是:绕组受外力的作用而断裂,接线头焊接不良而开脱;绕组短路或电流过大,过热而烧断。

(1)检查方法

检查断路可用摇表、万用表和检验灯等来检验。电动机绕组接法不同,检查绕组断路的方法也不一样。

对于星形连接且在机内无并联支路和并绕导线的小型电动机,可将万用表置于相应电阻挡,一支表笔接星形接法的中点,另一支表笔分别接三相绕组端头 U_1、V_1、W_1,如果某一相不通,电阻值大,则该相断路。

星形连接,中性点未引出接线盒,如图 9 - 6 所示,将万用表置于相应电阻挡,分别测量 UV、VW、WV 各对端子,若 UV 通,而 VW 和 WU 不通,说明 W 相两次不通,则断路点在 W 相绕组。

三角形连接,如果只有三个线端引出到接线盒如图 9 - 7 所示,仍用万用表检测每两个线端之间的电阻值。设每相绕组实际电阻值为 r,万用表测得 UV 间的电阻值为 R_{UV},若三相绕组完好,则 $R_{UV} = 2r/3$,$R_{VW} = 2r/3$,$R_{UW} = 2r/3$。若 UV 间有开路,则 $R_{UV} = 2r$,若 VW 或 WU 任意一相开路,则 $R_{UV} = r$。

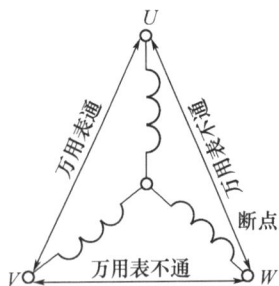

图 9 - 6 用万用表检查
星形接线绕组断路

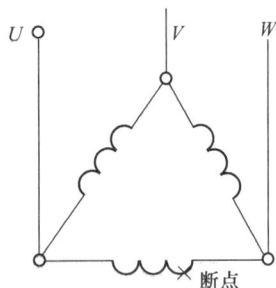

图 9 - 7 用万用表检查
三角形接线绕组断路

三角形连接,如果有六个线端引到接线盒,先拆开三角形连线之间的连接片,使三相绕组互相独立,可直接测各相绕组首尾端电阻值,哪相不通,即为该相断路。

船上的起货机所用的三相三速电动机,其绕组系多股导线并绕和多条支路并联,其断线的检查较为复杂,可采用下面两种方法检查。

①三相电流平衡法。对于星形接法的电动机,将三相绕组并联后,通入低电压大电流的电源,如果三相电流值相差大于5%时,电流小的一相为断路,如图 9 - 8(a)所示。对于三角形接法的电动机,先把三角形的接头拆开一个,然后通入低电压大电流的电源,用电流表逐相测量每相绕组的电流,其中电流小的一相为断路相,如图 9 - 8(b)所示。

②电阻法。在星形接法时,用电桥或万用表低电阻挡分别测量三相绕组直流电阻值,

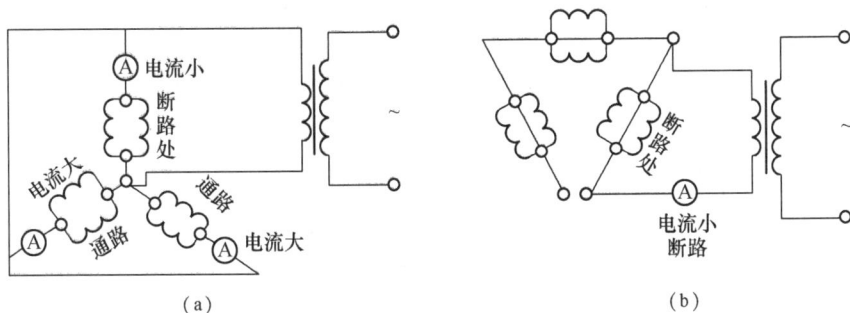

图 9-8　用电流平衡法检查并联绕组断路

哪相电阻值大,断路点就在哪相。若绕组是三角形接法时,先拆开一个接点,再用电桥或万用表低电阻挡分别检测三相绕组冷态直流电阻值,哪相电阻值大,断路点应在哪相。

(2)修理方法

若断路点在铁芯槽外,又只有一股导线断开,可重新焊牢并处理好绝缘。若是两股以上断开,则应仔细判断断点处的线头和线尾,否则接通后容易造成人为短路;若断路是因过桥线或引出线焊得不牢,将其重新焊接,焊接前要穿进套管,焊接后要把焊接处套上套管。若断点在槽内,只好采用穿绕法来更换故障线圈。

线圈穿绕修补方法　用红外线灯将断点绕组加热至 80 ℃左右,使线圈绝缘软化,取出断路线圈的槽,将这个线圈(跨两槽)两端剪断,用钳子(尖嘴钳)把导线从槽内一根一根抽出后,清理线槽绝缘,换上新的线槽绝缘,如用一层聚酯薄膜青壳复合纸做成圆桶形,套进槽内。用原来规格的导线(漆包线),其长度要比原来的长度稍长些;从长度的中部开始穿线,在槽内来回穿绕到原来的匝数。若最后几匝穿绕有困难时,可用比导线稍粗且打了腊的竹签做引线棒进行穿绕。穿绕完毕后,整理好端部,顺次接好线头,处理好槽绝缘及端部绝缘,并进行必要的检测。合格后,涂上绝缘漆烘干,即可投入使用。

若遇到电动机急需使用,如在航行中需要运转机舱的泵,一时来不及修理,可采用跳接法应急处理,即把断路线圈的两端用导线连起来。若采用这种应急措施,要适当减轻负载,用毕后,应该用穿绕修补法处理。

2. 绕组通地和绝缘不良的检修

船舶的机舱环境是恶劣的,由于潮气、水滴、油污的侵蚀,将导致绝缘电阻值下降,若不及时检查处理,通电运行后,有可能引起电动机绕组击穿烧毁。

(1)绕组绝缘电阻值下降的检查

电动机绝缘电阻值的测量一般用兆欧表。测量电动机绕组对机座的绝缘时,把兆欧表的 L 端接在电动机绕组的引出端线上(可分相测量,也可以三相并在一起测量),E 端接在电动机的机座上,以 120 r/min 的速度摇动兆欧表的手柄。对于额定电压在 500 V 以下的电动机,绝缘电阻值一般不应小于 1 MΩ,最小不得低于 0.5 MΩ;否则,绝缘电阻值不合格,说明该电动机受潮,或绕组绝缘老化。若遇到所测绕组对地短路,则表针会摆指 0 位,应迅速停止摇动手柄,以免损坏仪表。

测量绕组相间的绝缘电阻值时,把三相绕组的六个引出线端的连接头全部拆开,用兆欧表测量每两相间的绝缘电阻值,绝缘电阻值也应在 0.5 MΩ 以上。

如果一时找不到兆欧表,也可以用校验灯检查绝缘情况。先把绕组各线头拆开,然后用36 V的低压电源和36 V、10 W的灯泡串联起来,接线图如图9-9所示。逐相测量相与机座,相与相间绝缘情况。如果灯泡发亮,说明电动机的绕组已通地或相间击穿。

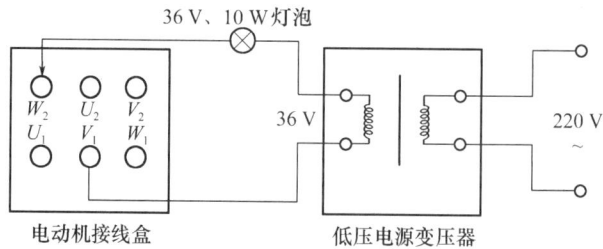

图9-9　用校验灯检查绕组绝缘情况

若在航行船上无法进行外部干燥法,可采用内部干燥法中的电流干燥法(也称铜损干燥法),此法是将电动机绕组按一定的接线方法输入低压电流,利用绕组本身的铜损发热进行干燥。其接线方法有并联加热法(图9-10),串联加热法(图9-11),但不管采用哪种方法,每相绕组所通过的烘烤电流都应控制在电动机电流额定值的60%左右,以通电时间3~4 h,绕组温度达70~80 ℃为宜。

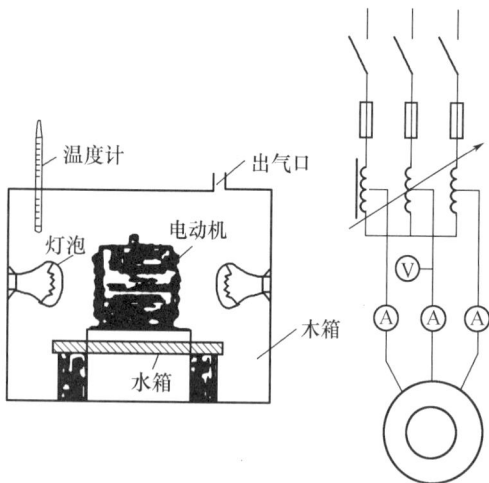

图9-10　并联加热法

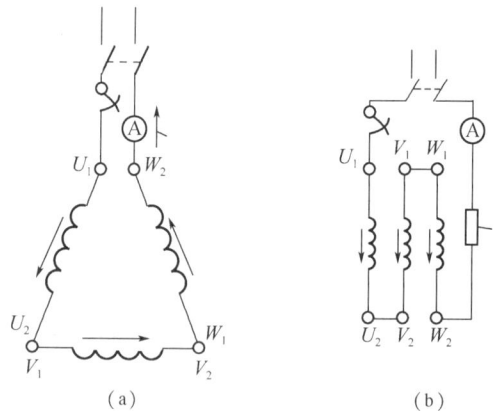

(a)　　　　　(b)

图9-11　串联加热法

并联加热法,用三相调压器等低压电源向并联绕组供电,将供电电流调到规定值。这种方式适用于25 kW及以下电动机绕组的烘烤。

串联加热法分为开口三角形加热法和头接头、尾接尾串联加热法,它适用于三相绕组的六根引出线都在接线盒板上的电动机。有些小型电动机可以直接送入220 V交流电源,可不必另备低压电源。

(2)烘烤电动机的注意事项

①烘烤前必须将电动机清理干净,特别是应清除沾在绕组漆膜上的杂物,因干燥后不易清除。

②通电烘烤电动机,外壳必须可靠接地。

③烘烤过程中必须加强监视,以免造成烘烤质量不佳或烤坏绕组。

④烘烤封闭式电动机(船上电动机为封闭式),必须拆开端盖,以使潮气散发,否则会使潮气侵入绕组内部而留下隐患。

⑤烘烤时既要注意保温,以减少电能消耗,又是要注意潮气易于散发。

⑥烘烤过程中应经常测量绕组绝缘电阻,并做好记录。在烘烤前阶段,由于绕组温度升高,须排除潮气,绝缘电阻值在短时间内有所下降,随后开始回升,若绝缘电阻值远大于规定值且 3 ~ 5 h 不变,则烘烤达到要求,即可停止烘烤。

绕组接地故障的排除,若是绕组老化变质,必须重绕;若短路点在槽口附近,可将绕组加热软化,用画线板撬开槽绝缘,插入大小及厚度适当的绝缘材料;如果两根以上的导线绝缘损坏,在处理好槽绝缘后,可在导线间绝缘损坏部位插入蜡绸布隔离,最后涂上绝缘漆,烘干后重新用兆欧表复测;如果发生在槽内,须更换绕组或用穿绕修补法更换线圈。

3. 短路故障的排除

(1)检查方法

①用兆欧表或用万用表检查相间短路。断开电动机接线盒里三相绕组的线头,分别检查两相绕组间的绝缘电阻值,若绝缘电阻值很低,说明该两相间短路。

②用万用表检查绕组的匝间短路。利用万用表的 X1 挡或 X10 挡测量各绕组的直流电阻值,电阻值较小的一相有可能是匝间短路。

③用电流平衡法检查并联绕组的短路。用图 9 - 11 的方法分别测量三相绕组的电流,电流大的一相为短路相。

(2)修理方法

①相间短路。绕组相间短路多是由于各绕组引出线套管处理不当或绕组两个端部相间绝缘纸破裂或未嵌到位造成。这种情况下,只需处理好线绝缘套管,或者在绕组端部短路部位塞入完好的相间绝缘材料即可消除故障。

②匝间短路。若绝缘层损坏不严重,可先对绕组加热,使绝缘物软化,用划线板撬起坏导线,塞入新的绝缘材料,并趁热浇上绝缘漆烘干即可。如果少数导线绝缘损坏严重,可用穿绕法换上同规格的新的漆包线并处理好接头。

三、鼠笼式转子故障的排除

鼠笼式转子的常见故障是断条,断条后,电动机能空载运行,但加负载后,转速会明显下降,测量三相定子绕组电流时,电流表指针会往返摆动。

(1)检查方法

①用短路测试器检查断条,如图 9 - 12 所示。短路测试器接通 36 V 交流电源,放在转子铁芯槽口上沿转子圆周逐步移动,如导条完好,电流表指示的为正常的短路电流,若某一槽口电流有明显的下降,则该处导条断裂。

②导条通电法。在转子两端端环上加上 3 V 的交流电,用锯条沿着导条依次测试,当某一部位不吸引锯条时,则该处导条已断裂。

(2)转子铜断条的修理

如果在槽外处脱焊,焊口用锉刀清理后,用磷铜焊料焊接。如槽内有几根铜条断裂,用凿子把断条凿去,换上相同规格的新铜条;铜条两端伸出 15 mm,且敲弯紧贴在端环上所开的缺口上,然后用气焊焊牢;再将所开的缺口用铜焊补上,堆焊高度要略高于端环,再用车

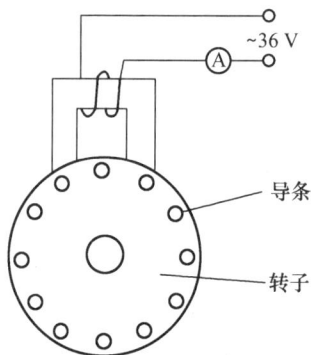

图9-12 用短路测试器检查断条

床车平,并须校准转子的平衡。

(3)铸铝转子断条修理

用车床车去转子两端的端环,用夹子夹紧铁芯,放到10%氢氧化钠(NaOH)溶液中,并加热到80~100℃左右,直到铝溶化为止;取出转子,用清水冲净,并清除残余的铝层,这样可以重新铸铝或改成铜条转子。由于铝、铜的电阻率不同,所以改换为铜条转子时,铜条的截面积应为槽面积的55%左右,两端环的截面积应是原铝端环截面积的70%。

习 题

1.某三相异步电动机不能启动,其定子绕组可能有哪些故障(开路、相间短路、接地、接线错误),为什么?

2.某三相异步电动机温升过高,其定子绕组可能有哪些故障(开路、相间短路、匝间短路、接地、接线错误),为什么?

3. 异步电动机的转子因故障取出修理未及时装回,如果此时误将定子接到额定电压上,将会发生什么后果?

[任务技能]

技能训练一 三相异步电动机拆装

本技能训练的目的是使学生学会拆装三相鼠笼式异步电动机。

工具与器材:扳手、榔头、撬棍、螺丝刀、厚木板、钢管、钢条、油盆、毛刷、电动机等;棉布、柴油、润滑脂适量。

训练步骤与工艺如下。

对三相鼠笼式异步电动机进行解体和装配、检测有关数据,并将拆装情况和检测结果记录在表9-3中。

表 9 - 3　三相鼠笼式电动机拆装训练记录

步骤	内容	工艺要点
1	拆装前的准备工作	(1)拆卸地点_____ (2)拆卸前所做标记： ①联轴器与轴台_____ mm ②端盖与机座间标记作于_____方位 ③前后轴承型号的记录_____ ④机座在基础上的标记_____
2	拆卸顺序	(1)_____ (2)_____ (3)_____ (4)_____ (5)_____ (6)_____
3	拆卸联轴器	(1)使用工具：_____ (2)工艺要点：_____ _____
4	拆卸轴承	(1)使用工具：_____ (2)工艺要点：_____ _____
5	拆卸端盖	(1)使用工具：_____ (2)工艺要点_____ _____
6	检测数据	(1)定子铁芯内径为_____ mm,长度为_____ mm; (2)转子铁芯外径为_____ mm,长度为_____ mm, 　　总长为_____ mm; (3)轴承内径为_____ mm,外径为_____ mm, 　　型号_____; (4)键槽长为_____ mm,宽为_____ mm, 　　深为_____ mm

训练所用时间：_____　　　　　　参加训练者(签字)：_____

（要求时间 60 min）

技能训练二　三相异步电动机故障检测

本技能训练主要是通过人为预设故障,来观察电动机运行中的直观故障现象,并检测有关数据,与额定值对比,分析、检查故障,从而提高故障判断能力。

工具、仪表与器材:扳手、螺丝刀、万用表、钳形表、兆欧表、转速表、电动机、低压电源,干电池(4 节),8 V 小灯泡,电烙铁,烙铁架(带松香和焊锡)。

训练步骤与工艺要点如下:

①未预设故障前,检测出电动机的数据,以便与故障状态的数据比较,找出其中规律。将正常电动机及在运行中所测的有关数据记入表 9 – 4 中。

②将预设的定子绕组局部故障(由教师预设)检修记录记入表 9 – 5 中。

③在接线盒中有 6 个线端的电动机中,人为预设部分典型故障,观察其直观故障现象,并用仪表检查。将预设故障部位、直观故障现象及检测项目、检测结果与正常值之间的差距填入表 9 – 6 中。

注意事项　检测中动作尽可能迅速,电动机故障延续时间尽可能短。所以要求电动机带"病"动作前,要预先做好检测准备,如谁检测,用什么表,在哪里检测等,并要注意人身和设备安全。

表 9 – 4　正常电动机及运行中的有关数据记录

铭牌额定值	电压_____ V,电流_____ A,转速_____ r/min,功率_____ kW,接法_____		
实际检测	三相电源电压	$U_{12} =$ _____ V;$U_{13} =$ _____ V;$U_{23} =$ _____ V	
	三相绕组电阻值	$U_相 =$ _____ Ω;$V_相 =$ _____ Ω;$W_相 =$ _____ Ω	
	绝缘电阻值　对地绝缘	$U_{相对地} =$ _____ MΩ;$V_{相对地} =$ _____ MΩ;$W_{相对地} =$ _____ MΩ	
	绝缘电阻值　相间绝缘	$U_{V间} =$ _____ MΩ;$V_{W间} =$ _____ MΩ;$W_{U间} =$ _____ MΩ	
	三相电流　空载	$I_u =$ _____ A;$I_v =$ _____ A;$I_w =$ _____ A	
	三相电流　满载	$I_u =$ _____ A;$I_v =$ _____ A;$I_w =$ _____ A	
	转速　空载	_____ r/min	满载　_____ r/min

表 9 – 5　定子绕组局部故障检修记录

内容	检修工艺要点与数据
定子绕组接地故障的排除	1. 检修方法与工具_____ 　 检修结果_____,绕组对地绝缘电阻值_____ 2. $R_U =$ _____ MΩ;$R_V =$ _____ MΩ;$R_W =$ _____ MΩ 3. 检查故障点的逻辑顺序_____ 4. 接地故障点_____ 5. 排除故障工艺要点_____

表9-5(续)

内容	检修工艺要点与数据
定子绕组接错故障的排除	1. 灯泡检查法。U、V 两相串联灯泡，W 相与电源相碰，刚接通电池瞬间时，灯泡发光，参看图9-13(a)，U、V 两相系_____串联(填正或反)；使 V、W 两相与灯泡串联，_____相与电池相碰，灯泡发光，V、W 两相系_____串联，从而测出三相绕组首、尾端 2. 用万用表判断 Y 接法：在 U 相绕组加36 V 交流电压，用万用表测 V、W 其指针动作为_____，V、W 接头处为_____端，参看图9-13(b)，36 V 电源加在 W 相，测 U、V 两端，其指针动作为_____，U、V 接头处为_____端，其三相绕组首尾端即可肯定。

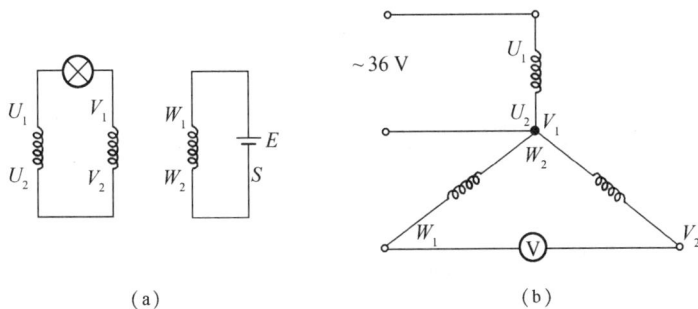

(a)   (b)

图9-13 灯泡检查法电路

表9-6 故障电动机有关情况及数据记录

预设故障部位	直观故障现象	检测情况			与正常值比较(用 > 或 < 表示)
		项目	仪表	数据(带单位)	
开车前一项熔体断路		空载电流	钳形表	$I_U = $_____ A	
				$I_V = $_____ A	
				$I_W = $_____ A	
		相绕组间端电压	万用表交流电压挡	U、V 间_____ V	
				V、W 间_____ V	
				W、U 间_____ V	
		转速	转速表	_____ r/min	
在运行中一相熔体断路		空载电流	钳形表	$I_U = $_____ A	
				$I_V = $_____ A	
				$I_W = $_____ A	
		相绕组间端电压	万用表	U、V 间_____ V	
				V、W 间_____ V	
				W、U 间_____ V	
		转速	转速表	_____ r/min	

表 9−6（续）

预设故障部位	直观故障现象	检测情况				与正常值比较（用 > 或 < 表示）
		项目	仪表	数据（带单位）		
一相绕组接反		空载电流	钳形表	$I_U = $ _____ A		
				$I_V = $ _____ A		
				$I_W = $ _____ A		
		转速	转速表	_____ r/min		
一相绕组碰壳（在接线盒中设置）		空载电流	钳形表	$I_U = $ _____ A		
				$I_V = $ _____ A		
				$I_W = $ _____ A		
		相绕组间端电压	万用表	U、V 间 _____ V		
				V、W 间 _____ V		
				W、U 间 _____ V		
		对地绝缘电阻	万用表	$U_相 = $ _____ MΩ		
				$V_相 = $ _____ MΩ		
				$W_相 = $ _____ MΩ		
		转速	转速表	$n = $ _____ r/min		
将三角形接法改成星形接法		负载电流	钳形表	$I_U = $ _____ A		
				$I_V = $ _____ A		
				$I_W = $ _____ A		
		负载转速	转速表	$n = $ _____ r/min		
		空载电流	钳形表	$I_U = $ _____ A		
				$I_V = $ _____ A		
				$I_W = $ _____ A		
		空载转速	转速表	$n = $ _____ r/min		
将星形接法改成三角形接法（用三相变压器将三相电源电压降到电动机绕组额定值）		负载电流	钳形表	$I_U = $ _____ A		
				$I_V = $ _____ A		
				$I_W = $ _____ A		
		负载转速	转速表	$n = $ _____ r/min		
		空载电流	钳形表	$I_U = $ _____ A		
				$I_V = $ _____ A		
				$I_W = $ _____ A		
		空载转速	转速表	$n = $ _____ r/min		

训练所用时间：_____   参加训练者（签字）：_____

附录　任务报告书

任务名称：_____

小组成员：_____　　　　指导教师：_____

任务下达时间：_____　　　　任务完成时间：_____

一、任务要求

二、方案确定

三、工作计划表

流程	工作内容	执行人员	预期目标

四、实施过程

1. 系统器件清单

序号	名称	数量	规格	使用情况

2. 实验过程描述

五、总结

1. 小组讨论总结

（总结设计、装调过程的不足之处。经过讨论进行实施方案修订，改进工艺性能。）

2. 个人总结

（知识、技能收获、心得体会）